外 国 人 眼 中 的 中 国 人

曾国藩与太平天国

〔美〕黑尔——著 王纪卿——译

山西出版传媒集团 山西人民出版社

图书在版编目（CIP）数据

曾国藩与太平天国 /（美）黑尔著；王纪卿译 . -- 太原：山西人民出版社，2018.10

ISBN 978-7-203-10411-7

Ⅰ . ①曾… Ⅱ . ①黑… ②王… Ⅲ . ①曾国藩（1811-1872）—生平事迹②太平天国革命—研究 Ⅳ . ① K827=52 ② K254.07

中国版本图书馆 CIP 数据核字 (2018) 第 093759 号

曾国藩与太平天国

著　　者：〔美〕黑尔
译　　者：王纪卿
责任编辑：秦继华
复　　审：傅晓红
终　　审：梁晋华
装帧设计：小徐书装

出 版 者：山西出版传媒集团·山西人民出版社
地　　址：太原市建设南路 21 号
邮　　编：030012
发行营销：0351-4922220　4955996　4956039　4922127（传真）
天猫官网：http://sxrmcbs.tmall.com　电话：0351-4922159
E-mail：sxskcb@163.com　发行部
sxskcb@126.com　总编室
网　　址：www.sxskcb.com

经 销 者：山西出版传媒集团·山西人民出版社
承 印 厂：山东新华印务有限责任公司

开　　本：710mm × 1000mm　1/16
印　　张：19.75
字　　数：292 千字
印　　数：1—5000 册
版　　次：2018 年 10 月　第 1 版
印　　次：2018 年 10 月　第 1 次印刷
书　　号：ISBN 978-7-203-10411-7
定　　价：49.80 元

如有印装质量问题请与本社联系调换

译者的话

在我完成黑尔博士所著《曾国藩传》的翻译时，恰逢该书传主曾公国藩200周年诞辰（1811—2011）。虽然我并未刻意将翻译进程的终结安排到与这个年份相重合，但此巧遇却给了我很大的方便，因为我得知曾公的故乡双峰县及曾公早年就学的湘乡市，正在筹备比较盛大的纪念活动，我想这个译本的出版，也许正适合作为对这个伟大人物诞辰的一份献礼。

读者诸君正在开卷阅读的这部著作，是国外曾国藩论著中最具权威的一部。在我看来，有3个事实可以支持这条结论。其一，其作者威廉·詹姆斯·黑尔博士在中国生活了20年，在这里娶妻生子，4个儿女都出生在华夏大地。他本人在湘军大本营长沙从事了多年的教学和研究工作，对中国人民有深挚的感情，对中国历史有浓厚的兴趣。他居住在湘江之畔，能够近水楼台先得月，从湘军的家乡人那里听取许多记忆和议论，作为第一手的研究资料。其二，诚如本书卷末“参考书目”列示的，黑尔博士在写作本书时参考了近200种中外著作，视角非常广泛，取材极为精当，立论不偏不倚，为本书打下了坚实的学术基础。其三，我从近现代的许多外国学者的相关论著中，都看到了对于黑尔及他这部著作的高度评价。例如1937年出版《左宗棠传》的美国海军陆战队上尉贝尔斯，就声称他的著作大大得益于黑尔博士的这部名著。

黑尔博士这部著作的优点是很明显的。在我翻译的贝尔斯著作《左宗棠传》出版之后，左公的第五世外孙、著名的文史专家，我尊以为师的梁小进先生对我说：外国撰写有关清末人物的论著都有一个特点，即取材比我国学者都要广泛，他们不仅不辞艰难地使用中文史料，而且采纳了大量的外文史料，因此其视野较为开阔，论述颇为新异。我深以为然。我们不会忘记，太平天国运动爆发后不久，外国人就开始积极地收集相关的信息，如1853年去天京拜访过天国王爷的密迪乐，后来就根据他的第一手资料从事撰述，其内容经常被外国学者引用。从1860年之后，美英法三国都有军人直接介入了这场战争，如英国人呤唎成为天国忠王李秀成的高级顾问，美国人华尔、法尔思德、白齐文，法国人勒伯勒东、德克碑，英国人戈登，则率领所谓的“常胜军”“常捷军”替清廷效力，他们或曾与江苏巡抚李鸿章谈判条件，或曾在闽浙总督左宗棠帐下听过训示。而上海洋场上的外国商人们，与交战双方都有生意往来。此外还有外国的传教士、记者、旅行家与海关官员，都能接触到有关中国这场大规模内战的各种信息。所有这些外国人的见闻和记述，自然也是第一手的宝贵史料，但往往以外文出版，因语言的隔阂、版本的佚失和资料的禁锢，是许多中国学者未能掌握到的。中国的研究者必须广泛阅读这方面的外文著作，才能分享到原本由外国学者所独占的优势。

此书的第2个优点是将东西方历史人物所做的比较性研究。只要看完本书的导言就会知道，黑尔博士对曾国藩其人评价颇高。他没有拿这位湘军首脑与中国历代的伟人做比较，而是效仿日本学者川崎三郎，将之比作美国的开国元勋乔治·华盛顿，也许这会令中国的读者颇为诧异。细想之下，其实二者之间不乏共同点，如他们都曾作为军事统帅立下赫赫战功，都是功成身退，自愿放弃军权；就对国家的贡献而言，华盛顿创立了一个国家，曾国藩则避免了祖国在规模空前的内战中四分五裂；他们的个人品质也有许多相似之处，他们都受过良好的文化教育，都富有开拓精神，都能吃苦耐劳，而且都得到了待人谦和、心地善良的佳评。

我想再一次提请读者不要忽略本书的另一个重要的优点，即卷末的“参考书目”，其中所开列的书籍和报刊，为我们搜索和了解美英法德俄日等国学者有关曾国藩及太平天国运动的论著提供了极大的帮助，黑尔博士不但罗列了所有文献的著作者与版本信息，更重要的是，还针对一些文献做了简明扼要的评介。

应该说明的是，对于本书英文原版中所引用的曾国藩奏牍与书信、太平天国的有关文件以及其他中文材料，我在译文中一律按照现已正式出版的中文出版物，将对应部分照录，完全忠实于引文作者的原著。曾国藩的著作录自岳麓书社1985年出版的《曾国藩全集》，太平天国的文件主要录自《近代中国史料丛刊》，其余文件的出处不再一一标注。

王纪卿

2011年4月

于长沙听雨轩

前　言

要让西方世界了解中国的历史，还有很多工作要做，因为西方人至今还只是满足于主要是从中国的年鉴中获取不完整的信息。但是我们现在已经掌握了大量的资料，足以使人们正确地理解中国的历史，并且适合于这个领域的学者从事研究。中国的绘画也是一样，美术专业的学生最近已经看到了中国画的美及其意义。这项任务的意义是对下一代人学术精神的挑战。黑尔博士对于太平天国运动的研究只是一个开始，到目前为止，这项研究本身就是一个榜样，说明运用完全由西方世界开发出来的历史学的方法，去研究只有地道中国素材的课题，是可以取得成功的。如果不是得益于他的双重装备——对事物的把握和对语言的理解，谁也无望取得他在这本书中获得的成就。它对中国学术界的意义，与对西方人的理解所做的贡献同样重大。在寻找论据和冷静地展示论据时，他向中国人展现了他们自己历史中的一个篇章，但强调的重点不同于中国人已经习惯的记载。何况，我们必须强调，他在中国居住和研习了20个年头，这段经历既给了他同情心，也赋予了他健全的判断力。年轻的“中华民国”所做的评论在这里解除了武装，作者的公允使读者明白了两个问题：其一，他令人们立即对现存的那些不利于清朝的偏见产生了怀疑，这种偏见对赞扬清政府官员的好话充耳不闻；其二，他使读者不会相信“外国人最终镇压了太平天国运动”的无稽之谈。

19世纪中叶这场运动的意义，无论就其重要性还是就其遭到的镇压而言，都没有得到恰当的评价。亚洲也曾有一些叛乱如它一样影响广泛，一样具有破坏性，但若要找到一场遭到一位天才组织者彻底镇压的同样规模的叛乱，那就必须回溯到大流士或哈夏。太平天国运动的挫败，有力地表明了将中国人置于高层次文明国家的种族特性。多年以来，无能的官员造成了灾难性的社会管理失控，在这种形势下，一些读书人唤起民众，让他们支持自己组建一支志愿军的艰难事业，忍受绝望之敌的折磨，直到将之消灭。曾国藩是这个计划的动议者，在现代历史中很难找到他这样的类型。黑尔博士将他比作华盛顿，二者在性格上颇为相似。然而，那位美国的英雄人物得到了对他伟大服务的报偿，当上了他引上独立之路的那个国家的首脑。对于曾国藩而言，却不存在获得最高职位作为对他的忠诚服务给予报偿的问题。他仍然忠于大清帝国，尽管他拯救的那个王朝最终表明是不值得他去拯救的，但他以无怨无悔无条件忠诚的形象活在人们心中。向对此人一无所知的海外世界展示这么一个具有献身精神的完人，给我们带来了对于中国文化潜力的新认识。

F.W. 威廉斯

于耶鲁大学

献给

父亲，母亲和妻子

——黑尔（Hail,W.J.）

目 录
CONTENTS

导 言

曾国藩是远东的华盛顿

世界性事件的许多细心的观察家认为，19 世纪的任何灾难性事件，就整体的悲惨性和破坏性而言，都比不上太平天国运动。数百个县城被反复攻取，交战双方都有抢掠和屠杀。大城市成了废墟，果实累累的原野成了荒原。伤亡惨重的战斗和更为血腥的屠杀是其进程的标志。它要摧毁大清帝国，把皇帝赶下台。迟至 1882 年，S.W. 威廉斯在其《中央王国》一书中如此评述这批造反派：

> 他们的存在整个就是一场灾难，自始至终只有不幸伴随他们左右，他们未曾付出丝毫的努力来重建已遭破坏的事物，保护残存的世界，或者偿还他们所偷盗的东西。在他们离去之后的土地上，野兽自由地徜徉，在废弃的城镇筑起它们的窝巢。居民忙碌的喧闹声已经止息，取而代之的是野雉飞腾的嗖嗖声。人们一度勤劳耕耘的土地，已被野草或树丛覆盖。银子一千万两一千万两无可挽回地丢失了、毁灭了，幸存者忍受着穷困、疾病与饥馑。除此之外，据居住在上海的外国人估计，从 1851 年到 1865 年的整个时期内，足有 2000 万人的被害与太平天国运动有关。

这场运动之所以蔓延得如此广泛，是因为中国的权力分散和官员无能，而狂热的造反者之所以未能取胜，是因为他们在 1853 年至 1858 年间缺乏

乔治·戈登

领导力量，同时也是因为曾国藩的出现。中国的现代历史把这个人应得的荣耀还给了他，但是外国的观察家们却被一支优秀的小部队所享有的名声所迷惑了。这支部队是由弗雷德里克·汤森·华尔组建的，后来由“中国人”戈登指挥，官兵接受过外国式的训练。他们让这支 3000 人的常胜军名传千古，几乎将戈登封为圣徒，却让镇压太平天国运动的真正主角淹没于遗忘之中。

窃走曾国藩亲手赚来的名声，却将戈登与李鸿章供奉于历史的祠堂，世上很少见到如此大的不公。曾国藩克服了由于几百年来中国的行政实践而搅得纷乱如麻的困难，很少得到别人的协作，缺乏资金来维护军队，在 10 多年中的总开销仅有 2100 多万两银子，而且不懂任何兵法，但他却最终实现了镇压这场巨大运动的奇迹。他以清晰的思维、永不丧失的耐心、审慎和常识办成了这件事。他从不担心别人遮蔽他的光辉，他不惜将自己扎扎实实赚来的桂冠送给别人，他把能人吸引到自己身边，用他们的才干来弥补自己在兵法上的不足。曾国藩认真地实践儒学，努力地将孔圣人的品质注入自己的言行，绝不愿意因为偏离忠孝之道而有损颜面或“丢脸”。他直言无隐，诚实无欺，在一个缺乏诚信的时代以诚信为本。

据我所知，一位日本的传记作家比我先行了一步，已将曾国藩比作乔治·华盛顿，而不是比作拿破仑，因为他与后者毫无相似之处。曾国藩的确是远东的华盛顿，他以自己的个人价值，以他对于理性与良心之道的执着追求，通过多年变化莫测、以弱胜强的奋斗，使中国免于分裂与毁灭。当代中国的政论家梁启超声称，曾国藩不仅是在中国的整个漫长历史中十分罕见的那一类人，而且在全世界也是屈指可数的人物。如果说这个评价过高了，我们至少可以将他放在 19 世纪最伟大的人物之列，而不会委屈了其他人。

年轻的“中华民国”有一股甚嚣尘上的声浪，指责曾国藩拥戴异族人的清王朝，支持绝对专制的君主政体。曾国藩的确如此。君主政治和任何形式的帝国主义，如今在中国和在欧洲一样不受欢迎。然而，曾国藩作古以后，经过了整整一代人，他的同胞们才有了共和理想，如果用这种理想来裁判一个早已逝去的大英雄，是不是有失公允？我们是否应该设身处地，把自己放在曾国藩曾经生活和工作过的环境之中，听一听他代表全国人的普遍信念而发出的声音？这些年轻的批评家除了将对专制政治的厌恶提前了许久之外，还没有考虑到，如果当时没有一个强大而忠诚的人物捍卫帝国的完整，这个国家完全有可能在内战中分裂成多块碎片，最终落入外国人手中，因为当时列强们正在打造各自的帝国。中国一直保持着统一和独立，直到对西方国家采取了另一种态度，这是太平天国运动和其他运动被成功镇压下去的结果，而这种结果是曾国藩及其能干的合作者们带来的。

本书原本是为了获取耶鲁大学博士学位而完成的部分学位论文，在时间上只涉及太平天国运动的时期。为了使之更臻完整，我添加了有关曾国藩最后七年生活的概述，主要包括两点：其一是他为镇压捻军所做的准备，使得

曾国藩

李鸿章得以迅速地征服这支游击大军；其二是他作为总督在金陵和直隶的事迹。我从其信函中找到的海量资料当中，搜集了指导其生活的重大原则。添加一章来介绍清王朝统治下的中国政府，似乎也很有必要，有助于说明像太平天国这样巨大的运动，是如何星火燎原的。为了完成这些增补和修订，我略去了有关各次战役的许多细节。

中国的人名和地名是很难用罗马字来注音的。如今已有几个现存的注音系统。就地名而言，我尽量按照邮局的名单来注音；对于其他名称，则采用威妥玛氏拼音法；但人名和地名都有若干例外。有些名称已经普遍地采用某种拼法，改变其成例未免有纯粹炫耀学问之嫌。

如果本书能有助于西方人公正地理解太平天国运动，以及为了镇压这场运动而献身效力的那个人，作者便会得偿所愿。不过，这还只是一个开头。

在本书涉及的这个历史时期，外交关系在中国历史上变得日益重要，对于这个时期的中文资料，还需要进行更加细致地研究。我们长期以来仅仅从西方人的角度来看待这个时期，这样做是无法充分了解历史的。

我要对耶鲁大学的 F.W. 威廉斯教授表示深切的谢忱，本书是在他的指导下完成的，修订时也采纳了他的建议，而他借给我的那些难得的典册与书籍，为我提供了宝贵的资料。我还要感谢 F. 浅川教授，他在若干翻译工作中为我提供了建议和帮助；以及长沙的 G.G. 沃伦牧师，他在若干章节的修改中给了我有益的忠告；还有耶鲁中国分院的左福（音译。——译者）与其他成员，他们帮助我处理了汉语文本。

威廉·詹姆斯·黑尔

1926 年 11 月于

中国，长沙

第一章

满族人治下的中国政府

1. 军事

当太平天国运动还在孕育过程当中的时候，无法威胁到大清帝国，连扰乱一个省都不容易，人们指望当局尽一切努力将之肃清。但是当局似乎完全瘫痪了。官军根本无力肃清肆意蹂躏湘南、广东和广西农村的不法团伙。不过，从文件上看，两广总督至少手握着 89000 名士兵，军官除外；其中广西有 22532 名，广东有 66907 名。为了公平起见，必须指出，其中有 55401 人是专为驻防或执行警务而征募的。但即便如此，仍然剩下了 34000 名步兵和骑兵，组成一支野战军，足以消灭在 1849 年之前出现的所有匪帮。[1]

官军如此软弱的原因，在于朝廷在军事组织与文官政府中实行的分权。就军事组织而言，分权是从国家级组织开始的，包括两套不同的官兵，按照完全不同的原则组建部队，各自享有不同的特权，这两套系统就是八旗和绿营。

早在 1614 年，在满族人发动推翻明朝的战争之前，他们的武装力量组建为 8 个师，每个师约有 7500 人，由一名都统指挥。这就是八旗的核心，

[1] 在提供有关军队的介绍时，我主要依据《中国文库》第 20 卷中所载威妥玛的论文。威妥玛的数据主要来源于太平天国运动爆发时的汉语文献。帕克在其《中国》一书中对军队也有清晰的阐述。

而所谓的八旗，最终囊括了所有的满族人。[1] 每个师分为 5 个团，每个团 1500 人，每个团又分为 5 个营，每个营 300 人。[2]

然而，在实际征服这个王朝的时候，满族人得到了蒙古军队和汉人军队的援助。在全国平定之后，这两支军队中的许多人被八旗吸收。起初他们跟满族人混杂在一起，但是随着他们的人数增加，满族人认为更聪明的办法是将他们安排到各自的队伍中。于是在 1635 年，蒙古人被编入八旗部队，总数为 16840 人。7 年以后，从一开始就参加了征服战争的汉人同样加入了八旗，[3] 总计有 24050 人。因此，在这场战争结束时，八旗武装的总兵力约为 10 万人。从此他们成为占领军的核心，满足了保卫皇宫、京城、直隶省以及北部与西北部边境的特别需求。他们的人数逐渐增加到 20 多万，其中绝大多数驻扎在东北、新疆与直隶。[4] 他们加入八旗的权利是世袭的。

显然，这种兵力部署的首要目的是坚守东北和直隶省的帝国领土，防御

[1] 八旗分为两个部分，即上旗和下旗：
上三旗：镶黄旗，正黄旗，正白旗；
下五旗：镶白旗，正红旗，镶红旗，正蓝旗，镶蓝旗。

[2] 论文见皇家亚洲协会北华分会《学报》，新版本，第 22 卷，第 3~5 页。

[3] 同上。

[4] 以下总计是 1850 年的数据，依据 1825 年的统计，只是近似值：

	大区	军官	列兵	编外	工匠
直隶	16	7919	131493	31694	2528
东北	4	1086	41350	1138	1568
新疆	1	289	13576	504	128
总计		9294	186419	33336	4224
内地其他省份		1297	49595	8088	1011
全部总计		10591	236014	41424	5235

列兵包括少尉以下军官。
编外兵员具有现役军人的资格，可以从中选拔。
在内地的兵力中，陕西（1 个师）、甘肃（6 个师）和山西（3 个师）占有大约一半兵力，另一半兵力驻扎在 8 个行省。上表录自《中国文库》第 20 卷。

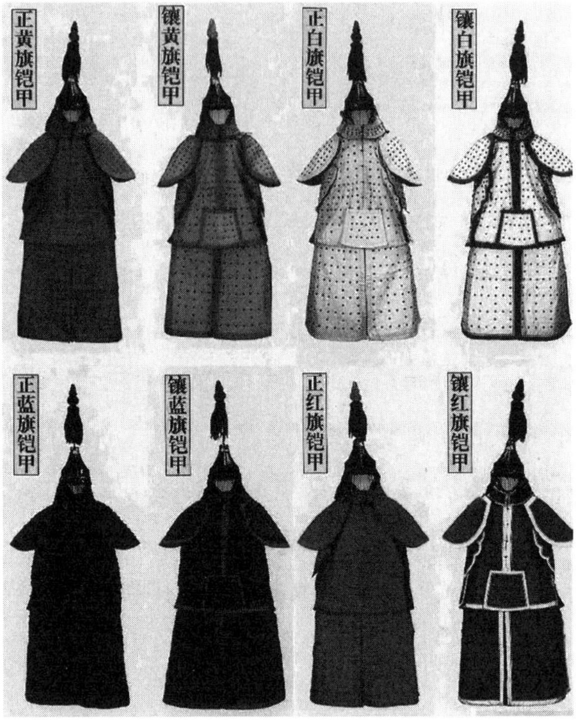

八旗铠甲

来自蒙古和新疆的攻击。直隶驻军的分布，在都城四面构建了一道防线，而在陕西、甘肃和山西等西北省份的大支驻军，则是至关重要的前哨。在中国的其他地区，驻军一般部署在总督驻节的省份，只有遥远的云贵除外。[1]广西、湖南、江西与安徽只有巡抚，没有旗营，而河南、山东和四川的驻军则兵力较少。在开封，驻军人数不足1000名官兵；山东有两座军营，一座在青州，另一座在德州，屯驻了大约2600人；而在辽阔的四川全省，只有2528名士兵和222名军官驻扎在成都军营。[2]

长江沿岸的情况有所不同。清政府懂得控制大江水道的必要性，在湖北

[1] 其原因也许是此地原本为赐封给吴三桂的采邑，并且距离太远，在造反之后，由一支小部队维持。

[2] 这些数据都是威妥玛在1850年依据1825年的纪录提供的。

的荆州驻扎了旗营，这样就能控制四川的出口，并能威压湖广；在金陵和京口也驻有旗营。此三处的驻军人数为：荆州 6292 名士兵和 516 名军官，金陵 3122 名士兵和 369 名军官，京口 1596 名士兵和 147 名军官。

浙江和福建这两个沿海省份处于两名鞑靼将军的控制之下，一名驻节福州，率领 1970 名士兵和 270 名军官，另有海军陆战队的驻军 1526 名士兵和 104 名军官驻扎乍浦；另一位拥有一支 2000 名士兵与 209 名军官的陆地驻军，还有一支小型陆战队的营房，包括 39 名军官和 475 名士兵。广东省的总兵力为 4599 名士兵和 249 名军官，全部驻扎在广州。[1]

各省所有旗营部队的指挥权都在鞑靼将军的手中，只有山东与河南例外。鞑靼将军的级别高于总督，直接对京城负责，不过部队的给养必须由所在省的政府提供。河南与山东两省没有鞑靼将军，由比巡抚低一级的旗人军官指挥。在北京，旗人是由一个由 24 名都统或副将组成的特殊班子领导，每个领导成员代表 24 旗之一，服从兵部指挥。

构成世袭阶级的八旗子弟，就是这支武装力量的成员，他们又被分为两类，有内外之别。前者被特别指派到皇家与王室效力，后者可以在宫外随意服务于军队或文官政府。事实上，满族人当中的每一个成年男性都以某种方式注册于八旗之下，或者是军人，或者是文职雇员。每一个籍隶上三旗的满族人，不论是否在政府中任职，都会得到赡养费；[2] 而下五旗的满族人则只有在实际担任编制内的职务或作为编外人员任职时才会拿到薪俸。

现在我们可以了解满族人武装力量的性质了。在首都与可能发生危险的地区，它是帝国首要的依靠。这种职能给它带来了若干勇武与效率的声望。在内地省份，它主要是作为统治一族的独立驻军，属于另一套指挥系统，随时准备阻止或扑灭总督或巡抚在其驻节地造反的苗头，但无力参与战争。在这些地方，旗人“实际上是荣誉囚犯，被严格限制在城墙之内，被敌视他们的军民所包围。旗人除了使用本族的语言之外，还要学会当地居民所讲的方

---

[1] 帕克在其《中国》一书中提供了不同的数据：河南 820 人，山东 2926 人，四川 1500 人，湖北 5168 人，江苏 4000 人，浙江 5700 人，福建 3060 人，广东 6400 人。见该书 256 页对页的地图。他没有指出出处何在。

[2] 梅耶斯：《中国政府机构》，第 51 页及以下；《中国文库》，第 20 卷，第 252 页。

言，如果他们想要上街去买哪怕是一棵白菜。而在名义上凌驾于汉人总督之上的鞑靼将军，经常被人们轻蔑地称为‘老处女’或‘醉鬼’”。[1] 当然，这种描述需要稍做修正，帕克自己也承认，有些杰出的鞑靼将军是勇敢的军人，但他的描述在大体上是真实的。

我们的确没有夸张旗营的无能，不论是作为战斗性的部队，还是作为防御性的武装。最明显的证据是，当太平军于 1853 年攻占金陵时，满族人的堕落行径昭然若揭。[2] 该城拿朝廷俸禄的满族人武装的驻军兵力多达 5106 人，说明成年人口有 2 到 3 万。太平军攻打外城墙时，遭到汉人官兵的某种抵抗，随后他们便直攻内城中的满族人。密迪乐记述了这次攻击的情况：[3]

> 这些满族人必须拼死战斗，为了对他们一贯有恩的皇室，为了他们民族的荣誉，为了他们自己及其妻儿的性命。他们非常清楚这一点。天王已经公开宣称，他使命中的首要任务就是消灭清妖。因此，他们应该会为了自保而拼死搏斗，但他们却并未伸出拳头。似乎太平军一往无前的进军和根深蒂固的仇恨已经剥夺了他们全部的心智、力量与勇气，他们跪伏在地，向太平军首领求饶，高喊“天王饶命，天王饶命”。……讲述其所作所为的太平军声称，不分老幼，无人得以赦免。

直隶的旗营驻军是否真的优秀很多，是非常值得怀疑的，因为在金陵陷落之后，一支人数较少的太平军部队奉派北上，抵达直隶省的边界时，皇帝不得不派蒙古部落的军队，在无敌首领僧格林沁的指挥下火速救援天

[1] 帕克：《中国》，第 247 页。

[2] 此段记述取材于密迪乐的《中国人及其反叛》一书第 168 页及以下。他有心只记下他在金陵陷落几周后访问该城的精确事实，但他的信息提供者或许只有太平军。

[3] 清政府关于这一事件的主要记载《平定粤匪纪略》卷二第 26 页说，满城在外城陷落后还坚守了两天，不仅是军人，妇女也走上城头，在各处协助防御。在鸦片战争中，满族人在镇江以同样拼命的方式抗击英军。洛奇《述事》第 106 页。这令人不免怀疑密迪乐这段记述的真实性，但决不能证明满族人驻军在满城以外发挥了作用。

八旗骑兵、勇营火绳枪兵、蒙古骑兵

津。[1] 可以肯定地说，如果旗人善于作战的话，他们就应该能在直隶打败太平军。旗营武装尽管无能，却吸干了该省的财政收入。威妥玛绘制了一份详细的表格，[2] 表明中国内地旗营官兵的薪俸和津贴总额每年高达 1378.502 万两 [3]，或者说，把东北、伊犁与新疆都计算在内，则是将近 1600 万两。如果帕克的数据表是正确的，那么这个数字就是太平天国运动之前一年总收入的 1/3，在他所罗列的开销中至少占了一半。[4]

[1] 《京报》，1853 年 11 月 7 日号。

[2] 《中国文库》：第 20 卷，第 404 页。

[3] 1 两就是 1 盎司银子，为中国重量单位。其标准由各地决定，但一般为 1 又 1/3 盎司，此处的标准是国库两。

[4] 帕克：《中国》，第 198 页及以下。在这份预算中，总收入为 4687.1 万两，支出为 3152.28 万两。他认为总的军费支出仅为 1959.91 万两，而驻京的旗人仅要求 200 万到 300 万两。我倾向于认为他的预算只包括了北京、东北、蒙古与新疆的费用，而没有囊括内地各省的费用，那些费用是由省级财政支付的。

绿营兵

现在来看汉人部队。我们一开始就发现它与旗营大不相同，他们的官兵是从全国各地自愿参军的。军官可以是满族人或汉人，但士兵都是本地人，平均地分布于18个行省。如果我们将之当作一支国军，那么就容易误入歧途。北京确实控制着高级军官的任命，但是军官一旦走上了指挥岗位，就全权指挥他自己的士兵，他们实际上形成了一支独立的武装，但由于存在一个错综复杂的监督和平衡体系，它还要依赖于该省的其他军官和文职官员。这里无法找到与西方国军中的指挥统一相对应的体制。

这支汉人武装名叫“绿营”，可以追溯到满族人入主中原以前那些入侵者争权夺利的时期。它和旗营一样，其建制以7500人为基础，组成一个大单位。绿营小单位是否完全对应于旗营中的小单位，我们不得而知，但有可能是如此。我们知道，顺治皇帝在北京登极时，至少有3个汉人军，不下

15 万人，在汉人将领的指挥下，为他在各省战斗。[1] 如前所述，其中有些汉人被吸收到八旗之内，但也有许多人留在八旗之外，成为绿营的核心。我们不妨回顾一下，这个新王朝在开创之初，对援助过他们的 4 位汉人将领封了藩王，即吴三桂、耿仲明、尚可喜与孔有德，在华南的云南、广东、福建和广西，分别赐给他们采邑。[2]

在吴三桂与另两位活着的藩王领导下，云南、广东和福建在 1673 年爆发了叛乱。他们取得了暂时的胜利，控制了华南和华西，以及华北的部分地区。但是他们遇到了劲敌——年轻而强大的康熙（1654—1722），他注定要置身于中国最伟大的统治者之列。在强悍的吴将军与这位强有力的皇帝之间，进行了一场长久的战争，直到 1678 年吴三桂在围攻湖南永兴时死去，这场反叛才渐渐平息。但它留下了严重的后果，满族人从此改革了他们在汉人区域的政府构架，在一个省内将权力分散交给文官和武官，而在同一组官员中又分散交给不同级别的官员。[3]

在康熙及其后继皇帝们的治下，这种策略得到了发展，在任何省份都将文武大权分别交给至少 2 到 3 个权力中心，多则分解为 8 至 10 个权力中心。在军事方面，督抚通过对本省财政的控制，对该省的所有部队都有间接的控制权，但他们每人只能直接指挥 5000 到 6000 名护卫他的士兵。

鞑靼将军驻扎在总督驻节的省会城市，或者驻扎在其附近，以大致相等的兵力来制约他，并在国都中居于比他更高的职位。同样，巡抚受到省级最高军事长官提督的制约，此人主要是指挥全省的武装力量，而在军队的等级组织中，他与巡抚同级。提督偶尔也会驻节于省会城市，但更多的情况是驻节于该省其他地区的一座大城市。这 3 个独立的指挥系统，即督抚系、鞑靼将军系和提督系，便是 3 大组织体系。

[1]　《中国文库》：第 20 卷，第 252 页及以下；皇家亚洲协会北华分会《学报》，新版，第 22 卷，第 3~5 页。

[2]　李翁兵：《中国史纲》，第 358~368 页，比较 J. 罗斯的《满族人》第 453 页。广西藩王死得早，自杀身亡，只留下一个女儿，无法继承王位。不过，她嫁给了该省的鞑靼将军，于是保留了一定的控制手段。

[3]　李翁兵：《中国史纲》，第 368 页及以下。

但实际上，就连提督也会觉得他的权力受到了下级军官总兵即师长们的牵掣。尽管后者只有通过提督才能与北京的兵部进行沟通，并在理论上要接受提督的命令，但他们实际上受到的只是督促而非指令。他们实际上已经形成了独立的单位，驻扎在不同的地方，很难把他们从那里调开，因为他们通常会与相应级别的文官道台打交道，而他们的部队分布在各个战略要地，驻扎在主要的城镇和商业中心。这些小部队对于低级文官而言具有很大的价值，但任何将之收拢集结为大部队的企图，都会令常规的当局感到孤立无助，面临从 1847 年到 1850 年广西盗匪蜂起时遇到的困境。因此，这些当局会极不情愿把驻军放走，不想让他们离开其驻扎的四面围墙的城市，对调令故意拖延不办。

在中部省份，绿营部队还有其他纠纷。粮运总指挥控制着大运河，而河督则控制着黄河与长江，他们麾下都有绿营兵。

从康熙的角度看来，这是一个理想的体制。实际上，它只有在各位文武指挥官完全协调一致的情况下才有可能正常运转。但这违反了人的天性，各位指挥官绝不可能和衷共济。实际上，康熙已经下达指令，使他们绝对无法合谋反对北京，从这个目标来看，这个体制是效果极佳的。

因此，绿营事实上比旗营好不了多少。我们必须放弃一个想法：巡抚或提督在出现任何紧急状况时能够集结一支大部队。指挥体系隔膜而分散，至多只能保住省会和重要城市。绿营在驻守防御时比在野战中有用得多。他们可能有助于扑灭其他指挥体系的兵变，例如总督的部队有助于防止提督或总兵体系的叛变。他们也可能被用于镇压乡村地区的小规模动乱。至于对付大批的造反派，就很难集结一支足够强大的兵力，甚至完全没有可能做到这一点，除非招募新兵。即便大部队集结起来了，不同军官之间的合作也很难得到保证。

步兵、骑兵和驻防部队的比例，各省互不相同，但在 14 个省份内，驻防部队超过了其他两种兵力的总和。1850 年中国的绿营总兵力为：骑兵 87100 人，步兵 194815 人，驻防军 336185 人，总计 618100 人。各省的分布情况如下：

省份	师或军区	兵站	总开销（两）	骑兵	步兵	驻防军	总计
直隶	10	138	1575360	12829	12049	24311	49189
山西	3	53	419850	4496	7469	13668	25633
山东	5	41	568720	3572	2087	19217	24876
河南	3	35	315660	2563	……	11033	13596
江苏	8		954080				
安徽	2	89	113470	4126	10433	31251	45810
江西	3	38	262150	982	2010	7787	10779
浙江	7	62	846950	2196	10791	23572	36559
福建	11	78	1398470	3786	24869	32780	61435
广东	11	95	1463860	2183	22108	42616	66907
广西	4	47	522400	1505	8222	12805	22532
四川	7	79	888240	4036	11511	18280	33827
湖北	5	42	533450	2572	5218	14262	22052
湖南	4	53	608720	2262	7065	16477	25804
陕西	7	92	1023407	12390	17589	12085	42064
甘肃（东部和西部）	9	116	1395110	22493	23358	10829	56680
云南	9	53	875870	2538	17229	15447	35214
贵州	6	67	728330	2571	12807	29765	45143
额外			168000				
总计	114	1178	14662097	87100	194815	336185	618100

按照重要性来排列，骑兵的位置最高，士兵经常调动。[1]

[1] 此表摘自《中国文库》第 20 卷，总结可见于第 365 页。我们必须记住，这只代表支付薪俸的人数，其中肯定有不少空额。

军官的招募办法和文官一样，陆军和水军没有区别。除了通过考试招收以外，军事师匠与医生可以任命，还有 4 条途径可以得到军衔：自公爵以下含五品官阶的贵族世袭职位；军官之子因其父显贵的名誉晋升；军官之子因其父为国效劳而暴亡的名誉晋升；因功而从低位得到拔擢。[1]

然而，获得官衔与实际任命是两码事情。有 3 条途径可以得到任命。有几个军阶的军官，尤其是从中尉直到中校的官位——那些通过正规途径选拔的军官会被派往各省等候出缺。在某些省份[2]实行第 2 种办法，由总督、巡抚或提督从现役军人名单中推荐人选升职，实际上是论资排辈。在这些省份，人们都明白，每次用此种办法提拔军官，那么在下一次提拔之前就要采用另外那种办法。第 3 种办法就是用仅仅根据能力和功劳来提拔的方式批准任命。对于中校以下军阶的人选，可由省级政府的首脑确定，较高级别的军官要由北京根据对他们的举荐来任命。有时候，在与战争相关的人事决定中，提拔或提拔的许诺会作为特殊的奖赏赐予战场上的勇士。

军官的等级划分与其文官同僚们完全一致，但与同级的文武官员相比，武官会被视为级别较低，因为它们仅仅标志着身体的勇武，而并非学识与文化。下表列出了官名、级别及其指挥的人数。[3]

职衔	对应的英语官衔	指挥的人数
从一品　提督	将军或总司令	标　理论上为 7500 人，实际上平均为 5424 人
正二品　总兵	将军或师长	理论上为 7500 人，实际上平均为 5424 人
正二品，从二品　副将	旅长或司令官	协　人数不详
正三品　参将	上校	营　平均 525 人
从三品　游击	中校	营

[1]　《中国文库》第 20 卷，第 294 页及以下。

[2]　湖南、陕西、甘肃、四川、广东、广西、云南、贵州、福建。

[3]　表格中的对应名称取自《中国文库》，第 20 卷，第 366~390 页威妥玛的论文。梅耶斯的《中国政府》，第 59~61 页开列了不同的对应名称，从旅长以下，各级军衔都降低了一级。

正四品　都司	少校	营
正五品　守备	上尉或中尉	营
正六品　千总	中尉	哨　半营 50 到 10 人
正七品　把总	中士	哨　半营 50 到 10 人
正八品　外委千把总	下士	哨　半营 50 到 10 人
从九品　二外外委武职	下士	

现在我们把考察的范围缩小到太平天国运动兴起的广东和广西两省，我们发现这里有 14 个师的军队，分布在 142 个军营，总兵力为 3688 名骑兵，30330 名步兵，以及 55421 名驻防军。但是，由于师与军营太多，每个军营的骑兵与步兵平均不足 240 人，驻防兵平均不足 300 名。这些小营，每营兵力不足 650 人，分散部署在两省各地，实际上是无法调动的部队，不过是地区警察武装而已，难怪造反武装能有机会在山野之间发展壮大起来。

当需要大部队来应对的紧急状态出现时，它的缺点就大致上暴露出来了。于是官员们都舍不得放走手中的那点可怜的兵力，而他们的上司则尽可能地加紧摆脱请求援兵或填补缺额所需的庞大财政支出。每个知县通常都很难保住自己的官位，会尽量向巡抚瞒报辖境内发生的任何动乱，直到事态无法控制。他采用的手段有两种：一是隐瞒事态的严重性；二是买通叛匪，或用某种方式劝说他们转移到其他县境。同样，巡抚也会向北京隐瞒事态的严重性，心存侥幸地寄望于用某种方式平息动乱，或者将匪帮赶出本省，驱入别人的辖境。

他们之所以要隐瞒，是因为担心朝廷指责他们听任动乱在自己眼皮子底下发生而未能制止，而将他们革职，同时也担心财政上的损失。每个官员，不论文武，都要为自己的职务任命和续任大把地花钱。他自然地会将这种开销视为投资，他必须在任期内确保其盈利。因紧急事件导致的革职与重金打点，会危及他一生的财政，有时会令他一蹶不振。

在军中，指挥员们最流行的贪污办法就是向省政府索要全额人马的薪俸与津贴，而实际上只维持全额之一部分的人马服役，又将实际人马的合法津

1870 年代的旧式清兵弓箭手

贴尽可能削减到最低点。因此，3 类部队都是长期兵额不足，并且大部分由老弱构成。当阅兵临近时，或者当需要大部队应付的情况发生时，部队会临时征召强壮的农民或劳工。他们未经充分的训练，便补充到军中，充当实际的战斗兵员。[1] 中国的批评家们提出的指控，向中央政府说明了他们的军人为什么既打不过太平军，也胜不了外国军队。下面就是他们陈述的理由。首先，部队兵额不足，军官们向上级报告的是人数，而非名册上的士兵姓名，这就使得上级无法查验核实。于是政府要为并不存在的军人支付薪酬。其次是疏于训练，使实际服役的兵员极为缺乏战斗力。再次是军官们将现役士兵当仆从使唤，盗窃了士兵们部分应得的薪俸与津贴，迫使他们与盗匪勾结。从次，经常从流氓无赖中招募兵员，形成一种环境，其效果等同于剥夺他们的薪俸，或至少加重了他们的腐败与无能。最后，由于许多士兵缺乏训练，缺乏射箭或使用火器的知识，没有一般的作战技能，于是临战怯懦，遇敌即

[1] 威妥玛的论文引用了几名御史有关此事的言论，本节概述了他们的指控。见《中国文库》，第 20 卷，第 419 页及以下。

逃。[1]此外，还有士兵雇人替代，这些替代者更无责任感，一有机会就开小差。

这幅图景并不夸张，却已是够黑暗了。抵抗英国人的那场战争暴露了清军致命的缺陷，却未见清廷采取明显的措施剔除体制的弊端。就连1839—1842年在广州为扩军而增招的编外兵员也被遣散了，政府已经没有可靠的部队来镇压训练有素但装备窳劣的太平军。当钦差大臣赶到战场去当实际独裁者的时候（但他无权收税，因此被剥夺了独裁者的一个首要功能），或者当鞑靼将军奉命去广州亲临战场的时候，他们手中都没有足够的兵力。清廷一方必须创建一支全新的军队，而这就是由曾国藩完成的工作。

2. 民政

如果说清廷的军事组织在危机中如此满足不了需求，那么其民政也比军事强不了丝毫。因为它的组建也是遵循将权力分散到许多人手中的原则，而非让权力集中在少数人手中。

在首都，有两大机关分掌管理的职责。在明朝居于百官之首的内阁，如今在两者中居于次位，转换成了朝廷的档案馆，其中有4名大学士——2满2汉，2名协办大学士——1满1汉，以及10名学士。其职责是获取全中国所有事件的信息，使国家首脑可以通过它接触下面的管理层。[2]

内阁之上的机关是军机处。起初它只是军事委员会，后来发展成为皇帝私人的枢密院，凌驾于内阁之上。[3]每天早晨4点到6点之间，军机处开会处理国务，其成员通常包括5位部长，他们是若干执行部门的尚书。内阁只是沟通的工具，而这个机构才是皇帝之下的最高当局。

和以前各个朝代一样，执行部门包括6部，每部都有2名尚书和6名侍郎，

[1] 在太平天国运动初期，周天爵写给湖北巡抚的信中提到了这一点。此信可见于第6章。

[2] 梅耶斯:《中国政府》，第14页及以下；威廉斯:《中央王国》，第1卷，第417页、第419页。

[3] 梅耶斯：《中国政府》，第12页及以下。

一半满族人一半汉人。此外，户部、兵部与刑部还有督察官员。这6部分别为：（1）吏部，下设4司，领导帝国的文职官员；（2）户部，下设14司，控制各地行政与税收；（3）礼部，下设4司，附设乐局；（4）兵部，下设4司，领导军务，直到19世纪末为止，经营水军及驿传服务；（5）刑部，与都察院和大理寺合作，审核各省的裁判结果；（6）工部，下设4司，总管全国的公共设施。[1]

上面的名单还要添加两个特殊的部门。其一是为了处理中国与蒙古的关系，叫作蒙古衙门（崇德三年六月改称理藩院。——译注）。在专门组建外交部之前，它除了处理蒙古、西藏、新疆与境外朝贡国的事务以外，还处理中国与俄国的关系。[2]

其二便是都察院，它与刑部和大理寺合作，审核刑事案件，受理上诉。但它更重要的职能是其作为监察委员会的工作，御史们严密监视首都和各省官员们的品行。它向皇帝建议对被弹劾者应予何种处罚，指名道姓要将效率低下的官员及腐败官员降级甚至革职。[3]革除弊端的建议也是由这个部门提出。

直到与英法联军的战争结束之后，清廷才感到了建立专门外交机构的必要。他们那时被迫打开国门，开展对外交往，于是组建了一个特别委员会，而不是一个部门，这个机构名叫总理衙门。其成员起初有10位，都是各部的尚书或侍郎，包括军机处的多数大臣。因此，在某种程度上，可以视之为一个首脑人物的委员会。常务工作由一个秘书班子来执行，他们起初是从军机处借来的。在这个外交委员会之下，直隶与金陵的总督被指派为通商大臣。[4]

于是中央政府的情况是，并非所有部门都由同一个首脑来掌管，而是六部、内阁与军机处各有一个牵头的委员会。实际的权力完全有可能是由少数人在行使，但至少在理论上它是广为分散的。总体而言，这架笨重的机器似乎运转得非常顺利。

---

[1] 梅耶斯：《中国政府》，第17页；威廉斯：《中央王国》，第1卷，第421~428页。

[2] 威廉斯：《中央王国》，第1卷，第429页及以下。

[3] 威廉斯：《中央王国》，第1卷，第431页及以下。

[4] 梅耶斯：《中国政府》，第15页及以下。

这是刊载于1873年《伦敦新闻画报》上的一张以照片为母本的铜版画，标题为“北京外交部”（总理衙门）。照片虽然没有拍摄者，但从时间和内容看，显然是著名的英国摄影师约翰－汤姆森1871年初冬拍摄的。其中人物为总理各国事务衙门大臣，自左起：宝鋆、毛昶熙、恭亲王奕䜣、文祥、董恂、沈桂芬、成林

在省一级政府内，满族人在采用其先人的规划时似乎做了修改。这个异族王朝的伟大统治者们避免了蒙古人在企图实行直接统治时所犯的错误，他们与汉人一起工作，并通过汉人来进行统治。明代的15个行省增加到18个，从陕西划出一个甘肃，把江南划分为江苏与安徽，将湖广划分为湖北与湖南，但这些省份从前的联系还是在某种程度上保留下来了，由一省划分而成的两个省份，还是由同一个总督来领导。东北也被划分为3个部分，在我们考察的那个时期，这3个地区都是军事基地。奉天是率先编入一个常规省份的地区，直到1876年为止，它没有接受这个新的政府。

中国内地的18个行省，由8位总督和16位巡抚分别管辖。8位总督的辖区分别是：（1）直隶；（2）两江，包括江苏、江西与安徽，“两江”之名起于江南尚未划分之时；（3）两广，即广东与广西；（4）湖广，即湖北

与湖南;（5）四川;（6）闽浙，即福建与浙江;（7）陕甘，包括陕西与甘肃;（8）云贵，即云南省与贵州省。直隶与四川由总督直接治理，而山东、山西与河南由巡抚管辖，不与总督合作。

总督自动拥有兵部尚书和都察院副都御使的荣誉职衔。该省最高的文官当局都从属于他，他还对军队拥有特殊的权力。在鸦片战争之前与外国人斗争的时期，总督有时会被名为钦差大臣的官员压过一头，此官在该省范围内没有行政权，但他在特定的事项中代表皇帝，级别高于总督。有时总督也会另外得到钦差大臣的职衔，这在太平天国运动期间是经常发生的事情，这个职衔可以加强总督的权势。

一省的公务由两个班子分别执行，一个是民政班底，另一个是军事班底。他们为大批候补官员提供职位。这些候补官员已经通过了常规的任职资格认定，其中许多人已经交付了提名费，并且已经得到了候补知县、知府或道员的级别，被指派到他们应该效力的省份，并且上了等待实际任命的候补名单。但是，其中有些人不得不等候数月或数年，仍然未能上岗，总督、巡抚甚至级别更低的官员，会从这些候补官员中招聘他们的秘书长。总督主要负责指导民政，而一名特殊的秘书则会负责官署的纯军事职能。[1]

总督的下一级官员就是巡抚。他在北京拥有兵部侍郎的荣誉职衔，并有都察院的相应职衔。他的实际职责很难区分于总督的职责。当他们在同一个省份内同时存在时，他们并非以明显的上下级关系相处，而更像资历深浅不同的拍档。和总督一样，巡抚也手握生杀大权，也要审核刑事案件。他还负有监督下级行为之责。下级官吏与京城的所有沟通必须通过巡抚，他有与总督一起或单独给皇帝上奏的权力。[2]

如上所述，在某些省份内，会有一名军官，即鞑靼将军，与督抚同居高位。如果他与巡抚、总督同在，那么这 3 个人就形成了特别的省议会，研讨与全省管理相关的事件，他们还可以将下级官吏招来会商。[3]

---

[1] 威廉斯：《中央王国》，第 1 卷，第 438 页。

[2] 梅耶斯：《中国政府》，第 33 页。

[3] 威廉斯：《中央王国》，第 1 卷，第 440 页。

在这些最高级别的官员之下，还有 3 位——有时是 4 位省级官员驻节于省会城市。他们分别是财政官（布政使）、法官（按察使）、粮道和盐道。

在这些官员当中，布政使的级别相当于副巡抚，通常在巡抚临时出缺时接掌巡抚官印。在明朝的前期，布政使是民政巡抚，[1] 但如今他的职能全部是财政方面的。

按察使行使该省的主要司法功能，审核县级法庭的判决。有关文官的任免事宜，要跟布政使与按察使协商。但他们因为向皇帝上折奏事的权力所限，致使总督和巡抚通常包揽了所有任免的决定权，只是走一走过场，征得这两名下级的同意。有关日常公务，他们向督抚提出建议。可以说，这 4 个人组成了省级行政议会，把所有的行政、司法、审判和评议权全部抓在手中。事实上，他们就构成了所谓的“政府”。[2]

所有的省份都有盐道，因为盐税的运作是无所不在的。他的职责不是地方性的，而是财政性的。[3]

在 12 个省份里，都有一名粮道负责征收粮食税，并将之交给北京。在其余省份，粮道的职责隶属于布政使。

另一位重要的省级官员就是学政，通常由级别很高的人担任。他总抓该省的教育事务和考试，在北京派来的特殊考官的协助下，在省会城市举行乡试。

总的来说，我们同意帕克的看法：每个省都是一个完整的领地，“完全不依赖其他省份，只有那些穷省会向富省催讨中央政府‘指拨给他们’的款子。每个省都有自己的陆军、水师、征税系统及其社会习俗。只有在涉及盐的贸易和水师的时候，双方才会在朝廷某种程度的控制下做出让步。在其他几乎所有的事务中，督抚之间都会彼此‘推诿’；不同的省份偶尔也会对某个特殊问题共同产生兴趣，在如此‘推诿’达到事先的理解之后，会一起向皇帝或各部报告”。到了 19 世纪末，由于险恶的外交关系和发展水师的需要，才比太平天国运动期间有了较多的统一。

[1]　梅耶斯：《中国政府》，第 33 页。

[2]　帕克：《中国》，第 164 页。

[3]　梅耶斯：《中国政府》，第 38 页及以下。

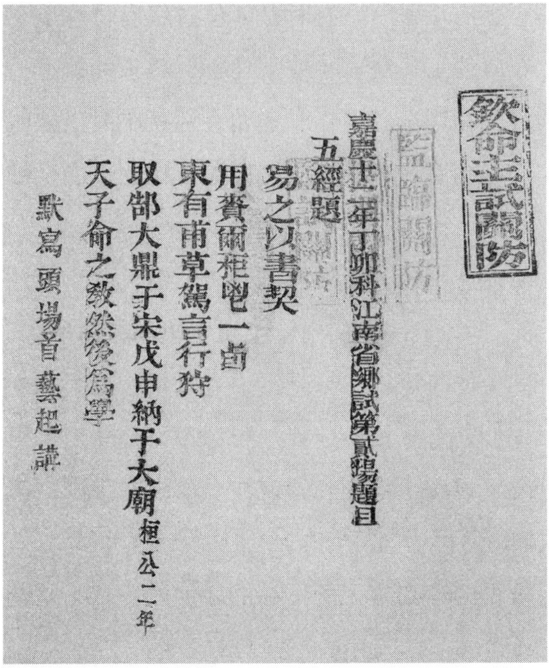
欽命主試關防

監臨關防

嘉慶十二年丁卯科江南省鄉試第貳場題目

五經題

易之以書契

用賚爾秬鬯一卣

東有甫草駕言行狩

取郜大鼎于宋戊申納于大廟 桓公二年

天子命之教然後爲學

默寫頭場首藝起講

嘉庆十二年（1533 年）丁卯科江南省乡试第二场题目

当官员们拥有如此大的独立性时，他们仍然受到两方面的制约。一方面，中央政府派来的人在各省悄悄地监视着高级官吏，而他们同样派人到县城里监视低级官吏。另一方面，京城与大城市里的绅士们，在乡村地区各种民间组织的协助下，防止官吏们横行霸道，侵犯民众约定俗成的权利。知县或知县以上级别的官员，不允许在他出生的省份任职。这个规矩可以防止官民的利益得到巩固，却让皇室受损。它在某种程度上达到了目的，但同时又给文官政府带来了和军事组织相同的弱点，即涣散与无能。在我们考察的大动乱时期，它有效地妨碍了国家资源集中于支持战场上的军队。

在一个省内，也存在各省之间所有的分权现象。一个省可以分为 6 个层次，其中之一是财政性的，其余的则是地域性的：（1）道，主要是财政性的；（2）府；（3）直隶厅或厅；（4）直隶州；（5）府辖州；（6）府辖县或直隶州辖县。下面的图表标明了它们之间的关系。

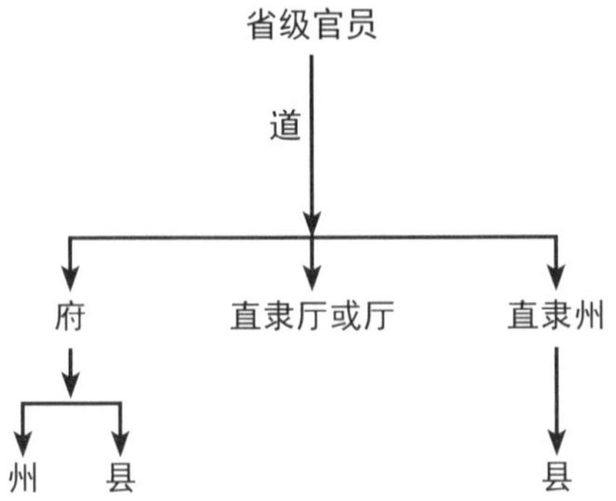

道的首席长官一般称为“道台”，正式的称呼是“道员”。他对两个或两个以上的府略有控制权，在其辖区内具有很大的军事权威（因此又称“兵备道”）。如果他主管一个门户港口，那么海关的管理权通常就会握在他的手中，在这时他又叫作“海关监督”。他的级别通常与外国领事相当，如果该地没有专门的外交机构存在，那么在依据条约对外开放的港口城市，道台就是对外事务的总监，重大问题则上报巡抚或总督审批。

府的首脑叫作“知府”。他的职责没有明确界定，但他有权进行司法审核。他是一名监管者，也是上对省级官吏下对州县官员的中层沟通者，这也许就是对他最合适的描述。

厅的管理者是“同知”。这个官名也用于称呼知府的下属，若干特殊官吏也有这个头衔。其中某些人握有兵权，其他人负责水上交通，还有一些人则被派往有土著部落居住的县执政。此外还有税警（督察同知）和警务同知（通判）。[1] 和厅同级的有直隶州，但普通州实际上与县同级，只是名称不同而已。

州和县的首脑是直接由北京任命的最低级官职，他们实际主宰与普通民众有关的事务，并直接与他们接触。他们是朝廷和地方政府的核心——最低级的朝廷官员，百姓的“父母官”。帕克教授清楚地总结了他们的职能，针对知县如此写道：“他首先是林林总总大小刑事或民事案件的裁判官，又是典狱长、验尸官、警长、市长、首席公证员、民事督察、税务官、注册主任、

[1]　梅耶斯：《中国政府》，第 35 页及以下。

皇家代表、首席执行官、求神拜佛的代理人，总而言之，就是人们对他的那个称呼：‘父母官。’”[1]

这里我们无法讲述他用以保住官位的种种手段。购买是最常见的手法之一。曾国藩在他的一封信函中谈到一位朋友，他用7000串钱买了知县的官位，又用大约8000串钱买了知州的官位。[2]从理论上说，他是根据考试成绩任官的。在执行五花八门的公务时，他的身边有4类下属，分别负责一般管理事务、秘书事务、监察和财政，以及维护治安。这些人下面又有下属，即衙役，他们会将灾难带到落入他们手中的所有人的生活中。

一个县的主要收入来源是知县能够从税收与司法管理中榨取的利润。此外还有一些巧取豪夺之道，来源于“侦讯（盲目）、发放执照、特许、绅士送礼、土地转让、邮政、官粮仓储、供给，等等”。[3]

虽然知县如此掌管着地方政府，但实际的权力绝大部分都掌握在民众自己手中，或者更准确地说，掌握在地方绅士手中。乡间的警务处在“团总”或“练总”的照管之下。村庄的和平稳定主要由“地保”或“保正”来掌控。地保与团总都不是官员，只代表百姓，但他们对地方政府而言是举足轻重的人物。他们尽量不让案子闹到正式的官员那里，努力在“庭外”解决涉及侵害、财产纠纷、离婚和其他能够接受调停的问题。事关其他村庄的头目，地保可以行使地方政府的细小职能，这是中国体制给地方组织保留的功能。[4]他可以做很多好事，但是如果他本人的行为底线不高，他作恶的力量也是相当的。他们很容易利用职权敲诈勒索，包庇恶人。[5]地保是民众与官吏之间的缓冲器。毫无疑问，在整个漫长的中国历史中，他们对于防止暴政和过多侵犯民众的权利，起了很大的作用。

上面这些简略的描述或许有助于了解，要把一个省或几个省的资源集结起来对抗一场强大的造反运动，是多么困难的事情。每个督抚都有相当大的

---

[1] 梅耶斯：《中国政府》，第6页。

[2] 一串钱，又称一千钱，交换价值各异，但一般等值于1美元或更多。

[3] 帕克：《中国》，第173~175页。

[4] 道格拉斯：《中国的结社》，第111~113页。

[5] 道格拉斯：《中国的结社》，第16页。

自主权，但又处于严密的监控之下。同样，州县是通过府来分别控制的，省会对他们的影响不大。我们在全中国都可以看到权力的分割，但在实际的管理中却无法容忍些许的干涉。解除权力是上级主管机关的撒手锏。州县之间不会携手合作，除非通过省会来迂回牵线。知县之间与知府之间很少或没有直接的交流。在民众方面，日常生活与邻里生活的大多数问题都在官员不知情的情况下处理好了，每个知县都被迫按照这个古老的习俗限制自己的活动范围。于是，为了分散权力、确保皇权至高无上而精心设计的文官政府，只能在太平盛世顺利地运转。在战争时期，由于合作与联合过于困难，它就瘫痪了。

第二章

拜上帝会的组织

当我们寻找太平天国这种强大运动的起因时，清政府的许多弱点立刻就说明了问题。但是那些原因是军事组织与文官政府所固有的，如果我们试图了解这场运动，就不得不深入考察当时中国南部的特殊环境。

太平天国运动爆发到结束的那个十年，其标志性事件是军事失利和自然灾害。外国蛮夷的一支较小的军队，在鸦片战争中（1840—1842），从驻节于广州的钦差大臣手中取得了胜利，沿着海滨胜利进军到长江，最终在金陵向清政府榨取了一个和平条约。[1]这场战争震惊了全国，暴露出中国的外强中干，以及军力的衰弱。[2]

广东遣散的士兵立刻回归于他们的乡村和山林，有的重操和平的旧业，有的则从事较为刺激的抢掠活动。他们不免向朋友哥们儿讲述洋夷武功高超的可怕故事，讲述洋枪洋炮以及见所未见的西洋战术如何高级，使得大家对那些陌生人产生了畏惧，甚至有些着迷。但是，他们注意到洋人驻扎在广州附近，他们发现，那些令钦差大臣吓得颤抖的洋人没有得到进城的许可，清政府拒绝他们进城的主要理由是担心民众骚乱。于是传言四起："百姓怕官，

---

[1] 参见威廉斯《中央王国》，或莫尔斯《中华帝国的国际关系》，其中对这场战争有清楚的记述。

[2] 曾国藩这样的人在京城密切关注着这场战争。他几次写信回家谈及事件的进程。当英国人在金陵时，他写道："英夷在江南，抚局已定。盖金陵为南北咽喉，逆夷既已扼亢而据要害，不得不权为和戎之策，以安民息兵。……自英夷滋扰，已历二年，将不知兵，兵不用命，于国威不无少损。"（《家书》1842年10月20日）。

中国南方的鸦片吸食者

晚清鸦片吸食者

官怕洋人，洋人怕百姓。”[1]关于最后那句话，事实是，出于商业利益的考虑，洋人进入广州的问题暂时搁置。不过，在 1856 年与“亚罗”号中国快速帆船相关的事件中，此事作为未曾解决的问题重新被提出了。然而，满族人在鸦片战争中的卑躬屈膝让那些爱动脑筋的汉人觉得，汉人自己举行一次国民起义，也许能够赶走满族人效率低下的军队，把一位汉人王子送上皇位。

这样的反面教材不可能不给中国现存的革命会党留下深刻的印象。其中一些会党将政治诉求与明确的宗教教义结合起来；另一些会党则是较为彻底的反清派，其成员不得不秘密活动，因为政府的密探正在警觉地搜查并摧毁所有这类颠覆性的组织。仅在半个世纪以前，其中一个名叫白莲教的会党就发起了一场造反运动，波及西部和西北部数省，甚至渗透到了华中。从 1796 年到 1804 年，清政府都忙于镇压这场运动。白莲教最早是因为反抗蒙古篡位而出现的，它在汉人统治的明朝销声匿迹了，但在满族人推翻明朝时重新复活。[2]

其中的另一个秘密结社是三合会，有时又称为天地会。这个组织是坚决反清的，它是满族人统治中国的第一个世纪中的产物。它在太平天国崛起的两广地区势力特别强大。三合会发誓要光复明朝，其成员分布广泛，由庄严的誓言互相团结，等待有利时机到来，就要推翻异族人的政府。我们稍后将要考察它在太平天国早期与太平天国人士的关系。三合会或其一个分支在 1853 年到 1856 年的 3 年间占据了上海，却无法与盘踞在金陵的宗教狂热分子携手共事。完全可以假设，这些会党，以及其他具有相同目标的组织，注意到满族人在对抗西洋人时表现出来的软弱，相信他们期盼已久的机会终于到来了。[3]

---

[1] 《粤氛记事》：卷一，第 1 页。

[2] 李翁兵：《中国史纲》，第 469 页及以下。

[3] 德格鲁特与 J.J.M 在《中国的门户之见与宗教迫害》第 2 卷第 17 章第 536~556 页中，从这场运动中追溯到了门户迫害，特别是 1836 年及以后几年在湖南发生的事件。这种迫害造成的动荡局面促使不同的宗教组织团结到这场运动中。这种观点有很多可取之处，但德格鲁特对其正确性和完整性深信不疑，以至于将洪秀全的幻觉斥为韩山文纯粹的虚构。如此一来，他的推定就令我们迷惑不解：为何持有非常狂热的半基督教观点的宗派后来控制了这场运动，致使他们无法与各个遭到迫害的教派友好合作？他没有充分强调下面的事实：大多数的迫害都是针对那些通过宣布宗教目标来改扮自己的革命会党。

除了这场对外战争，以及它对爱思考的人、对广州附近的农民、对秘密会党施加的影响，我们还要指出，1846 年和 1847 年，发生一系列自然灾害。湖南和广西部分地区粮食歉收，致使饥民中盗匪蜂起。[1] 一些匪帮规模较小，破坏性不大，但有些匪帮人数众多，成千上万，首领颇具影响力，弄得知县直至省级当局都惶惶不安。[2]

为了对付这些准造反派，朝廷下令训练乡勇，甚至将之组建成部队。曾国藩大规模地采用这种民兵，将之加以编练，类似于江忠源首先率领的勇队，使他能够最终镇压太平天国运动。太平军本身也是从广西的这种“自发性的运动”中诞生的。[3]

此外，海岸线上海盗横行，他们的抢掠不仅侵害了中国的船只，也针对那些悬挂外国旗帜的船舶。他们令英国人大为头痛，以至于在 1849 年出动军舰对付他们，在广东沿海附近成功地击毁 58 艘海盗船。当时一大股造反军正在广西与官军交战，打了一个月。从海战区域到广西的战场只有几天的路程，由于许多没有放下武装的海盗被迫登陆，自然可以推测他们要么是加入了太平军，要么就是独立行动骚扰一方。这些人的秉性使他们很容易与住在广西那个地区的客家人联合起来，[4] 而太平军由之组建的拜上帝会显然是在客家人中首先建立起来的。[5]

这场运动还有一个公认的原因，那就是道光皇帝治理国家的方式。这位专制君主如果看不到，在康熙与乾隆治下一度强盛的帝国，已经普遍出现了停滞与衰败的迹象，那么他一定是昏睡未醒。卖官鬻爵有增无减，军队日益

[1] 《粤氛记事》：卷一，第 1 页。

[2] 《善化县志》（善化县包括湖南长沙的一部分）中对这个时期有一段典型的中文记载：“广西边界盗匪多如牛毛。道光二十七年（1847），饥荒严重，盗抢四起。巡抚陈楚曾（音译。道光二十七年的湖南巡抚为陆费瑔，此人不知何指。——译注）年老多病，性多耽溺（即信奉宗教），无法弹压。时有湖南逆贼雷再浩、李沅（元）发连年潜入两广边界骚扰。虽小股贼匪已伏法就刑，大股贼匪却未剿灭。两广有陈亚贵、区楚云、山猪箭、山羊头、颜品瑶，其逆众每股数千人，筑巢山中，鱼肉百姓。”

[3] 《忠王自述》：第 2 页。

[4] 密迪乐：《中国人及其反叛》，第 147~148 页。他相信是这些人启动了这场运动。

[5] 客家人是新来的定居者，他们跟老家族即本地人的关系，有些类似于 20 世纪迁往新英格兰的移民与 1620 年创立普利茅斯殖民地的清教徒后裔之间的关系。

洪秀全像

无能，货币贬值，标志着金融破产的临近，海盗与陆盗人数益众，更加胆大妄为，各省要求自主权的呼声越来越大。地方政府和国家政权的普遍瘫痪，通过对外战争的失败、对内镇压造反的无能而暴露出来，对于任何一个有能力独树一帜、光复汉人王朝的人而言，都是一个绝佳的机会。在我们见到过的所有历史记载中，当一个皇室的持续统治将要离开历史舞台时，就会有道光皇帝这样的统治时期预告它的灭亡。的确，一个外国人在 1849 年观察到中国处于普遍的混乱之中，政府缺乏领导力，他记下了自己的看法：一场巨大的内战即将爆发。[1] 他没有看错，因为太平天国运动已在广西的山野之间躁动，只是尚未长大，也没有从其他动乱中分离出来。

最终在金陵坐上太平王位的那个人号称“天王”，[2] 出身客家，居住在

[1] 密迪乐的《中国人及其反叛》第 122 页有言：“从我们掌握的情况来判断，中国正在进入一个无政府状态的动乱时期，它迟早会让清王朝走到穷途末路。”

[2] 即天国的国王或王子。他拒绝使用“皇帝”称号，因为“帝”字对他而言是神圣的，是指上帝。

距广州不远的花县。他名叫洪秀全，有两位兄长。他生于 1814 年，在青少年时代，家人努力供他读书。他曾几次参加科举考试，每次都落第而归。[1]1836 年，他在参加科举考试期间，得到一套基督教的宣传册，但他当时没有阅读。1837 年，他在考试中再次落第，因而病倒，不得不雇一顶轿子将他抬回家里。他在生病期间看到了一些幻象，后来他坚持说那是上帝给他的启示。

在那些幻觉中，他被领到了天国，在天河中受洗过后，换了一颗新心，接着被人领进一个大厅，看见一位可敬的老人坐在宝座之上。老人招呼洪秀全，说道："世人都是我所生所养，他们食我粮，穿我衣，却无人有心纪念我，膜拜我。更有甚者，用我所赐去膜拜妖魔，故意背叛我，惹我生气。你不可效法。"说完此话，老人授给洪秀全一把斩魔之剑，又给他一方镇妖之玺，还给他一只金黄果，叫他品尝。洪秀全当即着手劝化站立在大厅内的众生，叫他们敬拜高居宝座之上的老人，但连这些人当中也有人对他的话无动于衷，甚至怀有敌意。老人将他领到天国的胸墙边，叫他注视尘世，那里的邪恶腐败令他深为震撼。

在另外几次同样性质的幻觉中，洪秀全接受了进一步的指示。他频繁遇见一位中年男子，人们将他称之为"长兄"。他还遇见了一些古代的圣贤，有一次他甚至听到那位老人谴责孔夫子未能在经典古籍中宣扬他的存在。

洪秀全从这类幻觉中醒来，对世人的恶行与伪信仰义愤填膺，胸中充满斩杀伪言之妖的热情，要将中国带回正轨。在这种时刻，他的亲戚朋友密切地监视他，担心他发疯。尽管洪秀全在病中觉得那些幻觉栩栩如生，对他产生直接而强烈的效果，但是在他痊愈之后，他开始了塾师生涯，这种影响就消失得无影无踪了。这场病对他的外表只有一个效果——将他从一个快活而随和的小伙子转变成了一位严肃庄重的教师。

6 年以后，由于一个偶然的情况，那些幻觉才在他的记忆中复活，成为他内心永远的动力。他的一位姓李的表弟，有一天来到他的书斋，浏览他的藏书，偶然翻阅了他于 1836 年在广州得到的那一套宣传册。表弟对其中不

[1]　毕业生的名额是固定的，落第并不意味着训练不足。

寻常的内容产生兴趣，借回家阅读。他来还书的时候，建议洪秀全读一读。洪秀全一读之下，立刻感到强烈的震撼，因为这些书使他明白了那次大病之中所有幻觉的意义。那位可敬的老人无疑就是上帝；那位兄长便是耶稣；庙宇和神龛中的那些偶像就是虚伪的妖魔。洪秀全身负使命，要恢复对真神的膜拜。[1] 在他的脑子里，幻觉与书中的内容两相对照，完全吻合印证。洪秀全接受了交给他的重任，与表弟互施洗礼。他开始宣讲新的教义。他首先劝化了邻居冯云山和自己的族弟洪仁玕。洪仁玕又叫洪金，通过韩山文的记述，西方人都知道他的这个名字。此二人都在新王国中当上了王爷，冯云山是在前期，洪仁玕则是在多年以后，在运动失败之前不久。[2]

洪秀全遭到家乡百姓的反对，他决定跟冯云山一起到别处去宣讲新教。于是他们在 1844 年出发，最后抵达广西贵县，在此受到一位姓王的亲戚的热情欢迎与款待，直到洪秀全不忍心再叨扰他这位亲戚。于是他把同行的其他人打发回花县，打算自己在短期内也跟着回家。冯云山事先没有跟领头人商量，离开同伴们，去了“紫荆山”。他在此后的几年内，把那里当成了根据地，培植名为“拜上帝会”的宗教结社，大获成功。到了运动爆发之时，这些结社在位于广西东部沿着通往广州的河流分布的几个府县里已经大为兴盛。成员中至少有若干学者和头面人物，但基层成员主要是客家农民与山中的苗民。[3]

与此同时，洪秀全回到花县，他惊奇地发现冯云山不在家乡。他又安顿下来，重操教书的旧业，空闲时从事宗教思考，写成了几本小册子，后来成为太平天国的理论教科书。洪秀全在如此培养自己的学者品位时，广州的基督教传教团有一位姓穆的牧师来到花县。通过他，洪秀全对传教士及其工作有所了解，结果在 1846 年或 1847 年，洪秀全及其表弟洪金拜访了传教士，

---

[1] 这些宣传册的书名为《劝世良言》，由梁阿发出版于 1832 年，此人是莫里森博士劝化的教徒。其中有一些包含《圣经》一些章节的翻译和节录，其余则是论文或说教。其中刊载的《圣经》不超过 30 章，但有选自其他许多章节的经文。全书粗略地介绍了基督教的教义。

[2] 在此记载的所有关于洪秀全的幻觉以及洪与其同事冯稍后活动的信息，都取自韩山文的《洪秀全的幻觉及广西造反的起源》（1854 年香港版）。这里给出的信息由洪金提供，此人在运动爆发后逃往香港，在那里成为福音传道者，滞留数年，后来在金陵加入太平天国。有人指出洪金驻港期间在一个外国人家里当仆佣。

[3] 苗民是一批非汉族的原始住民，被汉族征服者赶进了山中。湘南也有很多苗民。

拜上帝会的礼拜堂

接受了一段时间的指导。但是，由于一些误会，他们没有接受洗礼，离开了广州。

大约在 1847 年中期，洪秀全决定再次前往广西，重访他在 3 年前传教的那个地区。在这里，他显然是第一次知道了冯云山完成的伟大业绩，洪秀全现在决定去“紫荆山”找他。但是，在他抵达那里时，他听说冯云山正在蹲大牢。于是他立即前往广州，代表冯云山与总督交涉，依据与外国签订的有关容许宗教自由的条约，请求释放冯云山。洪的要求没有获得批准，他赶回广西，发现冯已被释放，并在寻找他。洪又回到花县，得知冯已来过，但刚刚回广西去了。洪不想跟冯一次又一次地错过，索性留在家里，直到 1849 年阴历十月，冯云山再次回家，将洪领到广西，领导太平天国运动。

仅凭洪金的这段叙述，我们可以得出一个结论：洪秀全在组建拜上帝会宗教结社的过程中并非积极的因素。而忠王在其自传中明白地告诉我们：“谋立创国者，出南王之谋，前做事者皆南王也。”[1] 他还指出，除了天王之外，只有 6 个人知晓立国的大策划。[2] 在下一章我将考察有关运动奠基人的问题。从洪金与忠王两人的叙述来看，可以肯定，即便洪秀全了解运动的目标，他也很少参与为了达成目标而必须从事的实际工作，而我认为他对运动的目标其实并不了解。

1846 年和 1847 年的动乱，为这个新的宗教会党组建民兵队伍提供了有利的机会。由于饥荒地区的盗匪来往自如，而官方没有合适的武装力量来对付他们，各省的村民们进行自我训练，组成民兵队伍，保卫乡梓免遭蹂躏。拜上帝会也将自身变成军伍，但小心翼翼地避免纳入其他志愿者。各个会党之间都有意气争逐与敌意的阴影，但总的效果是极大地增强了他们的队伍。[3]

早在 1848 年，这些新型的军事组织就与官军发生了冲突，但结果可能只是一些小型的战斗。在这一年，他们的事业渡过了某种危急关头：他们差一点遭到灭顶之灾，然后奇迹般地得到解救。其中的详情很难探明，但从结果来看，那时出现了两大情况。其一，拜上帝会与当局发生了一系列冲突；其二，他们的运动从内部发生了转化，变成了谋划立国的大业，结果由洪秀全来担任领袖。另一结果是天父上帝的介入，他附着于杨秀清（后来的东王）身上，而耶稣救世主则通过萧朝贵（后来的西王）发言。有几段记述可以在一定程度上说明太平天国运动的具体化：

> 戊申岁（1848），皇上帝恩怜世人之陷溺，被妖魔之迷缠，三月上主皇上帝降凡，九月救世主耶稣降凡，显出无数权能，诛尽

---

[1] 《忠王自述》：第 2 页。

[2] “所知事者，欲立国者，深远图为者，皆东王杨秀清、西王萧朝贵、南王冯云山、北王韦昌辉、翼王石达开、天官丞相秦日昌六人深知。除此六人以外，并未有人知道天王欲立江山之事。”同上。

[3] 《忠王自述》，第 3 页：“自教人拜上帝之时，数年未见动静，自道光廿七八年（1847—1848 年。——译注）之上下，广西贼盗四起，扰乱城镇，各居户多有团练。团练与拜上帝之人两有分别，拜上帝人与拜上帝人一伙，团练与团练一伙，各争自气，各逞自强，因而逼起。起事之时，团练与拜上帝之人，同村亦有，一村逼一村，故而聚集。”

几多魔鬼。场场大战，妖魔何能斗得天过？[1]

这些神力的展现，其性质在下列文摘中得到了更清晰的说明。下文摘自1858年送至英国的文告：

7. 戊申（1848）三月上帝下凡，
8. 附体于东王。
9. 九月救世主下凡，
10. 命西王显示神迹权能。
11. 天父天兄引领我们坐天国（之宝座）；
12. 大显权能，并能坐入天堂；[2]
13. 将天京立为国都；建立天国，
14.（令）各国臣民敬拜天父皇上帝。[3]

《三字经》也就这些下凡给了我们暗示：

戊申岁，子烦愁。皇上帝，乃出头。率耶稣，同下凡。教其子，胜肩担。帝立子，存永远。散邪谋，威权显。

另有关于此年的一段摘录，也出现在1858年送往英国的那份文告上，其内容可能涉及一次天神下凡，表面上却是一次权能的特殊展示。

35. 戊申岁（1848）南王围攻桂平，
36. 我等见证天父下凡显出神迹权能。

[1] 文告，等等。《中国造反者在金陵出版的宣传册》第33号，麦都思译。（根据《太平天国资料（一）》中所载《颁行诏书》回译为中文。——译注）

[2] 可能是指占领金陵，下一条则肯定是这个意思。

[3] 文告，1858年12月在芜湖送交H.M.S.之《报应》。根据林德赛·布莱恩的《1858年蓝皮书》重印，《太平天国》第229页。

37. 我等自广东返回广西。

38. 天父下凡救南（王）。

洪金讲述了此年发生的事情，当时冯云山回了广东，未在广西，拜上帝会内部发生了许多混乱与冲突。根据他的叙述，似乎发生了类似于早期基督教教会的文献中所记载的现象，许多男女所讲的话，好像他们已被圣灵附体。这一类神灵附体，发生在广西的会众身上，有许多被记录下来，那些被附体的人在昏迷中传达信息，有时候没人能够看懂，但一般都是一些打油诗。洪秀全到来之后，审查了各种自称为天启的发言记载，断定其中一些来自天国，另一些则源于妖魔。杨秀清和萧朝贵属于前者，确实代表天父和天兄耶稣送来的信息。[1] 洪金没有告诉我们究竟是谁在公然试图攫取领导权，但不论他们是谁，既然洪秀全认定杨秀清与萧朝贵是天父上帝与耶稣救世主的喉舌，就把反对的声音平息下去了，把运动的控制权交到了这两个人手里。但是没有一位领袖，他们就无法向前迈进，而领袖非洪秀全莫属，他是这场运动的源头，已经开展的宣传活动，大部分是借助他的经历所产生的一些影响来进行。

这些记述清楚地告诉我们：在这些会众中围绕领导权发生的一些斗争，严重到关系洪秀全本人的整个前途，这种斗争在洪秀全的裁判下，暂时告一段落。还有一件事也很明显。尽管太平军的实际组建要到 3 年以后才会开始，但是从桂平将冯云山解救出来——也许是从监狱里——是一个十分重大的事件，接近于神迹。从以上引文中暗示的几次激战来看，可能的解释是，那次解救是用武力对抗官军取得的成功。因此，我们可以把这个事件看作太平天国运动的真正起始。

洪金说，这场运动的爆发是因为敌对的官军于 1850 年中期向拜上帝会发起了攻击，但他也承认，早在 1845 年或 1846 年，洪秀全就向一位亲戚讲述过他有推翻清朝的秘密志向。[2] 显然，洪金忘记了自己的这个说法，后来坚持说这场运动发动于 1850 年，这个日期是在与官军交战两年之后，起因

[1] 《造反者在金陵出版的宣传册》：麦都思译，第 8 页。

[2] 韩山文：《洪秀全的幻觉及广西造反的起源》，第 55 页。

是一群吃了败仗的客家人突然过来投奔。那些客家人加入这个会党，是为了免遭邻居们的侵害，因为他们被迫与那些邻居发生了争执。[1]但是我们已经阅读过几段引文，证明 1848 年是战斗开始的年份。我们还进一步得知，在 1850 年，这些会众仍然由几名不同的首领分别领导，接受了大量兵法训练。

1850 年阴历六月（7 月 8 日—8 月 7 日），各支部队首次在金田集结。这里是桂平县的一个小镇。显然，由于本地人与客家人之间发生了冲突，而官府站在本地人一边，于是激怒了会众。[2]愤怒的会众从四周的村庄汇聚到金田，杨秀清在这里迎接他们。洪秀全与冯云山当时在距离金田约 65 公里的平南县花洲镇的监狱里蹲大牢，必须由杨秀清在阴历八月率领集结的会众将他们营救出来。他们救出了两位领袖，便向武宣县进发，一批最强悍的会众在此加入了这场运动，其中有后来作为北伐军司令率部从金陵北上的林凤翔，三合会成员罗大纲，后来的天德王、与洪秀全平起平坐的领袖洪大全。[3]他们一点又一点地获取了武器和其他军需品，太平政府与太平军开始成形。人数增加之后，他们返回了金田。

太平军迈出这几大步的时候，官府明白了一个事实：比盗抢更为严重的事情发生了，必须采取特殊措施来应对。早在 8 月份，向荣将军便已奉令从湖南调任广西提督，在 10 月份抵达任所。因推动鸦片战争而在外国人当中享有盛名的林则徐，从家中被朝廷起用，作为钦差大臣派往广西，但在途中去世。朝廷又令李星沅接替他的职位，周天爵出任该省的代理巡抚。1851 年 1 月 1 日发生了一次战斗，但官军吃了败仗。[4]在中国的新年，即 2 月 1 日，造反者创立了他们的新政府，称之为“太平天国”，也就是极为和平的天上王国，由天德与洪秀全共同治理。[5]

在接下来的几个月里，双方都积聚了力量。太平军从金田发起的攻击，以及后来从大黄江与象州根据地发起的攻势，使他们得到增援和补给，兵力

[1] 韩山文：《洪秀全的幻觉及广西造反的起源》，第 29 页及以下。
[2] 韩山文：《洪秀全的幻觉及广西造反的起源》，第 48 页及以下。
[3] 韩山文：《洪秀全的幻觉及广西造反的起源》，第 50~52 页。
[4] 曾国藩当时在北京，在 1851 年 5 月的家书中说，广西的首脑们如坐针毡。
[5] 根据《干王自述》第 5 页的记述，立国的时间是在 1 年以后他们进入永安之时。

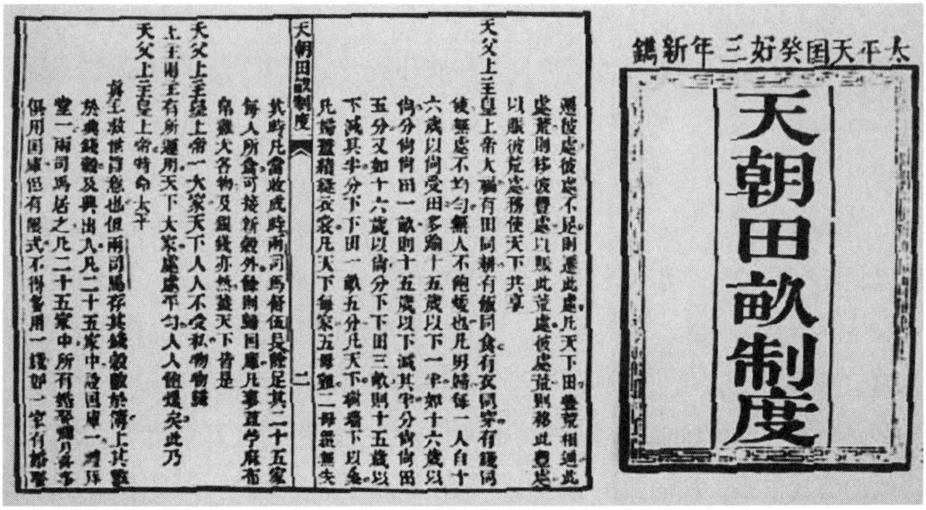

遷彼處彼處不足則遷此處凡天下田豐荒相通此
處荒則移彼豐處以賑此荒處彼處荒則移此豐處
以賑彼荒處務使天下共享
天父上主皇上帝大福有田同耕有飯同食有衣同穿有錢同
使無處不均勻無人不飽煖也凡男婦每一人自十
六歲以尚受田多逾十五歲以下一半如十六歲以
尚分尚尚田一畝則十五歲以下減其半分尚尚田
五分又如十六歲以尚分下下田三畝則十五歲以
下減其半分下下田一畝五分凡天下樹牆下以桑
凡婦蠶績縫衣裳凡天下每家五母雞二母彘無失

天朝田畝制度　二

其時凡當收成時兩司馬督伍長除足其二十五家
每人所食可接新穀外餘則歸國庫凡麥豆苧麻布
帛雞犬各物及銀錢亦然蓋天下皆是
天父上主皇上帝一大家天下人人不受私物物歸
上主則主有所運用天下大家處處平勻人人飽煖矣此乃
天父上主皇上帝特命太平
真主救世旨意也但兩司馬存其錢穀數於簿上其數
於典錢穀及典出入凡二十五家中設國庫一禮拜
堂一兩司馬居之凡二十五家中所有婚娶彌月喜事
俱用國庫但有限式不得多用一錢如一家有婚娶

太平天国癸好三年新鐫
天朝田畝制度

太平天国颁布的建国纲领《天朝田亩制度》

迅速增加。官军也得到增援，旗营将领乌兰泰奉诏来到广西。赛尚阿于 4 月份又奉派出任全权的钦差大臣，带着 200 万两银子前往前线。都统巴清德与副都统达洪阿奉派率部从京城经湖南抵达广西。广西巡抚奉令将本省的民政事务交给布政使，尽一切力量镇压该省的造反势力。

在春夏两季，官军与太平军多次交战，但官军无法取得决定性的胜利。新任钦差大臣赛尚阿于 7 月 3 日抵任后，认为获胜的最大机会是招募勇丁，而不能依靠正规军。结果官军招募了大约 3 万名勇丁，将之部署到不稳定的地区。[1]

遗憾的是，我们无法确认交战双方究竟有多少兵力。尽管官军素质低下，但在 7 月 25 日对象州发起的攻击中，他们的兵力一定非常强盛，他们七战连捷，给太平军以重创。太平军损失了两三千人，不得不逃亡到新墟。

太平军在新的根据地内，将部队部署于山间的战略重地，新墟为门户，两翼各有一山为前哨站。官军在进攻前做了谨慎的部署：达洪阿位于东南面，

[1] 这几段取材于《平定粤匪纪略》卷一第 8 页及以下，对照《太平天国野史》卷一第 2 页及以下。

乌兰泰与秦定三位于西北面，副将李能臣与经文岱分别位于东面和东南面，巴清德与向荣则扼守进入紫荆山的道路。尽管各位将领服从命令，协同攻击，但由于某种原因，计划还是失败了。不过，他们努力夺取了两翼山头上的前哨站，迫使太平军退缩到山内的产茶区域。

向将军打算乘胜前进，在太平军未能巩固阵地时逼压过去，但是巴清德提出异议，于是耽搁了至关重要的5天，太平军在此期间已经准备完毕。随后官军又错失了一些机会，再次将攻击延后，直到8月28日，太平军在风门坳仗着坚强的工事击退了全部官军。后来官军再次发起攻击时，乌兰泰所部在山中迷路了，向荣所部则被大雨所阻，这样就使太平军得以避免灭顶之灾，逃到了永安。他们水陆并进，于9月25日攻占了永安城。[1] 现在他们的人数约为37000人，有效兵力为5000人。[2]

当官军包围那个花雷茶地时，太平天国的事业差一点灭亡于该处。他们当时内外交困，在8月17日那个特别危险的日子里，上帝与耶稣必须至少下凡3次，才能让会众们继续战斗。这个事实表明，在整个运动期间，那是他们最接近彻底失败的时刻。不满的情绪似乎主要指向领袖洪秀全与他的干将——天父上帝的喉舌。究竟是他们害怕官军的逐步逼近，还是那些打算篡权的人煽动他们叛变，记载中都没有说明。

攻陷永安的伟大胜利坚定了全军的信念。他们不再违背领袖的命令，也不再害怕官军。当官军缓慢地集结兵力围攻永安时，太平军在城内组建了他们的王国。在金田组建的临时政府让位于稳定性较强的组织，新王朝在永安宣告成立，在原有的两王之外又封了5位王爷，并给他们委任了高级职务。他们还任命了国家的部长，颁布了军制，任命了将领，设立了较为关键的民政机关。他们还采用了一部新的太阳历，将一年的366天分为12个月，每

---

[1] 单独出版的《京报》将此日期记载为8月27日(阴历八月初一)。《平定粤匪纪略》(第106页)与《粤氛记事》所载的日期为闰八月。前者称那一天是闰八月初一(9月25日)，而后者称永安陷落于闰八月初二(9月26日)。由于在《京报》所载的永安陷落的那个日子里，战斗仍在进行，我认为此处有误，闰八月初一应该是正确的。

[2] 《太平天国野史》：卷三，第53页及以下。

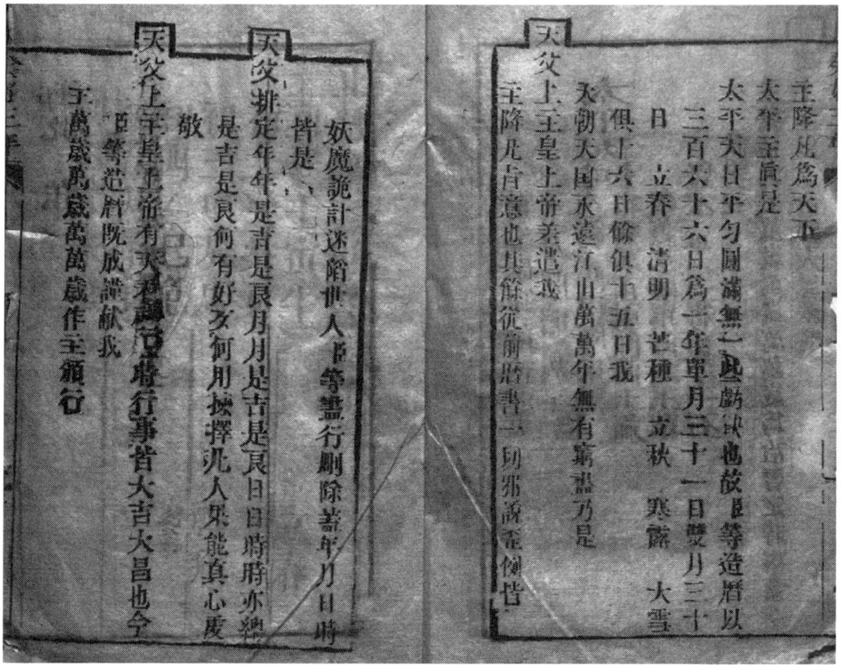
主降凡爲天下
太平主眞是
太平天日平匀圓滿無一些虧缺也故臣等造曆以
三百六十六日爲一年單月三十一日雙月三十
日 立春 清明 芒種 立秋 寒露 大雪
俱十六日餘俱十五日我
天朝天國永遠江山萬萬年無有窮盡乃是
天父上主皇上帝差遣我
主降凡旨意也其餘從前曆書一切邪謬歪例皆
妖魔詭計迷陷世人臣等盡行删除蓋年月日時
皆是
天父排定年年是吉是良月月是吉是良日日時時亦總
是吉是良何有好歹何用揀擇凡人果能真心虔
敬
天父上主皇上帝有天看顧隨時行事皆大吉大昌也今
臣等造曆既成謹獻我
主萬歲萬歲萬萬歲作主頒行

太平天国癸好三年新历

月 30 天或 31 天，废除了闰年。

遭到挫败的官军逐渐向永安靠拢，开始围城并发起攻击。太平军再次处于他们的包围之中。早在 11 月 4 日，钦差大臣赛尚阿推进到永安附近的军事重地阳朔，在年底之前，官军已完成了对该城的合围。乌兰泰位于南面，刘长清位于北面，后来向荣本人也到了这里，此外还有足够的兵力占据东西两面的山头。

1852 年 2 月 7 日，万事俱备，赛尚阿（现已降级为提督）从阳朔推进至永安，亲自指挥围攻。太平军在围城中缺乏弹药，也许还缺乏粮食。2 月 17 日和 19 日，他们进行了两次突围。官军也发起攻势，企图夺取该城。他们的总攻击延续了三天三夜，要不是有些将领阵亡，而活着的一些将领玩忽职守，官军很可能将太平军全歼。太平军被逼回了城墙之内。大约在 2 月底，太平军再次从城内突围，却未能突破敌军的防线。

清咸丰三年（1853 年）伦敦原版初印《天德王洪大全》硬皮精装书。此书成书于太平天国运动蓬勃发展之际，扉页附一幅太平天国势力范围图，书中记述了清代规模较大的几次农民起义运动，并着重介绍了书内详细记载了太平天国的起义宗旨、政策、婚姻、税收、法庭、战斗历程、作战阵法等实况，另外还援引了包括英国官方等政府媒体的大量文件，是难能可贵的第一手史料

双方相持到 4 月 6 日，太平军针对官军防线最薄弱的环节发起了又一次的攻击，对官军产生了可怕的影响，他们于 4 月 7 日杀开一条血路，使太平军的全部主力能够夺路而逃。他们翻越大山时，乌兰泰似乎进行了拼死的追击，歼灭了 2000 多人，俘虏了天德王洪大全，也就是两位执政王中的一名。大雨滂沱，官军没有采取任何有效的措施，致使太平军安全地翻山越岭而去。只有乌兰泰与其后卫交战，直到在离桂林不远处，乌兰泰受了重伤，部队丢了胆。

这次失利是交战双方在战争中的转折点。太平军失去了洪大全，失去了一位主要的军事首脑。但是，他们的逃脱明显地指向神助，这使他们事业的宗教层面得到大大增强。他们认为自己是不可战胜的。他们的组织中有了越来越多的狂热分子，而头脑冷静、目光远大的政治家却越来越少。的确，我们有理由怀疑洪大全是被故意丢给官军的，因为只有韦昌辉试图援救他，其他首领不能或不愿去增援他。这次伟大的胜利成为动力，注定要使这场运动获得经年累月的成功。它为太平军增添了上万名追随者，但因缺乏合适的领导力量，在其宗教幻想取代明智的治国才干时，不可避免地会走向最终的失败。

另一方面，官军于 1851 年在新墟与花雷茶地的失败，以及于 1852 年在永安的失败，都是发生在他们胜券在握的时候，这决定了他们要进行一场耗时 12 年之久的长期斗争。这是官军虚弱的大暴露，无论如何强调都不会过分。我们的信息来源中缺乏精确的数据。据说官军拥有“几十营”，[1] 那么根据太平军在抵达湖南之前尚未编满 1 个军的事实，我们可以推断，他们的战斗人员不会超过 12000 人。赛尚阿指挥的总兵力也许是太平军的 4 到 5 倍。他现在已被革职，向荣取代了他的位置。

太平军绕过守备森严的城市，从间道向桂林挺进。他们的家人乘坐牛车同行。许多人放火烧毁家屋，真正地断绝了退路。部队由汉人和苗民组成。[2] 向荣意识到桂林有危险，火速赶了过去，协助巡抚防守省城。他进入桂林城的时候，距离太平军发起攻势只有 1 个小时。太平军动用了手头上的一切设备强攻一座城门，云梯、吕公车和其他器械都用上了，但还是没能破城。这场攻势延续了 31 天，太平军终于放弃桂林，向湖南以及湖南以北长江之滨的城市进发。他们不再是一小撮“土匪”或“盗贼”，而是一个军队正在向其领地进行长征。

在太平军围攻桂林期间，当官军发出十万火急的求援信时，江忠源率领在湖南招募的 1200 人的私人军队赶来了。他还带来了刘长佑，此人率领一支同样性质的部队到来，他曾率这支队伍镇压过李元发的会军。这两人在桂林城东与太平军作战，屡屡获胜，湖南勇丁将在这场巨大的斗争中获胜的声誉，此时便已传播开来。

---

[1] 《湘军志》：卷一，第 8 页说官军有“几十营”。如果 1 营的人数像后来一样多达 500 人，那么总兵力就是 5000 人的数倍。

[2] 《湘军志》：卷一，第 9 页。

第三章

已被抹杀的领袖

到目前为止，我们一直假设，太平天国的记载是完全可信的，而洪秀全的会众是这次运动的唯一力量。我们对于这场运动初期的叙述在某种程度上可以总结如下：在1848年之前的一到两年内，拜上帝会仿照邻居们的做法，组建并训练了自己的军队，明确的目标就是协助抵抗流动盗匪。通过各单位的竞赛与细心的训练，他们有了一支纪律性很强的战斗力量。他们的热情十分高涨。在1848年这个紧急的年头，他们渡过了一场内部的危机，当时杨秀清与萧朝贵2人通过天神附体抓住了权柄，从此成为天父上帝与耶稣救世主的代言人。对政府的抗拒已经开始。有可能一些不受欢迎的会党分子率领革命武装加入了这场新的运动。不过对于这一点我们不能完全肯定。时机已经成熟，需要一位领袖，由于杨秀清与萧朝贵掌控了局面，他们抬出了领袖洪秀全。此人在1837年的幻觉为其他人的类似经历与诉求提供了背景。冯云山去了广东，要求洪秀全出山，将他奉为这场新运动的首脑。到此为止，我们对这个故事很少有什么疑问。

然而，有些问题颇难理解。其中之一就是冯云山在这个新国家中的地位。从所有的记述来看，很明显是他创立了拜上帝会。但是，现在当大家凑到一起的时候，他明显地扮演着一个从属的角色。杨秀清与萧朝贵究竟是如何成为天神的喉舌，竟然排在了冯云山的前面？第二个问题在于，甚至在洪秀全登上首领之位以后，他的领导地位尽管得到了杨秀清的全力支持，却很难为

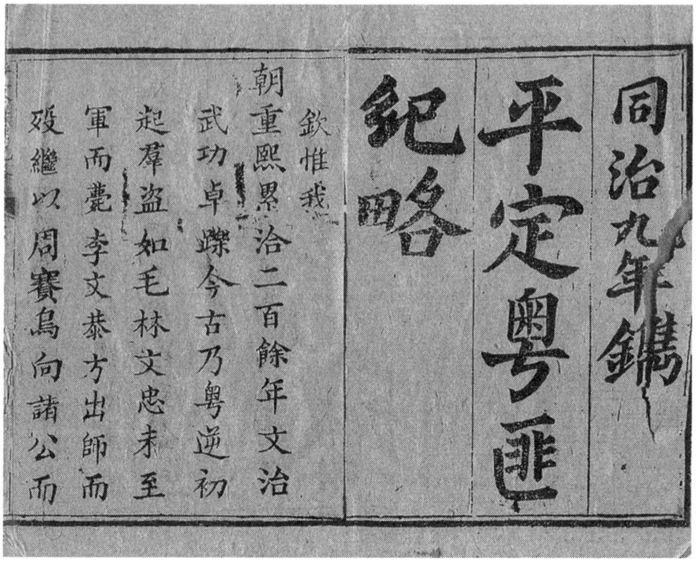

同治九年鐫

平定粵匪紀略

欽惟我

朝重熙累洽二百餘年文治

武功卓躒今古乃粵逆初

起羣盜如毛林文忠未至

軍而薨李文恭方出師而

殁繼以周賽烏向諸公而

清人杜文澜所著《平定粤匪纪略》

会众所接受。有关 1851 年和 1852 年上帝与天兄下凡的记述[1] 揭示了一个惊人的事实：那些村民们哪怕在已经抛家弃业跟随天王之后，对他仍有不忠。附体的天神多次号召大家履行天王臣民应尽的职责。当他们有可能败于官军之手时，不得不靠几次天神下凡来鼓舞士气，但还有几次天神下凡并非为此目的。是不是在军营里存在一个反叛集团，要利用普遍的恐惧来激起部众的不满，作为他们篡权的手段？如果我们只是局限于已经考察过的资料，那么自然的解释就是，这些危机是因为追随者们不愿离乡背井，必须靠天启来加以鼓励。此外，还可以推断，由于部众日益增多，必须由天国给予新的保证：这个组织是受到天神保护的。但是，他们那支小军队的能征善战，以及有几次天神下凡明显与来自外部的威胁毫无关联，尤其是天神下凡如此频繁——多达 9 到 10 次，使我们不得不怀疑，其原因更多的是内部对领导集团的反对，而与外部事件无关。

---

[1] 《平定粤匪纪略》：附录卷二，第 1 页。

如果太平天国方面的资料无法为我们解答这些难题，我们可以查阅另外的资料。清政府一方有关这场运动的主要记述，将之追溯到由朱九涛领导的在狗头山揭竿而起的革命会党。洪秀全与冯云山后来都曾加入这个会党。但是他们后来意识到自己的魔术还不够用，于是全部前往广西，在桂平县建立了拜上帝会的组织。

1853 年，麦都思博士公布了一些从内部搞到的太平天国文告，同时做了如下说明："又据报道，一位名叫朱九涛的革命首脑，位居洪秀全之上。据说当他抵达湖南时，狗头山的所有革命首脑都出来下跪迎接。他们还宰牛杀猪，设宴 3 天。此事只见过一份报道，此后未曾述及。"[1] 这个说明存在一些漏洞，因为狗头山是在广东，而非湖南。因此，如果这件事确曾发生过，那么肯定是在太平军从广西崛起之前。不过，这个证据有很大的价值，因为它指出还有另一位首脑与洪秀全比肩，甚至可能在他之上。在拜上帝会建立之前，他从一开始就是一位革命者，企图组建自己的会党，但因其传播的迷信不能服众，所以成效平平。如果如上所述，此人遇见了洪秀全与冯云山，发现洪秀全有一种信仰，即他认为自己曾被领入天国，作为上帝的次子接受了使命，那么可以肯定，他非常乐意利用这个天启来达到自己的目的。

洪秀全与冯云山前往广西的原因，这样一来就很清楚了。这位聪明的朱九涛看到了这种新的信仰可以用于为运动征募信徒，他自己发明的信仰对于迷信的头脑远没有如此之大的吸引力。他决定将此 2 人带到这种信仰具有最大力量的地区。这个想法促使他来到广西苗族居住区的边界，这些地方同时也有客家人。

到了这一步，很容易看出，洪秀全是一个不切实际的幻想家，而冯云山跟他相比，更加理智而能干。朱九涛与冯云山也许获得了洪秀全的赞同，更有可能的是，也许他们根本未与之商量，便达成了共识，在他们本来要返回

[1] 《造反首领文告》：1853—1856 年的《京报》合订本第 7 页。

广东的途中离开了同伴，开始传播新信仰的工作，取得了极大的成功。[1] 虽然此事未经洪秀全同意就做了，但至少是以他的名义在做宣传，将他的幻觉当作教义的本质部分。与此同时，洪秀全在家乡，或在广州，追随其在知识与文学方面的自然志向。这也是计划的一部分，因为还没到让他知晓秘密的时候。

然而，1848 年的危机使领导权的问题浮出了水面。既然这场运动是以洪秀全的幻觉作为引人入会的基础，那么他的出现至少在争夺权力的时候对于这个新国家而言是必不可少的，因此他必须处在崇高的地位。另一方面，如果朱九涛是这场运动的真正组织者，他也会打算最终坐上王位。争夺领导权是对 1848 年那几次至关重要的天神下凡的自然解释。洪秀全本人将之视为他执掌大权的根本。[2] 这里有个问题：谁来统治新国家？是预言家洪秀全还是政治家朱九涛？在这场斗争中，我们应该期待看到冯云山与朱九涛一起执掌领导权，因为杨秀清与萧朝贵重视宗教因素胜过政治因素。他们的幻觉显然给了他们极大的便利，使得其他人不得不退避三舍，等待时机，尤其是在洪秀全到来之后，否定了其他人的幻觉，排斥了他们的追随者，他们就不得不蛰伏了。朱九涛被迫妥协。

然而，这里又有了一个疑问。朱九涛其人究竟在何处？他在清政府与太平天国的文献中都未曾出现。但我们在清政府的文献中看到另一个名字，而且最近还在据称是太平军作者撰写的一部书中见到了它。[3] 每一份汉文的记述都说太平天国初建时有 5 位王爷，而不是 6 位，另一位叫作“天德王”。但更重要的是，由外国翻译和公布的运动早期的几乎所有文告，都将“天德”之名摆在诏书中通常由皇帝署名的位置。直到太平军抵达金陵为止，人们都知道他们是如此称呼自己的统治者的。他们攻陷金陵时，外国人在那里首次

[1] 忠王以下面这段话总结了这种教义：“有一日，天王忽病，此是丁酉年（道光十七年，1837 年。——译注）之病，死去七日还魂。自还魂之后，俱讲天话，凡间之话少言，劝世人敬拜上帝，劝人修善，云若世人肯拜上帝者无灾，如不拜上帝者，蛇虎伤人；敬上帝者不得拜别神，拜别神者有罪。故世人拜过上帝之后，俱不敢拜别神。为世民者，俱是怕死之人，云蛇虎咬人，何人不怕？故而从之。”

[2] 见第二章。

[3] 《太平天国野史》（太平天国的非官方历史，1893 年上海版）。

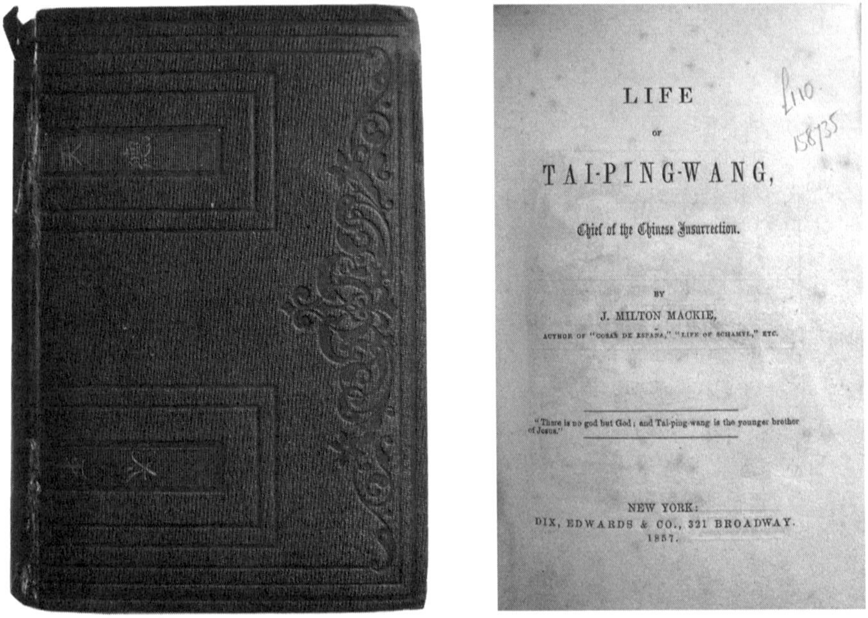

（美）约翰·密尔顿·麦凯著的《太平王：天德》（又译：《太平王传》），1857 年

与之接触，这个称号就销声匿迹了，人们将君主称为“天王”，而“天德”之号再也无人提及。[1] 对这个奇怪的现象，有几种理论提出了解释，究竟相信哪一种，取决于人们对一份名为《洪大全自述》的文件的真实性所持的态度。洪大全就是官军在永安俘虏的那个人，他自称为天德王。[2]

[1] 《英国女王全权大使文咸从男爵等人之旅，1853 年 4 月 22 日乘“汉密斯”号抵达金陵的笔记》，根据《北华捷报》1853 年 5 月 7 日号重印。

[2] T.T. 密迪乐《中国人及其反叛》第 240、241 页的说明，否定有关天德王的所有传说，认为从未有过此人，而《洪大全自述》只是一名太平军在自知难逃一死的时候为图虚名而做的虚构。他在太平军的书籍中看不到任何抹杀的证据。如果存在什么误会，他倾向于相信韩山文的推论是最可靠的。韩山文的推论是：洪秀全本人就是天德，但此称号是新帝国的国号“太平天国”后两字“天国”的误读，此二字往往出现在皇帝署名的位置。来自北方的汉人士兵讲国语时误解了，很自然地将之念成了“天德”，因为这两个字更适合于做皇帝的名号。他暗示这是他的信息提供者洪金所做的解释。但是麦都思将太平天国的几份文告翻译成了英文，并提供了原字，这是一个事实。写出来的字是不可能弄混的，因为“国”字与“德”字大不相同。这里不可能发生口误。布莱恩：《1858 年蓝皮书》，第 136~138 页，认为洪大全的供词是真实的，但未能弄明白他在这场运动中的地位。

这份供词的作者，倘若其身份果然如他所述，那么他的招供就解开了谜团，使我们能够相当全面地了解太平天国运动的初期。我们还记得，在1852年4月7日，已在永安遭到持久围攻的太平军成功地突围脱逃了，踏上了最终在金陵结束的长征之路。其中一小股人在可疑的环境下被官军截了下来，其首领被俘。这位首领显然是一名高官，因为他被戒备森严地押解到北京。他没有吐露自己的真名，自称洪大全，[1]并声称自己与太平王洪秀全平起平坐。他的供词非常重要，值得全文抄录。[2]

洪大全的供词如下：

> 我是湖南衡州府衡山县人，年三十岁。父母俱故，并无弟兄妻子。自幼读书作文，屡次应试，考官不识我文字，屈我的才，就当和尚。还俗后，又考过一次，仍未进取。我心中忿（愤）恨，遂饱看兵书，欲图大事，天下地图，都在我掌中。当和尚时，在原籍隐居，兵书看得不少，古来战阵兵法，也都留心。三代以下，惟（唯）佩服诸葛孔明用兵之法。就想一朝得志，趋步孔明用兵，自谓得天下如反掌。数年前游方到广东，遂与花县人洪秀泉（全）、冯云山认识，洪秀泉（全）与我不是同宗，他与冯云山皆知文墨，屡试不售，也有大志，先曾来往广东广西，结拜无赖等辈，设立天地会名目。冯云山在广西拜会，也有好几年。凡拜会的人，总诱他同心合力，誓共生死。后来愈聚愈多，恐怕人心不固，洪秀泉（全）学有妖术，能与鬼说话，遂同冯云山编出天父天兄及耶稣等项名目，称为天兄降凡，诸事问天父就知趋向，生时就为坐小天堂，就被人杀死，也是坐大天堂，藉（借）此煽惑会内之人，故此入会者，固结不解。这是数年前的作用，我尽知的。

[1] “大全”与“秀全”十分相似，给人的印象是他们是兄弟俩。但是“大”字可能是表明此人为兄。

[2] 录自布莱恩《洪大全自述》，第132页及以下，该书又是录自《陆上中国邮报》1852年8月23日号。（此处的译文录自《太平天国资料》第一辑：《诸王自述》。——译注）

我是道光三十年（1850年）十二月间，等他们势子（力）已大，我才来广西会洪秀泉（全）的。那时他们又勾结了平南县监生韦正即韦昌辉、广东人萧潮溃（朝贵）、杨秀清等，到处造反，抢掠财物，抗官打仗。拜会的人，有身家田产，妻室儿女，都跟从他，遂得钱财用度，招兵买马，胆智越大，又将会名改为上帝会。我来到广西，洪秀泉（全）就叫为贤弟，尊我为天德王，一切用兵之法，请教于我。他自称为太平王，杨秀清为左辅正军师东王，萧潮溃（朝贵）为右弼又正军师西王，冯云山为前导副军师南王，韦正即韦昌辉为后护又副军师北王。又设立丞相名目，如石达开称为天官丞相右翼王，秦日纲称为地官丞相左翼公。又封胡以洸、赖汉英、曾四为侍卫将军，朱锡琨为监军。又有曾玉秀为前部正先锋，罗大纲即罗亚旺为前部副先锋。此外又有旅帅卒长等名目，姓名记忆不清。旅帅每人管五百人，卒长每人管百人或数十人不等。打仗退后即斩，旅帅卒长都要重责，打胜的升赏。历次被官兵打死者亦不少。我叫洪秀泉（全）为大哥，其余所有手下的人，皆称我同洪秀泉（全）为万岁。我叫冯云山等皆呼名字。去年闰八月初一日攻破永安城，先是韦正同各将军、先锋、旅帅带人去打仗，杀死官兵。我同洪秀泉（全）于初七日才坐轿进城。只有我两人住在州衙门正屋，称为朝门，其余的人皆不得在里头住的。历次打仗，有时洪秀泉（全）出主意，多有请教我的。我心内不以洪秀泉（全）为是，常说这区区一点地方，不算什么，哪有许多称王的？且他仗妖术惑人，哪能成得大事？我暗地存心藉（借）他猖獗势子（力），将来地方得到的多了，我就成我的大事。他眼前不疑心我，因我不以王位自居，都叫人不必称我万岁，自居先生之位。其实我的志愿，安邦定土，比他高多了。他的妖术行为，古来从无成事的。且洪秀泉（全）耽于女色，有三十六个女人，我要听其自败，那时就是我的天下了。

那东王杨秀清统掌兵权，一切调遣是交给他管。那韦正督军打仗善能谷战，是他最勇。常说他带一千人，就有一万官兵也不怕。

> 在永安州这几个月，城内就称为天朝，诸臣随时奏事。编有历书，是杨秀清造的，不用闰法，我甚不以为然。近因四路接济不通，米粮火药也不足用。官兵围攻，天天大炮打进城内，衙门房屋及外间各处都被炮子打烂，不能安居，因想起从前广东会内的人不少，梧州会内的人也不少，就起心窜逃。二月十六日，是我们的历书三月初一的日子，发令逃走。是分三起走的，头起于二更时韦正带二千多人先行；二起是三更时候，杨秀清、冯云山等共五六千人拥护洪秀泉（全）带同他的妇女三十多人，轿马都有；第三起就是我同萧潮溃（朝贵）带有一千多人，五更时走的。我离洪秀泉（全）相去十里路远，就被官兵追上。萧潮溃不听我令，致被打败，杀死千余人，将我拿住了。我们原想由古束去昭平、梧州，逃上广东的。出城时各人带有几天的干粮，如今想是各处抢掠，才有用的吃的了。那晚走的时候，东炮台火起，是烧的住屋，都是众兄弟主意，在城外着火，城内便好冲出。
>
> 至我本姓，实不是姓洪，因与洪秀泉（全）认为兄弟，就改为洪大泉（全）的。洪秀泉（全）穿的是黄绸衣黄风帽，那东西南北王戴的是黄镶边红风帽，其余丞相、将军、军帅、军长等每逢打仗，都穿的黄战袍，执的黄旗。我在州衙门也有黄袍黄风帽，因我不自居王位，又不坐朝，故不穿戴的。所供是实。

对于这份供词的真实性，有许多令人信服的理由。

第一，清政府当局认为洪大全是真正的高层首领。他们在严密的看守下将他押往京城，就是很好的证明。他们认为此人的位置高于洪秀全，但他们并没有自欺欺人地将他当作唯一的首领，也不会相信抓到此人便等于打垮了太平军。如果他们后来发现他实际上只是冒充首领的一名下级军官，他们肯定会在获得了有关此人更为准确的信息后，在撰写有关太平军的记述时不再提起这个名字。[1] 何况此后不久，赛尚阿便因无能而被革职，如果朝廷认为洪大全一案是个骗局，或是一个错案，便会将此错误列为弹劾他的理由之一。

第二，在沿湘江而下的时候，洪大全自称湖南人一事得到了证实。抵达长沙时，他们将他叫起来，告诉他已抵达衡州，但他马上认出了这个地方是长沙。[2]

第三，洪大全宣称自己与洪秀全平起平坐，也有证据支持。众所周知，有一个号为“天德”的人从一开始就参加了这场运动。如果“天德”是洪秀全本人的名号，那么他没有理由在后来将其改变；即便他改变了，也没有理由隐瞒。

第四，洪大全的名号使他明显地区别于天王所封的5位王爷。这也是一个适合于加于皇帝头上的名号。“天”字的使用把他摆在了至少跟天王平等的地位，甚至排名在天王之前。他采用的名字“洪大全”也是如此，其中的“大”字表明他享有更大的权威。

第五，对我而言，其真实性最有力的证据在于，他很明白，对于部众而言，天王只有以隐居深宫的魅力，才会令人感觉到他是一个能力非凡的领袖。在6人小圈子之外，只有他一人清楚，洪秀全完全没有能力领导一个政府，只能躲在妻妾成群的内宫，耽于宗教的幻想，而他的将领们则以他的名义去赢取胜利、管理政府。如果部众们知道了他们的领袖是如此无能，那就不再可能煽动他们心甘情愿地继续向前。尽管那几位亲密无间的领袖知晓洪秀全的局限性，但他们愿意填补这个缺陷，支持他们的先知之王。

我们不可忽略一个事实：在这份供词中，确实有一些错讹之处，也有明显的不实之词。为什么洪大全把冯云山说成了北王而非南王，就是一个问题，能够说明他的无知。（中文文献记载的洪大全供词中，没有把冯云山说成北王。也许英文的翻译出现了笔误。——译注）但是，其中大多数的错讹似乎都是故意编造的谎言，供述中的一些明显自相矛盾之处，似乎也是出自同一

[1]　将当时《京报》所载的一些错误信息与后来的官方历史记载相比较，发现其他错误已被更正，却未见对此事的更正或删除。

[2]　官军用重兵警卫，押着洪大全迅速地从江路而下，担心他在湖南的某些同党营救他。

原因。他似乎企图摆脱这场运动的宗教信徒之嫌，以在同胞中维护自身理性的声誉。显然，他并不反对利用洪秀全的宗教作为获得追随者的工具，但他期望依靠战斗而非魔术来登上王位。

那么就只剩下一个问题：此人究竟是不是我们提起过的那个朱九涛？至今没有一份文件可以用于甄别二者的身份。但是供词中明确指出：洪大全这个名字是假的。必须再次指出，一个与天王关系亲密到可以自由交往的人，穿戴着皇家的标志，其名号表明他与天王平起平坐甚至更为尊贵，并且发现了洪秀全继续推行现行政策将会把太平天国运动引向失败的症结所在，那么他早就应该处于一种得到众人尊崇的地位。据我们所知，无人拥有这种地位，但我们确有证据表明朱九涛完全可以对号入座。洪大全的真实身份，几乎是必然会被揭示为这个朱九涛了。

如果我们承认这份文件是真实的，那就给了我们考察这场运动及其发展脉络的有利条件。比较研究这套新资料提供的各种记载，使我们可以大致构建如下的图景：一位姓朱的湖南人，在科举考试中屡不得志，退隐到某处做了出家人，热衷于钻研兵法，立志推翻清朝。有一天，也许是在 1843 年或 1844 年，他在广东一个名叫狗头山的地方遇见了洪秀全与冯云山。显然他本人正在组建会党，但是洪秀全的新“迷信”作为获取追随者的手段，把他深深吸引住了，于是他跟冯云山达成了某种共识，要做新运动的传道者。忠王在自述中说，冯云山是运动的发动者，从这个新的角度得到了证实，使我们懂得，宣传这种新宗教的目的，是为了开展他们两人所策划的革命。洪秀全没有与闻这个秘密，直到 1848 年发生危机后才明白了真相。

毋庸置疑，目光远大的朱九涛是要依靠军武来获取事业的最终胜利。然而，如果不戴上某种宗教面具，他就无法获得他所需要的追随者，因为他的权威性会遭到怀疑。因此，拜上帝会的这些组织正是他所需要的东西。他的任务显然是要将会众训练成熟练的军人。我们可以理解这些领袖人物多么需要军事技能。在这一切的背面，谁会看不到朱九涛的作用，而会相信洪秀全的能力呢？

洪大全的供词明白地告诉我们，他在永安与洪秀全就政策问题发生了分歧，只是在等待合适的时机将其取而代之。这种机会本来可以来得更快一些，但又有可能被大大地延搁了。总的来说，证据向我们提供了一个场景，在这场突然爆发的运动后面，有两种对立的观念，其一具有反清的政治动机，是由天德主导的真正的国民运动；其二则强调一种破除偶像的狂热宗教，依赖于所谓的天启，将儒学与基督教的教义混杂在一起，合成一种以天王为首要代表人物的信仰。在这场运动的早期，这两条路线并驾齐驱。他们注定最终要分道扬镳，因为天德已经预见到这种宗教将会招致国民的反对，并在极力避免这种情况的发生。当那一天到来时，斗争的首要目标自然是要确保拜上帝会会众的忠诚，如若无此保障，双方都无法获胜。

我们虽然无法查明领导层在 1848 年分裂的过程，但我们可以揣测那时发生了一系列的争斗，杨秀清与萧朝贵对抗着朱九涛与北王韦昌辉，还有可能对抗着冯云山。杨与萧在宗教狂热派中采用了一些手段，设法使他们相信：上帝与耶稣确曾下凡，把领导权交给了他们。我们稍后将会发现，当他们平安地在金陵扎根以后，杨秀清甚至试图夺取洪秀全的权力，于是他跟韦昌辉成了死敌。此外还有一个事实，即从永安突围时，韦昌辉曾试图营救洪大全，而萧朝贵却不听从命令。根据以上证据，我们有理由假设诸王就是如此分裂的。当洪秀全被招来出任运动的共同首脑时，他否定了一些天启，但肯定了杨萧二人得到的天启，于是也有可能压制了朱九涛，使他不得不等待时机。

这样一来，1848 年的这场斗争就可以被视为运动掌控权的初步争夺，导致理所当然的首脑靠边站，而杨萧二人却上了台，后来得到洪秀全的批准。[1] 但是天德的力量非常强大，不可能被排挤出去，为了部众的团结一致，双方不得不做出妥协。两人都被摆在最高的地位，一个叫天德，其称号暗示他是皇帝（就连当时签署的文件也是用此称号）。照此看来，其地位当在天王之上，天王只是国家的宗教首脑，可以被视为太平教皇之类。但是，运动的实际控制权在天神附体的东西二王手中。天德束手无策，只能等待时机来推翻他们的影响。然而，由于太平军在某些绝境中奇迹般地得救，这个机会延搁

[1]　《太平天国野史》在列举诸王时，将东西二王列为第 1 等，将北南二王列为第 2 等，将翼王与天德列为第 3 等。

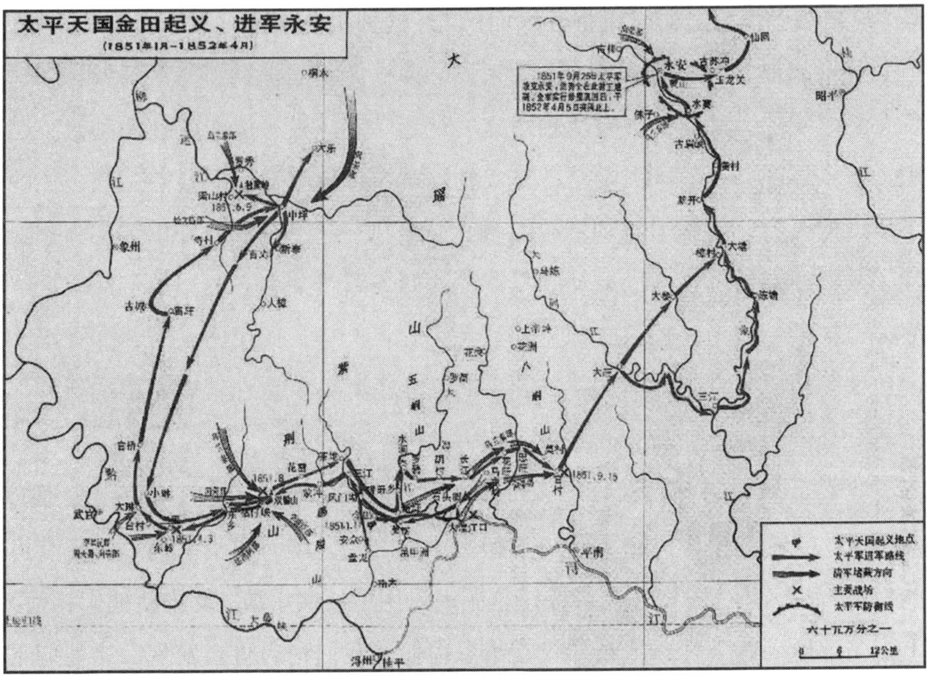

太平天国金田起义、进军永安图（选自《中国近代史稿地图集》）

下来了。他们的最后一次得救就是从被包围的永安突围而出的，他们认为只有上帝的力量才能办到。天德在那里被俘，被剥夺了他所寻求的机会。洪杨的宗教狂热促使这场运动一直可笑地坚持他们的迷信，直至事业最终失败。后来的事情没有萧朝贵参与,因为他从永安突围不久后便在围攻长沙时阵亡。曾与朱九涛联手组建拜上帝会的冯云山，本来可以运用他的影响促使洪秀全理智地领导这个事业，但他刚从广西进入湖南便阵亡了。

如果推测到这个时候，我们还是正确的，那么就掌握了了解三合会与这场运动之关系的钥匙。在韩山文的记载中，洪金叙述了三合会首领率部众进入太平军的军营，叙述了他们接受新宗教的培训，也叙述了他们因军中处处纪律森严，于是不辞而别。从表面上看，这只是一个借口，而非实际的理由。天德的供词暗示太平军的许多兵力来自三合会，不过他本人试图将与三合会的关系从自己肩上转移到冯云山的肩上。1852 年，三合会举行了相当规模的活动，东王杨秀清向部众发布的一份文告肯定了这个情况。他说：“尔等勇士多为三合会众，生死与共，同心协力，灭除胡虏。”[1] 如果该组织中有大批的三合会员，那么他们究竟是拜上帝会的原有成员，还是如同洪金所说，是在 1852 年年末的那场战斗开始之前才加入进来的？不论他们的加入是早是晚，难道他们在第一波胜利之后离开，仅仅是因为太平军纪律森严？[2] 特别令人不解的是，为什么他们当中的有些人要叛逃到官军一方，抛弃汉人之王的事业，以至于激怒了太平军，并且违背自己的誓言？杨秀清不是刚好提醒过他们，大家都是以血的誓言团结在一起的吗？

这里又出现了人间蒸发的首脑朱九涛的身份问题。他姓朱，这立刻令人想到他跟明朝有所关联，因为那个朝代是一个名叫朱元璋的和尚建立的。也许天德与明朝并无直接的联系，但他的姓暗示了有所关联的可能性。他去出家和研习兵法，暗示了他有光复明朝的愿望，因为明朝就是以这种方式建立起来的。在太平军起事之初，人们纷纷传说，有个明朝后裔在幕后操纵，在适当的时候便会亮相。[3] 另外，在一些落入外国人手中的文件里，[4]“前明”这个词语，含混不清地与“太平”皇帝连接在一起，后来又跟“我们的天德皇帝”连用。有了这两个事实作为佐证，我们完全可以推测，天德实际上是以光复明朝为目的，但是为了达此目标，对于其追随者中的宗教分子，也就是拜上帝会的成员，必须用一种特权来安抚，这就赋予洪秀全以平等的地位。

三合会的目标也是反清复明，他们应该是支持朱九涛，而非支持洪秀全

[1] 《北华捷报》1853 年 3 月 12 日公布的文告，可见于太平天国的书籍。后来太平天国再版了这些图书，删掉了有关三合会的文字。见麦都思《中国造反者在金陵出版的宣传册》第 33 页的注释。

[2] 韩山文：《洪秀全的幻觉及广西造反的起源》，第 55 页。此处说分裂发生在攻陷永安之前，但记载中的事件不可能在如此短的时间内发生。因此，我认为此事应该发生在该城陷落之后。

[3] 布莱恩：《1858 年蓝皮书》，第 136 页，他看出了某种一致性，但没有材料来分辨洪大全与朱九涛。

[4] “总理军机镇守湖北地方大司寇郭”于 1853 年 4 月 3 日发布的文告，也许是一份伪造的文件，但颇有意思，表明了这位君主的双重性，明确宣称希望明朝复辟。见《中国造反首领的文告》。

的。当胸怀大志的朱九涛在 1848 年未能获得并控制住拜上帝会的会众时，他无法反对这些宗教信徒，也无法号召他们追随明朝的王子，于是他只得妥协。但是，由于他仍然留在这个造反集团之内，三合会做好了准备，只要他发出信号，他们就会加入拜上帝会。当 1850 年的大起事即将来临时，朱九涛发出了这样的信号。

根据洪金的叙述，他们很快又离去了。此事是否属实，我认为杨秀清告示中的证据就足以否定了。洪秀全当时有关三合会的言论也否定了这一点。洪秀全宣称他的目标不是复明，声称他憎恨三合会及其代表的事业，[1] 这就证明洪秀全与这场革命之间没有纽带,因此若非朱九涛跟这场运动有所联系，三合会决不会臣服于洪秀全。

因此，在朱九涛被捕并从永安递解北上的那一刻，整个运动就交到了狂热派的手中，这些三合会员也开始抛弃新的首脑，于是遭到了杨秀清在上述诏旨中的谴责。开小差的现象肯定一直未被制止，到了攻陷金陵的时候，队伍中的三合会员已经所剩无几了。只有基于在此提出的假设，我们才能解释如此奇怪的背离。这同样有助于我们理解太平人士最终对三合会的痛恨。三合会的一个分支占领上海时，自然指望太平军跟他们联手保卫如此丰硕的胜利果实，可惜双方嫌隙太深，两个集团无法走到一起。洪秀全诚如其表弟所暗示的那样，可能基于宗教立场而反对三合会，但其聪明的部众不会拒绝如此有力的援助。但是，当三合会背弃太平军投向敌人一方的时候，这个裂缝就无可弥补了。太平军取得胜利后，小心翼翼地抹去了三合会与这场运动关联的所有痕迹，始终拒绝与他们发生任何交往。[2]

需要解答的另一个问题是天王开始统治的确切日期。3 种不同的资料记载了 3 个不同的日期和地点。洪金成为干王之后，在运动垮台时被捕，断言第 1 次集结是在金田，会众们在那里举行了夺取永安之前的首次大集会。洪

---

[1] 韩山文：《洪秀全的幻觉及广西造反的起源》，第 55 页及以下。

[2] 若干前三合会成员可能留在太平军中了，其中有罗大纲，1853 年在镇江任司令官，但他似乎只是一个例外。见麦都思著作《宣传册》第 33 页的注解，等等。有关这一事例的记载被篡改了，这个事实令我们完全可以怀疑他们将有关此事以及有关天德的所有记载都篡改了。

太平天国玉玺

大全的《自述》与这个说法一致，他承认太平天国在永安正式成立之前，已有某种形式的政府在行使职能。[1]

按照太平历法记载的日期，以及所有的官方资料与韩山文著作中洪金的早期记述，一致表明，太平政府的正式成立、国家政令的发布、军制的采用，以及各种其他事项，都是在占领永安期间完成的，时间为 1851 年到 1852 年春季。我们不必为这点小小的差距感到不安，因为中国的习惯做法是将一个新朝代的起始日期从其实际开国之后那一年的年初算起。[2]

忠王在其《自述》中的声明较为严谨，得到所有官方资料的证实。他说，在 1852 年 11 月底，正好在对长沙解围之前，洪秀全得到了他的印玺。这说

---

[1]　《干王自述》：第 5 页，也请见前述《洪大全自述》；《平定粤匪纪略》附录，卷一，第 1 页；韩山文的《洪秀全的幻觉及广西造反的起源》第 57 页，其中称洪秀全在永安称帝。《湘军志》：卷一，第 8 页。

[2]　中国的革命迟至 1911 年才告完成，虽然中国人已不再使用帝号纪年，但他们直到 1912 年才开始采用新历。

明洪秀全在永安时还没有一方正式的印玺，不得不弥补这个疏忽。我们应该记住，中国人对印玺十分看重，而太平天国对其所有军官的级别高度重视，不仅用旗帜来标识级别，还用印章的大小来加以区分。因此，此事未免显得荒唐。天王在将近两年的时间里没有印玺是不可思议的。第二个解释是他到那时为止还只是一个王，或一个国王，现在却要称帝了，只是在技术上不能这么做，因为他的宗教反对他使用“帝”字，因为这个字指的是上帝。但这个仪式实际上有了称帝的效果,因为我们的材料断言他在那里被称为“万岁”，这是只能适用于皇帝的称呼。

如果洪秀全在长沙成了皇帝，却仍然保留着“王”的称号，那么这个仪式的意义何在？根据我们看到的蛛丝马迹，可以不武断地说，既然洪秀全一直是共同执政的两人之一，而现在天德的命运已经完全明了，那么在长沙举行的仪式会不会是太平王或天王登上了唯一君主的地位？[1] 在这场运动的早期落到外国人手中的所有文件都是在天德治下签署的。这就表明，无论他在供词中说了什么，他在迟至 1852 年的时候，都被人们看作这场新运动的最高君主。[2]

内部证据中有一份很有意思的文件，签署的日期刚好在对长沙发起最后的攻击之前，是以洪秀全的名义发布的，即“奉天承运太平天国总理军机都督”，日期为天德二年。[3] 这份文件包含一些错误的信息，因为它提到长沙已定，要前往广西（或许应该是江苏）。由于没有签署确切的日期，我大胆设想这是一份进军文告，准备张贴在沿江各城的墙上，为此将月份和日期留下空白，到以后填写。其中提到长沙已定，这是没有发生的事情，因此这份文件是撰写于放弃围攻之前的最后几天,当时太平军正准备用地雷轰垮城墙。引爆地雷的 3 个日子分别是 11 月 10 日、13 日和 29 日。有趣的是，直到在

[1] 较早的学者将洪秀全称为“太平王”，但他后来总是被称为“天王”。我倾向于认为他就是在长沙改变了称号，但无法证明。如果有了证据，那么就和其他所有的证据一样，表明天德是最高领袖。

[2] 若干这类文件记录在《北华捷报》刊载的麦都思的译文中，后来重印为小册子，题为《京报，1853—1856》，我有不完整的一册。

[3] 见上述重印本中最后的注释，第 77 页。

长沙举行该仪式的几天之内，“天德”一词仍然用于称呼统治者。

如果事件的进程按照这里安排的顺序发生，那么所有的事情就都能理解了。但是，如果洪秀全果真从一开始就是这场运动的领袖人物和主要推动者，此事便成了一个谜团。但是这种观点也有其难以解释之处。布莱恩在其著作中说，太平大军攻克金陵以后的几天内，洪秀全从前在广州的导师罗孝全牧师收到了一封信，邀请他访问金陵。据说这封信用一个 5 厘米见方的印记封了口，印玺上所刻的字迹是“天德太平皇印”。[1] 在没有见到原印玺的情况下，我们无法妄下判断。倘若此函为真，并确是从金陵送出，那就表明天王拥有“天德”和“太平”双重称号。然而，如果在 1853 年攻陷金陵的前夕天王拥有双重称号的话，为什么几周以后太平天国就不再承认“天德”这个称号了呢？

我们还必须记住，后来的太平天国文件没有任何线索提到与洪秀全并肩的统治者。如果天德存在过，那么他在太平天国的记载中被完整删除了，仅仅留在清政府的文献和早期的太平文告之中。这种想法导致密迪乐 [2] 轻易地放弃了洪大全的供词，写道：“天德甚至不是神话，纯粹是个误会。”他说此话的依据是他与太平天国人士的谈话，以及太平天国书籍中找不到抹杀天德的痕迹。如果我们的结论是正确的，即这场运动失去了真正的领袖和大部分的三合会部众，如果剩下的部众都是聚集在天王身边的狂热派追随者，我们怎能期望他们承认曾经有过一位已经蒸发的领袖？至于抹杀，我们已经提到，他们已对杨秀清的一次讲话进行了仔细的编辑，以便删除有关部众中曾经存在三合会的表述。难道这还不足以令我们推测在天德一事上他们也做了同样的手脚？最近出现的有关这场运动的野史确实在名单中列出了天德王，不过是将他排在第 3 等级。

因此总体而言，我们有充分的理由相信，那些可以证明他是真正的领袖这一假设的活动与事件，都是真实的。一个有野心的男人，或许还是真正的

---

[1] 若未见到中文的印文，就很难发表意见。此信也许是在长沙陷落前发出去的。如果是稍后发生的事情，那就难以解释了。而且从汉字的音译来看，该字是“皇”而非他们通常使用的“王”。布莱恩，《1858 年蓝皮书》，第 202 页。

[2] 《中国人及其反叛》：第 240 页及以下。

明朝后裔，努力想得到追随者。上帝给了他获取这个工具的手段，但充满了危险。当执行这个伟大使命的时刻到来时，危险的因素浮现出来，将这位谋反者贬黜到从属的地位，或至少迫使他与狂热派分享权力，他不得不蛰伏待机。或者是由于偶然，或者是出于阴谋，西王萧朝贵，即耶稣的喉舌，在从永安突围时失去了他，他被捕了，于是这场运动的设计者不复存在。运动本身现在落入了才干较小的宗教狂热派之手，在其统治之下，领导层的品性腐化堕落了。最终，帝国的保守力量集结起来，站到清朝统治者一边，镇压了这个奇怪的国家。通过洪秀全的宗教幻想，这场运动丧失了在朱九涛领导之下的国民诉求。

洪大全对洪秀全真实能力的洞见，在运动后期得到了许多次的验证，但其最突出的证明，或许莫过于洪秀全在长沙以及稍后在金陵的表现。在长沙，太平军遭到 81 天的阻击，他们的几万人最终未能攻克该城。洪秀全接着决定前往湘西的常德，在那里建立自己的王国。他在益阳找到了很多船只，他改变了主意，决定沿江而下——纯粹是出于偶然！[1] 太平大军攻陷了一座又一座城市，把恐惧印在了每个人的心里，最后止步于金陵。较为大胆的部众催促他们进军河南，作为攻打北京的前哨，而我们所见到的仅仅是一名船夫用寥寥数语挫败了这个明智的提议，致使他们失去了本在掌握之中的帝国。船夫说：“河南河水小而无粮，敌困不能救解。而今得江南，有长江之险，又有舟只万千，又何必往河南？南京乃帝王之家，城高池深，民富足余，尚不立都，尔而往河南何也？……河南虽是中州之地，足备稳险，其实不及江南，请东王恩知！”[2] 这就导致太平领袖们决定留在金陵，而不去完成征战。一个具有朱九涛那种素质的人，无疑会向北京挺进，抓住机遇完成征战，但洪秀全与杨秀清让机会溜走了，最后失去了整个帝国。

---

[1] 《忠王自述》：第 6 页。

[2] 《忠王自述》：第 6 页。《平定粤匪纪略》附录卷三第 12 页、第 13 页将此事列为奇迹之一，表明天神护佑中国。他无法确定此人究竟是一个普通的船夫，还是一名官军谍探，或者是一位神仙。在这一节中，翻译者认为此处的“河南”也许应为“湖南”。

第四章

从广西到北方

在为期 31 天的围攻无果之后，太平军离开桂林，向湖南进发，后面有和春的 7000 人跟追。他们攻占兴安（5 月 22 日）和全州（6 月 3 日）。江忠源认为太平军会从全州航行于湘江，直下长沙；他火速赶到距离全州不远的蓑衣渡，那里江面狭窄，岸边林木葱郁。江忠源决定用树木而非用土石来阻挡太平军通过。如他所料，太平军乘小船顺湘江而下，抵达这个地点时，不得不与江忠源及其楚勇小部队较量。战斗进行了两个昼夜，1000 名太平军阵亡，其中包括冯云山。他们的船只全被这位勇敢的官军将领烧毁，太平军被迫登陆行军，前往永州和道州，并于 6 月 12 日攻占道州。[1]

他们在道州逗留了 1 个多月，吸收了成千上万的追随者，组织中注入了新鲜血液。他们增强了兵力，得以成功地进军金陵。但是，这个有利的因素被蓑衣渡战役的深远影响所抵消了。冯云山之死使这场运动失去了最后一位较为能干和冷静的领袖，他生前一直把真正的目标摆在洪秀全及其合作者面前。他的去世与洪大全的被杀损失几乎同样严重。冯云山曾与后者携手共建会党，也许和他一样具有宽广的视野，而且站在洪秀全一边。从后来发生的情况看来，北王韦昌辉，或许还有翼王石达开，具有同样的素质，但其力量还不足以与杨秀清和萧朝贵争夺控制权。于是在冯云山去世后，天平就完全偏向了宗教狂热派的方向。他们传播一种对多数国民而言显得陌生而不合口

[1] 《湘军志》：卷一，第 9 页。《平定粤匪纪略》声称冯云山是在全州阵亡，但可能是指全州地区，而非全州城。

味的宗教，最终给这场运动带来了反作用力，领着它走向了灭亡。

此战的第二大效果是打开了清政府的眼界，使他们找到了一条镇压太平军更好的新途径。高官们曾有两次率领大部队包围了这支人数不多的造反武装，唯一的结果是让他们再次逃脱。但是，在蓑衣渡战役中，一支根本不起眼的民兵队伍坚守阵地，赶走了正在乘胜前进的太平大军，为湖南省会的防御争取了时间。[1] 正是这类军队在曾国藩的领导下得到了发展，最终给清政府带来了胜利。唯有乘胜进军，或者出现有能力的领袖来取代天德与冯云山，才能使太平天国的事业免遭不可避免的灾难。清政府现在拥有了一个法宝，可以用来克服现存体制的致命弱点。

这时候，官军在道州集结，迫使太平军向郴州转移。这座重要的城市位于广州通往北方的大道上。太平军于 8 月 16 日攻克郴州，这是攻陷桂阳的第二天。[2] 天王与主力留在郴州，而西王萧朝贵率领一支小分队即“敢死队”继续推进，企图袭占长沙。他认为该城没有设防，容易攻破。[3]

太平军在长沙城外待了 81 天，未能得手。西王萧朝贵被城墙上的炮火击中阵亡，他的早夭使得洪杨不得不率全军赶到长沙。这里有一个奇怪的巧合：在太平军围攻末期，保卫长沙的巡抚骆秉章和天王一样，也是花县人。官军陆续沿江而下，又有了击溃太平军的机会，只要他们拥有能够像江忠源的楚军一样善战的军人。11 月份，太平军 3 次（10 日、13 日和 29 日）引爆地雷，两次炸垮了城墙，但在试图冲入缺口时被守军击退。

他们的盐与油的供应已经断绝了，陷入敌军的包围，只有解围而去。在离开长沙之前，“天王在长沙南门制造玉玺，呼称万岁[4]，妻称娘娘[5]，封东、西、南、北、翼王，封王在前，天王呼万岁在后。制造玺成，攻城未下，计

[1] 《平定粤匪纪略》：卷一，第 15 页。

[2] 《湘军志》：卷一，第 10 页；《平定粤匪纪略》：卷一，第 19 页。

[3] 据说当局对于他们的行动一无所知，只是因为太平军误将该城东南角上的高塔认作城门，才使长沙在城门关闭之前免遭攻破。

[4] “万岁”是只能用于皇帝的称呼。

[5] 即皇后。

及移营，欲由益阳县欲靠洞庭湖边而到常德，欲取湖南为家”。[1]

太平军的一支小部队奉令向湘潭开进，然后绕过山岭与主力会合。主力于 11 月 30 日夜晚从浮桥上渡过湘江，西进益阳。他们这个小小的计谋骗得官军沿东岸火速奔向湘潭，太平军得以顺利地脱逃。从 9 月 10 日起，他们一直围攻长沙。

他们在益阳的江水中找到了几千艘船，便从水上推进，通过临资口，越过洞庭湖，抵达岳州。这座城中有康熙时代三藩之乱的首领吴三桂留下来的大批军火。他们在抵达岳州几天后，于 12 月 13 日占领了该城，大多数守军在他们到达之前就溜走了。[2] 吴三桂的军火充实了他们的装备，他们还得到了另外 5000 艘船只，于是扬帆直下长江，抵达汉阳，于 1852 年 12 月 19 日攻克该城。他们烧毁大商埠汉口之后，渡江攻打武昌。总督借口保卫湖南，未到湖北。巡抚尽了最大的力量，向荣指挥的部队从湖南赶到，距城墙仅 3 里之遥，太平军夹在官军与城墙之间。守军和向荣所部都不愿与太平军交战，冬雨给了他们无所作为的口实。于是太平军得以及时炸垮城墙。爆破发生于 1 月 13 日黎明。巡抚勇敢地捍卫城池，但他与其他省级高官一起，都被太平军击败，死于战场。

赛尚阿已被革职，由徐广缙接任，但后者在太平军离开后方才抵达长沙，当太平军攻占武昌时才抵达岳州。朝廷将他罢黜，令向荣出任钦差大臣。

武汉三镇事实上未经战争而陷落，再次震撼了清政府。1840 年在危急时刻于广州取代林则徐出任钦差大臣的琦善，现在被朝廷起用，奉令统帅从直隶、陕西与黑龙江挑选的骑步精兵防御河南，以防太平军向北京挺进。[3] 向荣升官之后，变得积极起来。如果他早是如此活跃，就能救下武昌。太平军自认为没有足够的力量长久防守武汉，于是征集几千艘船只，于 1853 年

[1] 摘自中文版的《忠王自述》，见《中国秘史》第 128 页。比较雷的译文第 5 页、第 6 页。

[2] 《湘军志》：卷一，第 13 页；《平定粤匪纪略》：卷一，第 17 页下栏、第 18 页上栏。

[3] 《平定粤匪纪略》：卷二，第 1 页下栏。此处称太平军打算通过襄阳北上，但意识到河南防御森严，进军不便。

南京天王府的大门（1864 年），《伦敦新闻画报》铜版画

2 月 8 日登船起航，沿长江而下。据说他们此时的人数为 50 万[1]，包括男女老幼。他们的气势一定把向荣吓住了，因为他眼睁睁地看着太平军由 1 万多艘船组成的舰队扬帆而去，前往金陵去建立天国。

这支大军[2]沿长江两岸推进，抢掠行经的所有城镇。金陵的总督正在武穴附近等待他们，这里是他辖区的边界。他突然觉得自己必须返回金陵。做这个决定部分是因为他害怕了，部分是因为他手中兵力太少。他派出了一名总兵前去阻击太平军，但那位将领很快就被击败，于是总督与江西巡抚各自逃之夭夭。[3]由于他们的怯懦，九江没有设防，于 2 月 17 日陷落。在安庆，安徽巡抚突然去世，留下布政使守城，但他未能守住。2 月 24 日安庆失陷，布政使退守一座小城。一周以后，该城失陷。于是一城接一城落入太平军之手，

[1] 人数来源于清政府的文件，如《平定粤匪纪略》卷二第 16 页。曾根俊虎的《发贼乱志》称有 60 万人。

[2] 如果巡抚与向荣在此处通力合作，应该能将太平军击垮，至少能将他们赶跑。但他们互相推诿。洪秀全面对这样的敌军将领，应该能够长期守住武昌，如同他守住金陵一样。清政府的这些官员比那些被革职的官员强不了多少。我丝毫不怀疑洪秀全此时可以直达北京。

[3] 见《京报》1853 年 3 月 16 日号，朝廷斥责江苏督抚的怯懦行径。

北京的高官们又惧又恼。坐镇金陵的巡抚在总督出外的情况下，本来可以采取措施防御该城，但连他也借口战略转移而跑去了镇江。太平军于 3 月 8 日便已来到金陵的外围工事之前，当月 19 日便攻陷了该城。清政府说满族人驻军顽强地保卫了内城，但太平军不久之后告诉密迪乐先生，满族人驻军下跪求饶，像哀鸣的绵羊一般死去。

紧接着，太平军内部发生了意见分歧，有人主张北伐，有人主张原地不动。天王主张立即向河南推进，也许东王（杨）也是这个意思。如果立即前进，他们可以避开钦差大臣向荣将军的攻击，此人在武昌耽搁了少许时间，用以安排地方事务，现已出发追赶太平军，因为缺少船只而滞留于九江。如果太平军能够在黄河沿岸站稳脚跟,他们就会处在攻击清朝首都的有利位置。但是，他们听信了一位船夫的意见，放弃了这个合理的计划。船夫用金陵作为首都的魅力来打动天王，强调河南那边的困难，奉劝天王在金陵建立“天京”。[1]

那时候，太平军有可能轻而易举地攻下北京。但是，那位船夫也许代表将士们道出了他们不愿向长江以北远征的自然心情。长久以来，这条江流形成了华北和华南的自然分界线。从江岸向北行走一二十里，氛围就变得大不相同，你会感觉到自己进入了北方。长江比美国的南北分界线更像一条边界。到目前为止，我们看到太平军从广西来到金陵，像一支节日游行的队伍，沿途受到欢迎，百姓将之当作助他们脱离满族人统治的救星，而不在乎他们那古怪的宗教。但是，如果一旦渡过长江，跨入北方的省份，情况也许就会大不相同。他们会成为敌占区内的陌生人，兵源将会减少，清政府和百姓有可能进行更顽强的抵抗。老船夫清楚地说出了将士们心中的疑虑。

这并不足以成为天王做出最后决定的理由。如果他再大胆一点，就可以扫清这些顾虑。其实北方跟南方一样，清政府几乎没有设防。后来造成了大动乱并成为当局心头大患的捻军，已经开始四处奔袭。西北边境躁动不安的回民，离起事已经不远。只要一点点果决，一点点勇敢，一些明智的措施安

---

[1]　《忠王自述》：第 6 页。

太平军驻守的苏州城外，《伦敦新闻画报》铜版画

抚部众，就能达到目标，将满族人推下皇座。我们不能不设想，倘使天德与冯云山此时还活着，历史的进程很可能就会改变。

建立天京[1]并未占用太平军过多的资源，他们还有能力占据镇江与扬州这两处战略要地。镇江是大运河与长江交汇之处的咽喉之地，50 公里之外的扬州位于大运河岸边，两城都控制着将漕米运往北京的那条命脉。林凤翔奉命率部攻打这两座城市。他在 3 月 30 日攻下了镇江，留下罗大纲镇守，他自己率部攻击扬州，于 1853 年 4 月 1 日得手。他们花了一些时间夺取金陵对岸的浦口，以及浦口与扬州之间的那个地区，以巩固这两座城市的防御。

与此同时，在九江耽搁了 5 个星期的向荣于 3 月 30 日抵达金陵城外。这时太平军已经深沟高垒，并已占据镇江。因此他只能扎下营寨，逐步围攻。我们无法停下来讲述 11 年围攻的详情，其中包括无数次小的战斗，有时是此方获胜，有时是彼方得利。一个敌对的营垒存在于都城之外，并没有令太平军十分在意，但改变了他们的整个人生观，因为他们必须将金陵视为大本营，由于长期遭受围攻，必须常年处在戒严法的管制之下。军队显然是来去

[1] 太平天国将金陵更名为“天京”。

自由；具有良好背景的百姓也能轻易地通过城门；外国舰船至少在 1860 年之后在长江上到处可见。但是金陵不再开放贸易。其城门关闭，有卫兵站岗；其居民靠国家配给的口粮生活，而丈夫、父亲和儿子在太平军中作战，来来往往。在这座巨大的军营里，实行了最严厉的法律。

镇江与扬州地位重要，诱使官军采取重大的措施将其收复。在相当短的时间内，钦差大臣琦善以及直隶总督陈金绶（应为直隶提督。——译注）和漕运总督杨殿邦，率领 4000 名骑兵和至少 3 万名步兵，驻扎在扬州城外。但是他们无法赶跑深沟高垒的太平军。[1] 林凤翔在他们的鼻子底下大摇大摆地将妇孺甚至财宝运到了金陵，留下曾立昌将军驻守扬州。接着，他本人率领 21 个“军”[2] 北上，大约于 5 月 22 日从扬州出发。

林凤翔所部袭扰了滁州与临淮关以后，于 5 月 28 日攻陷凤阳，这是扬州西北方约 150 公里处的一个重要的府城。林凤翔已从 21 个“军”（或团）中派出 6 个“军”（或团）去攻打六合，并控制六合与浦口之间的地区。这支小部队在六合遭到志愿兵和村勇的顽强阻击，伤亡惨重，被迫返回金陵。

林凤翔将军的主力得到东王派出的大部队增援，继续顺利地穿越安徽北部。胜保在其后跟追，但没能追上，因为他从扬州出发时跟林凤翔之间已有很大距离。6 月 13 日，林凤翔攻打河南归德府。他们于 19 日抵达省会开封，但未能攻陷该城，于是继续前进，那一地区的所有官军在后面跟追。到了 7 月 1 日，他们已站在汜水的黄河之滨。

如今已无敷衍塞责的余地了。清政府认为，北京的安全全靠将太平军阻挡在黄河以南。直隶总督讷尔经额被任命为最高统帅，河南、山东、山西 3 省巡抚奉命与之合作，蒙古武装应召从察哈尔火速赶来。黑龙江骑兵和西安府的骑兵也奉命前来。官军的高级指挥官和大批兵力向林凤翔扑来，林将军知道他们所在之地很快就难以防守，于是悄然而迅速地转移，乘坐煤船渡过了黄河。7 月 9 日，他们攻打怀庆府，但遭到上述巡抚们及其将领们的反击。

---

[1] 曾根俊虎：《发贼乱志》，第 14 页。

[2] 《平定粤匪纪略》及其他中文著作称有 21 个军。倘若“军”字是用作术语，那么它指的是 21 个单位，每单位有 12500 人。曾根俊虎声称有 36 个团，每团有 2000 多人，那么总兵力便为 75000 人。我无法找到他的依据。

官军向太平军发起了 10 次猛攻，都未能将敌军击溃，但是一场暴风雨帮了官军的忙，太平军向西逃去。官军在后面跟追，太平军在后卫作战中失去了 3000 兵力。现在河南平定了，但太平军还在继续前进。

太平军西进到山西的垣曲时，立刻转向北面，攻陷了平阳府。讷尔经额立即被朝廷革职，由多谋善虑的胜保接任钦差大臣。胜保被赐予胜卓刀，赋予他可以将副将以下部属处死的权力。太平军虽已减员至 2 万人，但补充了朱锡琨与许宗扬从金陵带来的援兵。

太平军得到增援后，以难以置信的速度穿越山西。一座又一座城池被他们攻陷，清政府被有关他们战斗力的报告吓坏了。9 月 29 日，他们通过临洺关进入直隶。在这个直辖省份，他们仍然一往无前。他们通过或攻陷了任县（10 月 1 日）、隆平（10 月 2 日）、柏乡（10 月 2 日）、赵州（10 月 4 日）、藁城（10 月 6 日）、栾城、晋州（10 月 8 日），于 10 月 9 日抵达深州休整，在 10 天内挺进了 150 公里，攻占了 5 座城池。然而，他们在深州遭到了一定强度的阻击，官军的指挥官是从扬州一路追踪而来的钦差大臣胜保，以及太平军在怀庆避开了的那些官军将领。这些官军对深州发起了攻击（10 月 21 日），当天被太平军击退，但是太平军于第 2 天出城逃往富庄驿，然后于 31 日抵达静海县。此地和附近的独流，成为他们进军的极限。他们距离天津已不足 50 公里。[1]

在记述太平军从广西老家抵达金陵以及接近天津的进军过程时，我们拥有惊人的证据，表明清政府的正规军完全无用，而许多文官也是同样怯懦。当时的《京报》充斥着对知县、知府甚至巡抚、将军与总督的公开指责。他们在危机时刻擅离职守，临阵脱逃，假装生病需要寻医求药。在敌军兵临城下时跑到乡下招募新兵。在抓到几名太平军哨探并将其处死时，或者进入了刚被太平军放弃的城市时，便向上级告捷。就连向荣，明明有几个很好的机会可以击溃太平军，却总是在时机错过之后才显示他的能量，如今驻扎下来，对金陵进行久而无功的围攻。而刚刚在天津郊外追上太平军的胜保，与之保

[1] 《平定粤匪纪略》：卷二，第 22 页。

僧格林沁之孙阿穆尔灵圭

持着一段安全的距离，小心翼翼地不去触碰，以免兵败而遭贬斥。

的确，在此生死存亡的关头，皇帝不得不克服对可怕的鞑靼部落的嫌恶，将蒙古王子僧格林沁召来增援，令他带上荒漠的武士。他们与满族人武装一起，将静海与独流设为太平军进军的极限。林凤翔尽管面对着可怕的劲敌，仍然在酷寒的冬季坚守阵地两三个月，才被官军击败，被迫撤退，逐步退向黄河。林凤翔在此得到增援，使他得以在被俘之前进行多次战斗。他的部众于 1855 年溃散。[1]

当林凤翔带着这支远征军向北挺进时，太平军另有派遣军溯江而上，重新夺取了他们在向金陵进军时放弃的那些城镇。一支派遣军有两个师，由赖

[1] 本章的资料主要取自《平定粤匪纪略》、曾根俊虎的《发贼乱志》，以及在某种程度上取自《粤氛纪事》。关于北伐的记述使用了《京报》的译文。

汉英与石祥祯率领，首先攻击九江，然后从鄱阳湖抵达南昌。

与此同时，官军方面在广西与湖南以勇武赢得了最佳将领声望的江忠源，被朝廷任命为湖北按察使，奉命火速前往金陵大营。[1]他于5月14日率3000人离开武昌。在沿江而下的途中，他听说太平军已到南昌。该处是湖南的后门。于是江忠源在九江转而南下，背道去救南昌。抵达该城后，他向太平军发起攻击，企图迫使他们撤围。但是太平军不肯离去，于7月7日引爆地雷。然而，守军没让他们从豁口入城。太平军花了3个月攻打南昌，在最后一次轰击城墙之后，他们决定撤围。江忠源追到九江，但晚了一步，太平军已重占该城。他们无意于留在九江，而是溯江而上，打败了坐镇田家镇的总督，经过黄州，最终于10月初抵达已经重建起来的汉阳。[2]

太平军的第二支西进派遣军从陆地进兵，攻占了安庆。接着，翼王石达开与胡以晃穿过安徽省，攻陷了大批城镇。到了年底，第一支派遣军从汉阳撤回安徽，该省全部处于太平军控制之下。由于曾国藩与其他人的推荐，江忠源被任命为安徽巡抚。他前往庐州，企图守住该城，以对抗胡以晃指挥的10万太平军。江忠源的弟弟和刘长佑竭力援助江忠源，但无法突破敌军的封锁。1854年1月14日，太平军发起总攻。守军虽少，却竭尽所能防守城墙，直到江忠源投水自尽以后，方才放弃抵抗。

这个不幸的事件使清廷失去了一位最杰出的将领，江忠源虽因过早去世而未能登入中国的名人堂，但他率先在广西显示了民兵在镇压太平军的战争中所具有的价值。在蓑衣渡，他迫使太平军改变进兵路线，无疑是他拯救了长沙，使湖南的省会来得及部署防务。在长沙遭到围攻时，他率领自己的小部队为该城的防御发挥了重要的作用。是他使曾国藩想到了按照同样的模式建立一支军队，创立水师，用于在华中的水道上作战。如果他活着参加了这场战争中余下的战斗，他的名字无疑会排在曾国藩、左宗棠与李鸿章之列，可能还是排在最前面。他所做的工作为曾国藩后来更加引人注目的作为奠定

[1] 在阴历二月（1853年3月10日—4月7日）。《年谱》：卷二，第3页上栏。

[2] 《平定粤匪纪略》：卷二，第13~28页。

了基础。[1]

在安徽被太平军占领的同时，东王杨秀清亲自率领一支大军溯江而上，企图攻占武昌，控制金陵以上的长江段。湖广总督前往黄州，试图拦截杨秀清。在新年那一天，他以为太平军会放松警戒，于是发起攻击（1854 年 2 月 7 日），结果兵败，他本人被太平军击杀。太平军绕过官军，而官军则在代理总督率领下撤到武昌上游的金口。除了城头上的守兵外，武昌城内兵力空虚。太平军于 1854 年 6 月 26 日攻破该城，控制了远达金陵的整段长江。

[1]　对江忠源的这个评价，根据《发贼乱志》（第 23 页）作者的说法，曾国藩是赞同的。他说，当江忠源首次提出建立水师的时候，曾国藩愿意跟他联衔上奏。他接着写道："国藩在与某人交谈时说，'生平未见如岷樵这般有远见之人，若有人不久名动天下，非此人莫属'。"我在看到这段记述之前便已下了自己的结论。曾根俊虎没有给出资料来源。

第五章

太平天国的宗教

太平天国运动最令人惊奇的性质，也许就是领袖洪秀全的明显目标，即在中国建立一个基督教的王国。我们读了韩山文根据后来的干王洪金（洪仁玕）提供的材料记述下来的有关洪秀全幻觉的文字，不免认为其全部奋斗都是纯粹宗教性的、基督教性质的，完全是由于清政府的迫害，才转变成为反朝廷的运动。在这场运动的尾声中，在忠王手下服务的英国人呤唎（A.F.Lindley）指责西方国家无耻地背叛信仰，最终站在清政府一边来反对这些基督徒。他不否认其宗教信仰与实践存在缺陷，但把这些缺陷归咎于领袖们的无知，而非他们的过错。[1] 我们在反对太平天国运动的中文书籍中看到了同样的观点。他们在这场运动中只看见了针对清政府的宗教征伐，其基础是根据外国基督教资料创建的一种迷信。[2]

为了考察基督教教义与中国观念在这种新宗教中所占的比例，我们必须记住，洪秀全在生病之前，似乎从来没有听说过这种由传教先驱者们历经千辛万苦带到中国并在广州与澳门进行传播的新宗教。即便洪秀全偶然听到过，也可以肯定他对其教义并无恰当的认识。他要准备参加科举考试，落第之后还要在村塾中教书，这意味着他必须熟读儒家经典。倘使没有其他人加以指导，可以推测，无论那些新书上说的是什么，只要碰到疑问和误解，他都会

[1] 呤唎：《太平天国，太平革命史》，1866 年。

[2] 许多官方记载类似于此，摘自《平定粤匪纪略》卷一第 2 页上栏：“秀全心知若无迷信便无法欺骗大众，借西方宗教之名，企图采纳并建立将之立为耶稣之宗教。”等等。

呤唎（1840—1873），英国人，曾在英国海军供职，1860年投效太平军，为忠王李秀成的部下，至1864年病重返国止，为忠王征战约四年。1866年写成《太平天国——太平天国革命的历史、包括作者亲身经历的叙述》，中译本为《太平天国革命亲历记》

借助古代中国的著作来理解。

我们已经得知，在1836年，洪秀全在广州投考，得到了一套宗教宣传册。我们还知道，他有数年未曾翻阅那些宗教书册。[1] 第2年他在久病之中发生了那些伟大的幻觉。然而，由于一些无法解释的原因，直到1843年，纯粹是出于偶然，他研读了那些宗教书，对其昏昧的意义恍然大悟。然而，他的注意力一旦集中于这些书册，他就从中获得了深刻的印象，这一点我们可以从他在1845年和1846年撰写的文章中看出来。我们不可能追寻其思想的发展脉络，因为我们所见到的他的早期著作，都是在金陵出版的那种类型，收录于"汉密斯"号于1853年从金陵带出来的宣传册之中。早期的著作是《百正歌》《原道醒世训》《原道觉世训》《改邪归正》。[2] 其中3篇，加上《原

[1]　见本书第二章。

[2]　韩山文：《洪秀全的幻觉及广西造反的起源》，第29页。

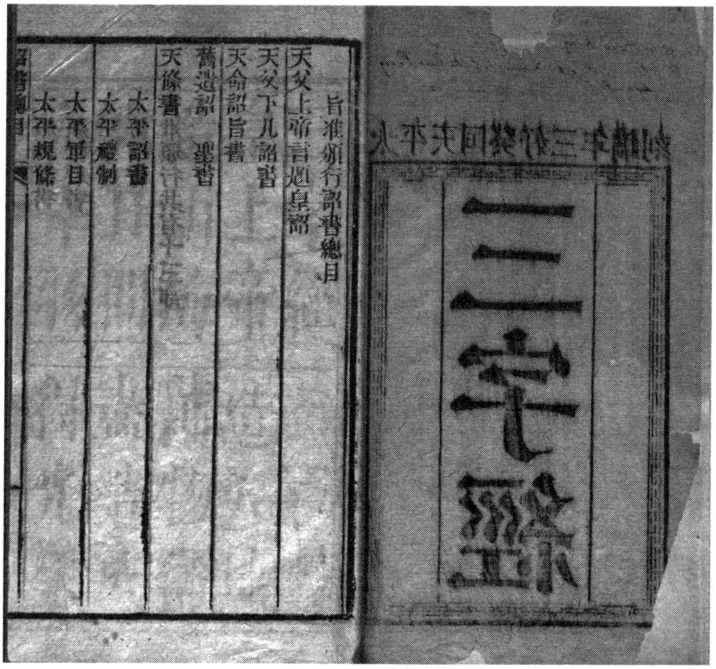

太平天国《三字经》

道救世歌》，构成《太平诏书》。

这本诏书包含洪秀全本人的著作，增补了《三字经》《幼学诗》《太平朝宗教观书》《天命诏旨书与天命下凡诏书》，以及时时发布的若干文告，为我们提供了研究太平天国宗教的主要英文资料。其中许多资料通过《太平天国野史》的出版，已经可以见到中文。[1]

洪秀全抓住了至高无上的上帝创造和保护世界的思想，但他显然并不明白这个至高无上的上帝是独立的。在一份文告中，他说："天父上主皇上帝才是真神，天父上主皇上帝以外皆非神也。天父上主皇上帝无所不知，无所不能，无所不在，样样上又无一人非其所生所养，才是上，才是帝。""天

[1] 《太平天国野史》：文明书店出版，1932 年上海版。数年前偶然发现了手稿，被认为是太平天国一名文书所作。该书很有价值。

父上主皇上帝是神爷，是魂爷。”[1] 如果单是这样，我们就该把他们当作真正的一神论者，但是以下录自《三字经》的一段文字，如果不是出自洪秀全本人的手笔，至少征得了他的同意，使我们甚至怀疑这位领袖是否懂得基督教意义上的一神论。这段文字描述了洪秀全首次与阎王遭遇之后升天的情况。

> 战胜妖，复还天。皇上帝，托大权。天母慈，最恩爱。娇贵极，不可赛。天嫂贤，最思量。时劝兄，且悠扬。

这节诗歌描述上帝有一个天国的配偶，而天兄耶稣也有一位妻子。于是，前面引文中所说的一神论的上帝变成了天父，有妻有儿。[2] 这就给人一种印象：洪秀全适应不了西方理论的微妙性，以三神论来解释三位一体的基督教义。不过他抓住了一个观念：三位一体的三位成员属于同一家庭的成员，其余两个成员从属于父亲，正如中国的家庭成员从属于家里的头。洪秀全及其追随者的确为反对假神与代表它们的偶像篡夺上帝之位而战斗，但是上帝与耶稣都结了婚的观念，潜藏着一种暗示，即还有其他天神存在，因为中国的做法是，一个人的婚姻是一个姓加入异姓的家庭。因此，天国一定存在其他家庭，地位在上帝之下，但仍然相当高贵，足以成为天国最高家庭的配偶。

至于救助的计划与耶稣在尘世的工作，《三字经》中有一段几乎与《约翰福音》3：16 中的词语在意思上两相对应：

> 皇上帝，悯世人。遣太子，降凡尘。曰耶稣，救世主。代赎罪，真受苦。……信得救，得上天。不信者，定罪先。

---

[1] 天王诏旨，当为 1851 年在永安发布。我所引用的译文，发表于《北华捷报》1853 年 5 月 7 日号，根据“汉密斯”号从金陵带来的复制件译出。宣传册中的译文略有不同，主要表现于遣词方面。

[2] 如果洪秀全接触过罗马天主教的话，有关女神的叙述也许是基于该教教义，或者是因为误解了处女分娩的记述。

我们对用作资料来源的那些诗歌、论文与文告进行一番搜寻，便会发现其他同类的参考资料，与西方的《圣经》颇为相似。但是没有什么证据表明洪秀全及其追随者理解了基督教教义的内在精神。谦虚、仁慈、纯朴、宽容、渴求与上帝和基督为伴，这些精神美德都不存在，或者被转化成了儒学对美德的解释，告诫人们该做什么。他们攻击当代的恶行与妖魔，高举大善的理想旗帜，但讲话的声音是儒家而非基督发出的。那些需要宗教安慰的人在这里找不到他们的所求。

太平天国的主要教旨是必须信仰上帝，一定要行善，特别是要服从命令。它假定每个人都可以通过自己的努力做到。只要敬畏上天的旨意，行善走正道，就会得到庇佑，将会在国中行使权力，得到上天的眷顾。孝顺与正确的性关系是首要的善行，因为这是尊重别人的婚姻权利。在远离邪恶的同时，还要禁止淫荡、不遵父母之命、杀人或伤人、[1]偷盗、巫术与魔法、赌博、吸食鸦片、饮酒及算命看风水。[2]

洪秀全总是说古代中国的文献与西方的圣书都是教授同样的事情，也就是宣扬上帝，他是古代人敬拜的最高真神，皇帝们仍然在天国的祭坛上祭祀他，而他就是西方人敬拜的同一个上帝。这促使将《圣经》与经典等量齐观，同样用作其教义的依据。这件事本身就足以引起全国学者的反对。《三字经》中有一段集中地记载了他如何号召国人追随他的信仰：

> 普天下，一上帝。大主宰，无有二。中国初，帝眷顾。同番国，共条路。盘古下，至三代，敬上帝，书册载。商有汤，周有文，敬上帝，最殷勤。汤盘铭，日日新。帝命汤，狂其身。文翼翼，昭事帝。人归心，三有二。至秦政，惑神仙。中魔计，二千年……汉明愚，迎佛法。立寺观，大遭劫。至宋徽，犹猖狂。改上帝，称玉皇。皇上帝，乃上主。普天下，大天父。号尊崇，传久载。徽何人，敢

[1] 他的依据主要是：如果你杀害或伤害了别人，你就会伤害你自己。“自古杀人便是杀自己，谁说老天不开眼？自古救人就是救自己，灵魂得上天堂……己所不欲，勿施于人，方不出错。”

[2] 见《原道救世百正歌》。

乱改？宜宋徽，被金掳。同其子，漠北朽。自宋徽，到于今，七百年，陷溺深。讲上帝，人不识。阎罗妖，作怪极。

同一篇诗歌的稍前部分概述了《圣经》的故事：从创世纪到上帝对以色列人的启示，他在埃及与红海释放的怜悯与力量，他在荒野中对以色列人的关怀，十诫的传播，以及当人们迷失于正道时，他派长子去将其从妖魔手中救出，于是洪秀全宣布自己在此天国计划中的地位：他也是奉了上帝之命，向世人宣传上帝的知识，并在中国从事耶稣在西方所做的那种工作，让人们回过头来敬拜他们一度追随过的伟大而至高无上的上帝。

皇上帝，海底量。魔害人，不成样。上帝怒，遣己子。命下凡，先读史。丁酉岁，接上天。天情事，指明先。皇上帝，亲教导。授诗章，赋真道。帝赐印，并赐剑。交权能，威难犯。命同兄，是耶稣。逐妖魔，神使扶。

从此处开始，诗歌继续讲述阎罗王如何忌恨他，使了许多坏，但是上帝指示他的儿子（洪秀全）打败阎罗王及其“小鬼”。洪秀全完成了任务，升天接受了上帝进一步的命令，回到人世执行使命，发誓要为上帝管理好一切。

我们无法确定在他的首次战斗中对手究竟是谁。从诗歌的记载来看，似乎不同于家族成员或村民的敌对态度或愤世嫉俗，也许涉及早期与造反者的某些纠葛，就跟1848年的记载中有关上帝下凡的记述一样，也可能是早期与洪大全的遭遇，或者是未曾记录下来的与当局的斗争。诗歌在这里给人留下了悬念，但又对洪秀全自以为在上帝跟前扮演的角色做了一些说明。他赋予耶稣以上帝长子的荣耀，但又宣称他跟上帝的次子平起平坐。[1]他毫无保留地把自己指认为上帝家庭中同父母的成员，但与此相反，诗歌中另有几节提到他拒绝接受皇帝的称号，例如“帝”号，因为对他来说“帝”字只应指

[1] 见布莱恩《1858年蓝皮书》，第229页（第5行）记录的一份文告，他说：“我们同母异父之兄是耶稣。”

“上帝”，不能用于任何人类。同样，他也不允许将他称为“圣”，因为这个称号也只应用于上帝和天兄救世主。[1]

在前面的章节中，我们已经看到，在1848年，由于首脑们之间的斗争，有两个人得到了天国特殊的眷顾。上帝天父在当年阴历三月和九月下凡的时候，通过后来的东王杨秀清对部众讲话，而耶稣则通过后来的西王萧朝贵发言。在接下来的两年中，这类神灵附体又发生了好几次，但是萧朝贵在长沙城下阵亡了，于是只有杨秀清与洪秀全共享上帝代言人的荣耀。随着运动的进展，洪秀全日益退入王宫深处，杨秀清得到了政府的控制权，他在1856年的分裂活动中被杀之前，实际上是独自执政。杨秀清逐步给自己用上了一些称号：劝慰师，圣神，禾乃师，赎病主。[2] 杨秀清所做的这个努力，将自己标榜为圣神，侵占了洪秀全由于早年的幻觉而占据的地位，并且伴随有可怕的政治行动。但这有助于帮助我们理解洪秀全的地位：他有上帝为父，有耶稣为兄，享有弟弟无法侵占的特权，但他仍然只是一个人类。他如此将自己与天神家庭的关系做了身份定位，不会导致思辨性理论方面的问题。拥有这种关系的可能性没有引起任何争论：他拥有这种关系是因为信仰和信念。

在此我们见识了一个无人指引的儒学头脑在钻研《圣经》中记载的资料时取得的成果。洪秀全从文字上接受了这些材料，并用来为自己服务。随着思维的进展，他发现自己距离他在广州最初接触的基督教教义越来越远。他自封为先知，上帝之子，他几乎不愿从此信仰的外国教师们那里接受任何指导，只是不得不承认他们代表了对同一位上帝的敬拜。他们应该来他这里接受教化，因为他直接来自上帝身边，来自化成肉身住在金陵宫廷中的圣神身边。

---

[1] 1851年11月30日的天王文告，见《天命诏旨书》。

[2] 杨秀清的汉语全称为“劝慰师圣神禾乃师赎病主左辅正军师”，“他（杨）把古兹拉夫版《新约》中的用语‘劝慰师’以及莫里斯用来表示圣灵的用语安在自己头上。”（该文由一位署名“X.Y.Z.”的匿名作者撰写，布莱恩引用于其著作的第196页。）也曾于1854年乘坐“苏斯克哈纳”号来到金陵的布立基曼博士，在其著作的第192页做了同样的介绍。杨秀清当时正处于权力的顶峰，他将自己的名字插入了赞美圣灵的诗歌，而将天王的名字完全删除。有一段时间杨秀清篡夺了政府大权，并谴责天王。这是最终导致杨秀清垮台的事情之一。

这种亵渎神灵的宣言疏远了于1853年和1854年来到金陵的外国代表们。我们稍后将会较为详细地讨论他们向本国政府递交的有关政治和宗教方面的报告。如果他们在金陵会见了另一种类型的领袖，如果他们未曾或多或少被宗教放纵与诉求所冒犯，他们很可能会一致承认这个政府。正当杨秀清处于权力巅峰的时候，美国远征军于1854年露面了。美国官员拜访的那些太平天国官员亲自送来答复，其中有一份夸夸其谈的训令，使我们回想起在北京设立使馆及其地位的问题成为燃眉之急的那些日子。这份训令如下：

> 只要尔等诚心拜天，承认我主，则天朝视天下皆为一家，万国联为一体，定会接受尔等诚心，允许尔等年年进贡，岁岁来朝，承认尔等为天国臣民，永沐天朝之恩，于尔等土地之上安居乐业，享大荣耀。此乃我等大臣诚心所望。速遵从此谕，不得有违。[1]

这就难怪，尽管这位美国官员得到授权，在发现太平政府有希望执行开明政策的情况下予以承认，但他没有给予承认。[2]“不论地球上开化文明的国家对这场运动有过怎样的希望，如今事情已很明显，他们既不宣扬也不懂得基督教教义；不论构成其政治力量的真实判断是什么，人们不再怀疑，跟他们的交往不可能建立或维持在平等的基础上。”

如果我们对洪秀全的著作做出了正确的解读，那么其宗教观点可以阐述如下：来自西方的传教士在宣传上帝，中国古代经典中至高无上的神也是上帝。孔子本来可以更加充分地向国人揭示上帝的存在，以避免民众背离真教，但他没有这么做。在后来的朝代，统治者完全背弃了上帝，以至于改变了他的名字。然而，耶稣及时出现在西方，成为救世主，由于他的牺牲，西方国家重新敬拜上帝。因此，我们必须接受西方的《圣经》，以及我们自己在前儒时代有关上帝的记述，通过彼此对照来解释那些著作。但是中国的情况毫无希望，上帝再次介入这里，如同他介入西方一样，那么我在1837年看到

[1] 第35届国会，第2次参院执委会，第22号文件，第一部分，第62页及以下。

[2] 佛斯特：《美国在东方的外交》，第211页。声称其有此证据。

南京总统府的天王宝座（太平天国）

的幻象，就是他叫我在此地从事耶稣为全世界所做的工作。上帝通过那些幻觉向我揭示：我是耶稣同父母的弟弟，是上帝的次子。因此我可以直接解说他的指示。我是天神之一。

最后，在洪秀全自命为天神的基础上，建立起了宗教结社，而杨秀清与萧朝贵这样有野心的人便声称自己是天国的喉舌，多少限制了洪秀全神圣不可侵犯的地位，把这场运动引向了更大的宗教放纵。

洪秀全自称出身于天国，坚信上帝将会照顾他和他的事业。从忠王提供的证据来看，直到金陵被清军攻破之前不久他尚未动摇这个看法。“靠实于天，不肯信人，万事俱是有天。”[1]忠王几次求他离开清军正在步步进逼的天京，但天王不愿离开。清政府方面的资料中记载了一桩逸事，表明天王相信天国

[1] 《忠王自述》：第 186 页。

的庇佑。忠王向他列举面临的困难，陈说离开天京前往外地比如江西的迫切愿望，天王对他说："朕奉上帝圣旨、天兄耶稣圣旨，下凡做万国九州独一真主，尔欲出外去，欲在京，任由于尔，朕何惧之有！朕铁桶江山，尔不扶，有人扶。朕之天兵百万千万，妖兵怎能窜入？"[1]

记载中的另一件事据说发生在1858年。在一次宴会上，一颗炮弹穿过屋顶，落在天王脚下，当人们吓得脸色惨白时，天王笑着对将领们说："朕奉天命，登上天王宝座，何惧妖兵百万，炮子如雨？又何惧妖将？"[2]

天王对信仰的特别执着，使他未尽自己的本分，不去在政府中发挥积极的作用。能干的将领们制定的计划往往遭到挫败，只因他过于相信天国的力量，不愿采取必要的措施去争取胜利、避免失败。在这个问题上，忠王如此指控天王："主不问国中军民之事，深居宫内，永不出宫门，欲启奏国中情节保邦之意，凡具奏言，天王言天说地，并不以国为由。"[3]

洪秀全不但声称他具有神性，连他的儿子洪福瑱也被称为上帝之孙。在1860年的一道诏旨[4]中，我们看到了下面这段值得注意的叙述："戊申爷哥同下凡，带朕暨幼大当担。上帝亲子迹越见，父兄君王共为三。基督亲胞哥故降，三人同日苦成甜。开关尽三子爷人，同世一家莫猜嫌。"从这道诏旨奇怪的修辞来看，洪秀全似乎把自己的儿子当成了耶稣的义子，以便他能保持天神之位的延续。

至于这种流行的宗教，我们发现太平军所到之处，都会在官员的管理下精心建立他们的礼拜。早晚和进餐时都要祷告。在一星期的第7天，会将人们从床上唤起做午夜祷告，到了中午要举行大礼拜，晚上还要举行同样的礼拜。

呤唎多次目击过这种礼拜式，根据他的描述，礼拜由唱赞美诗开始，其早期的版本跟今天基督教教堂中使用的非常相似。在他们的宗教变得更加怪

[1]　《平定粤匪纪略》：卷二，第11页。参见《忠王自述》第37页、第62页。

[2]　《发贼乱志》。

[3]　《忠王自述》：第62页。

[4]　布莱恩：《1858年蓝皮书》，第266页及以下。

异之后，扩展到结尾时把荣耀归于各王，至少在 1853 年到 1856 年之间，把东王杨秀清摆在圣神的位置。赞美诗如下：

赞美上帝，为天圣父，是独一真神。
赞美天兄，为救世主，是舍命代人。
赞美东王为圣神风，是赎病救人。
赞美西王为雨师，是高天贵人。
赞美南王为云师，是高天正人。
赞美北王为雷师，是高天仁人。
赞美翼王为电师，是高天义人。

接下来是一段赞美诗：

真道岂与世道相同，能救人灵。享福无穷。

智者踊跃，接之为福。愚者省悟，天堂路通。天父鸿慈，广大无边。不惜太子，遣降凡间。捐命代赎，吾侪罪孽。人知悔改，魂得升天。[1]

赞美诗之后，便是诵读《圣经》，随后诵念信条。我没有找到信条的文本。接着会众跪下祷告，祈祷文由一名首领领诵，会众复诵。清政府方面的一份文件记载了在有王爷参与的礼拜式上所诵的祷告文：[2]

小子某同众小子外小跪在地下祷天父上主皇上帝老亲爷、[3] 天兄基督亲大哥：今于某月某日礼拜之期，理宜虔设茶果、灯亮，颂德歌功，酬谢天恩，恳求天父时赐神风，化醒天下万国臣民，早日

[1] 其为四字对偶句，可见于《太平天国野史》卷四第 19 页。
[2] 《平定粤匪纪略》：卷二，第 2 页下栏。
[3] 用于表示“父亲”的汉字不同，上面是“父”，此处为“爷”。

回心，共同赞美天父上帝权能太平一统，祝福小子等百战百胜，事事如意，有衣有食，无灾无难，永保平安，共享荣光天子万年，托救世真圣主天兄基督赎罪功曹，并托禾乃师赎病主功曹，转求天父上主皇上帝在天神灵，在地如在天焉，俯准所求心诚，太平天国年月日。

祈祷过后，会照着纸上念诵布道文，随后虔敬地将纸烧毁。接着，会众全体起立，在乐队的伴奏下，祝天王万寿无疆。然后诵读十诫以及每一条所附的解释。十诫很短，只摘录了《圣经》十诫中的主句，而删节了《圣经》中的修饰从句。读罢，赞美诗的歌声响起，点炮焚香。[1]

通过太平天国人士诠释的十诫，是这个流行宗教的一个十分重要的组成部分，在太平天国强制推行，因此值得在此全文照录。每次诵读都是跟随在根据不同场合制定的一组祷告文之后，并且有一段导言，简述这些戒律的来由：

天条书

天下凡间，谁人不犯天条？但从前不知，犹可解说。今皇上帝恩诏既颁，自今以后，凡晓得在皇上帝面前悔罪，不拜邪神，不行邪事，不犯天条者，准上天堂享福，千年万万载威风无了期；凡不晓得在皇上帝面前悔罪，仍拜邪神，仍行邪事，仍犯天条者，定罚地狱受苦，千年万万载哀痛无了期。孰得孰失，请自思之。天下凡间我们兄弟姊妹可不醒哉！若终不醒，则真生贱矣，真有福不知享矣，千年万万载在高天威风，如此大福都不愿享，情愿受反天之罪，致惹皇上帝义怒，罚落十八重地狱永受苦矣。[2]哀哉！今有被魔鬼迷蒙心肠者，动说君长方拜得皇上帝。皇上帝天下凡间大共之

[1] 呤唎：《太平天国》，第一卷，第 319~321 页。在《宣传册》第 1 册中有十诫及其说明的译文，也可见于布莱恩著作的附录。原文是他们在《太平天国野史》：卷四，第 19~21 页找到的。

[2] 《太平天国野史》：卷四，第 13 页及以下。有关十八层地狱的观念是佛教。

父也，君长是其能子，善正是其肖子，庶民是其愚子，强暴是其顽子，如谓君长方拜得皇上帝，且问家中父母难道单是长子方孝顺得父母乎？又有妄说皇上帝是从番，不知上古之世，居民一体，皆敬拜皇上帝，盖拜皇上帝这条大路，当初皇上帝六日造成天地山海人物以来，中国番国俱是同行这条大路，但西洋各番国行这条大路到底，中国行这条大路，近一二千年则差入鬼路，致被“阎罗妖”所捉。故今皇上帝哀怜世人，大伸能手，救世人脱魔鬼之手，挽世人回头，复行转当初这条大路，生前不至受鬼气，死后不至被鬼捉，得上天堂享永福，此乃皇上帝格外恩怜莫大之恩典也。不醒者反说是从番，何其被魔鬼迷蒙本心之甚也！

十诫在其礼拜式中形成了一个完整而突出的部分，在其礼拜中针对每一戒条都以正文、评说和四行诗歌的形式表现出来：

时时遵守十款天条（十款天条是皇上帝所设）

第一天条崇拜皇上帝（皇上帝为天下万国大共之父，人人是其所生所养，人人是其保佑，人人皆当朝晚敬拜，酬谢其恩。俗语云“天生天养天保佑”，又俗语云“得食莫瞒天”，故凡不拜皇上帝者是犯天条。）

诗曰：

皇天上帝是真神，朝朝夕拜自超升。

天条十款当遵守，切莫鬼迷昧性真。

第二天条不好拜邪神（皇上帝曰：“除我外不可又别神也。”故皇上帝以外皆是邪神迷惑害累世人者，断不可拜。凡拜一切邪神者是犯天条。）

诗曰：

邪魔最易惑人灵，错信终为地狱身。

劝尔豪雄当醒悟，堂堂天父急相亲。

第三天条不好妄题皇上帝之名（皇上帝本名耶火华，世人不可妄题，凡妄题皇上帝之名及咒骂天者是犯天条。）

诗曰：

巍巍天父极尊崇，犯分干名鲜克终。

真道未知须醒悟，轻狂亵渎罪无穷。

第四天条七日礼拜颂赞皇上帝恩德（皇上帝当初六日造成天地山海人物，第七日完工，名安息日，故世人享皇上帝之福，第七日要分外虔敬礼拜，颂赞皇上帝恩德。）

诗曰：

世间享福尽由天，颂德歌功理固然。

朝夕饔餐须感谢，还期七日拜尤虔。

第五天条孝顺父母（皇上帝曰："孝顺父母，则可遐龄。"凡忤逆父母者是犯天条。）

诗曰：

大孝终身记有虞，双亲底豫笑欢娱。

吴天罔极宜深报，不负生前七尺躯。

第六天条不好杀人害人（杀人即是杀自己，害人即是害自己，凡杀人害人者是犯天条。）

诗曰：

天下一家尽兄弟，奚容残杀害群生。

成形赋性皆天授，各自相安享太平。

第七天条不好奸邪淫乱（天下多男人，尽是兄弟之辈；天下多女子，尽皆姊妹之群。天堂子女，男有男行，女有女行，不得混杂，凡男人女人好淫者名为变怪，最大犯天条，即丢邪眼、起邪心向人，及吹洋烟、唱邪歌，肯定犯天条。）

诗曰：

邪淫最是恶之魁，变怪成妖甚可哀。

欲享天堂真实福，须从克己苦修来。

第八天条不好偷窃劫抢（贫穷富贵皆皇上帝赐定，凡偷窃人物、劫抢人物者是犯天条。）

诗曰：

安贫守分不宜偷，劫抢横行最下流。

暴害人民还自害，英雄何不早回头。

第九天条不好讲谎话（凡讲荒诞鬼怪奸诈之话及讲一切粗言滥语者是犯天条。）

诗曰：

谎言怪语且宜捐，诡谲横生获罪天。

口孽既多终自受，不如慎密正心田。

第十天条不好起贪心（凡见人妻女好便贪人妻女，见人物产好便贪人物产，及赌博、买票、国姓皆是犯天条。）

诗曰：

为人切莫起贪心，欲海牵缠祸实深。

西奈山前垂诰诫，天条敹敹烈于今。

回心信实天父皇上帝终有福，硬颈叛逆天父皇上帝总有哭。遵天条，拜真神，分手时天堂易上；泥地俗，信魔鬼，尽头处地狱难逃。

溺信邪神，即为邪神卒奴，生时惹鬼所缠，死时被鬼所捉；敬拜上帝，便是上帝子女，来处从天而降，去处向天而升。

上帝有主张，尔们切莫慌；真心多凭据，方可上天堂。真心敬上帝，莫信怪人诳；凡情丢却尽，方得上天堂。

天上真神一上帝，凡人行错总无知；泥团木石将头磕，问尔灵心失几时？从天妄说是从番，真正凡人蠢且顽；上古君民遵上帝，英雄速破鬼门关。顺天获福逆天亡，何故世人论短长；看尔原非菩萨子，因何不愿转天堂？

这些戒条得到高度的重视，不仅在每个星期举行的公共礼拜大集会上都要诵读，而且以死刑相威胁，强制每个入伍的新人都要在 3 个星期内背熟。[1] 对于所有戒条的服从，也是由违反者处死的规定来约束的。不过，第 7 戒条显然是最重要的，这个组织中的一名老成员违犯了此条，受到名为“点天灯”的可怕处罚。这种刑法通常是对叛逆罪所实施的，[2] 其办法是用纸或粗布将罪犯裹住，浸上油，然后点火，将其烧死。至少在进军途中，也许在金陵城内的时候，太平军十分重视男女关系，仔细地规定了夫妻见面的情景。据说西王将他的亲生父母处死了，就是因为他们破坏了戒律。他在召集部众谈到此事时说：“当父母的违犯了天条，就没有资格做父母！”[3]

在这场运动的头一两年过去以后，或者在更早一点的时候，对于戒条的如此严厉的解释一定是大大松缓了。天王本人用女人填满了后宫，杨秀清与天王义妹的关系导致西王想用同样的法律惩办他，于是杨秀清亲自转达了上帝的口谕：“秀清、宣娇，都出自于天父，是同胞兄妹，虽然在一起同居，也没有什么可怀疑的。”[4] 如果这种情况存在于运动的高层，他们就很难在基层强制推行硬性的法律。

十诫及其解说强调了一点——偶像崇拜的邪恶。这就导致了粗暴的偶像破坏。太平军所到之处，毁坏庙宇、塑像和祭器，无视它们的价值。他们就这样摧毁了文物和价值与黄金等值的古代祭器。[5] 我们仍然可以找到一度以庙宇而著称的地方，如今拜他们破坏之功所赐，已成一片废墟。

用其宗教信条来培训民众，是高层官员十分关心的问题。参加安息日礼拜是强制性的，对各级官员而言则比强制性还要严厉。他们显然将首领们视为运动的导师或牧师。在每一个由 25 个家庭组成的村落或区划里，就有一名官员负责举行宗教礼拜，至少每月有 1 次，会从 25 个这样的郊区召集会众举行大型集会，聆听某位王爷或高官布道。这些大型集会不许任何官员在没有充分理由的情况下缺席。第一次违反，会将他上枷示众，为期 7 个星期，

[1]　《太平天国野史》：卷七，第 4~8 页刊载的法律。

[2]　《太平天国野史》：卷七，第 2 页。

[3]　《太平天国野史》：卷十二，第 12 页。

[4]　《平定粤匪纪略》：附册卷二，第 11 页上栏。

[5]　《太平天国野史》：卷七，第 8 页。

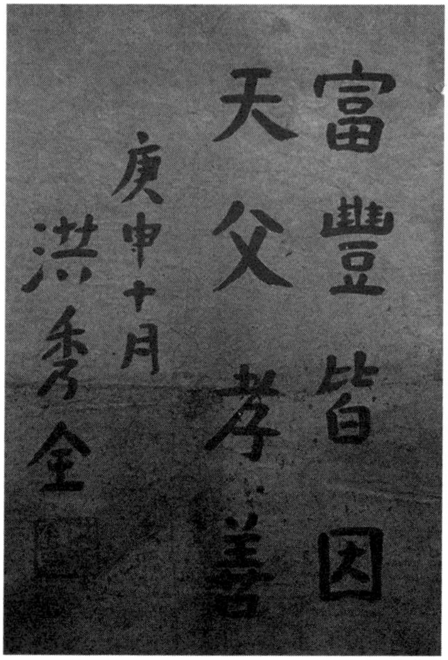

洪秀全手迹

并杖责一千；第二次违反，会将他处死。[1] 在这些重大集会上发表的讲话，呤唎曾亲耳听到，并且从一篇讲话中做了摘录。如果他摘录的内容具有典型意义的话，那么这些讲话只是一些爱国主义的演说，号召官民紧跟天王，直到天国获胜。

除了布道之后的赞美诗之外，太平天国人士还制定了重大时刻的仪式与祷告。忏悔罪恶的方法是，在日常的祷告过后，罪人奉命在一盆水中清洗自己，或者到河水中去清洗。这显然就是他们对浸礼仪式的理解。此后他必须请求上帝引导他的灵魂，必须坚持餐前祷告，遵守十诫，不敬各种伪神。如果忠实地遵守了这些规矩，他就能得到上帝的庇佑，得进天堂。针对婚礼、葬礼、产后感恩、房屋落成等时刻，都制定了祷告文。在国家大典上，可能还要用动物祭祀。每次礼拜都要敬献茶水与米饭，在一些较为重要的场合还

[1] 呤唎：《太平天国》，第 1 卷，第 319~321 页。

要贡献酒肉。

在所有这些书籍和诗歌中，我们可以看到西方宗教的影响，但所做的解释和举行的仪式主要是中国式的、儒教式的，以及佛教式的。外国人起初以为太平天国是真心要确立基督教，但他们发现太平天国人士怪异地自称为超自然的领导，特别是天王和东王亵渎神灵地自称为天神，他们便感到了疏远与震惊。尽管他们发现了礼拜的若干外在形式类同于基督教的正常仪式，尽管他们认为太平天国人士做了很多努力来教导基层群众，但他们仍然觉得太平天国的部众对这种宗教的理解大部分是流于形式，而其领袖则是过于狂热，明显地矫揉造作，使西方人在这场运动兴起时希望建立一个基督教国家的巨大期待落空了。

的确，若干观察家认为太平天国人士之所以犯错，主要是因为对真相缺乏了解，对基督教有所误解。他们指出，只要太平天国有机会在中国获胜，能够与外部世界自由联系，以后事情会有转机。他们明白太平宗教包含许多错误的内容，少部分是基督教，大部分是亵渎神灵，没有一点一滴可以追溯到原始人的社会习俗。但是，从他们希望中国开放与西方的交往的角度来看，倒是有一个很大的好处：这些人勇敢地攻击中国宗教中潜藏的虚伪与错误，有足够的勇气按照自己的理解来采用外国的《圣经》。在他们的统治之下，较之在保守透顶的清政府与支持该政府的儒家绅士的统治之下，外国人有希望取得更大的进展，得到更优惠的条约。

第六章

太平天国的军事、政治和社会部署

1. 太平军

太平军的冲劲和锐气曾经引起了广西巡抚周天爵的钦佩，他在 1851 年给同僚湖北巡抚致函时，谈到了洪秀全及其部众的勇武：

> 洪秀泉（全）乃一蛮逆，颇悉古代兵法。起始藏匿不露，随后稍露锋芒，再显峥嵘，最终全力出击，常为二胜一败，此系孙子兵法。前几日吾得一书，载有一军之兵制，乃周朝司马营制。[1]师有师帅，旅有旅帅。一军一万三千二百七十人，比之古代一军人数多出百人。[2]其兵力分为九军，对应禹贡九等之制。[3]此书详列第一军之制，由洪大元帅辖制，其末言其余九军将同样炮制。余已将之呈送朝廷。逆贼有增无已，官军愈战愈惧。逆势甚炽，绝非乌合之众可比，且其纪律严明。官军毫无约束，退易进难。屡经训诫，仍怯懦如前。[4]

[1] 周武王治下。

[2] 周巡抚在这里显然弄错了，太平军的官兵总数为 13125 人，而非 13270 人。

[3] 见《书经》。

[4] 摘自周天爵 1851 年 4 月的一封私信，密迪乐收藏并翻译，见《中国及其革命》第 154~159 页（此信因无法看到中文文件，故只能依据英文译出。——译注）。

周朝的司马制是在武王平定全国之后下令设立的，将 12500 人组成的军置于卿（国务大臣）的指挥之下。宗主国有 6 个军，允许其分封国根据大小维持 3 个、2 个或 1 个军。1 军分为 5 个师，每师 2500 人，由第 2 等的大臣指挥。1 师分为 5 个营，每营 500 人，由更低级的大臣指挥。1 营分为 5 个卒，由头等军官指挥。1 卒分为 4 队，每队 25 人，由中级军官指挥。最小的单位是伍，由 5 人组成，设有伍长。[1]

太平军的军制于 1853 年描述如下：

> 伍长管 4 人，两司马管 5 个伍长，共管 25 人。旗长阔俱 2 尺 5 寸。
>
> 卒长管 4 个两司马，共管 104 人。旗长阔俱 3 尺。
>
> 旅帅管 5 个卒长，共管 525 人，旗长阔俱 3 尺 5 寸。
>
> 师帅管 5 个旅帅，共管 2625 人。旗长阔俱 4 尺。
>
> 军帅管 5 个师帅，共管 13125 人。旗长阔俱 4 尺 5 寸。[2]

军帅之上还有监军、总制、将军等职，其中之一指挥 1 个完整的军，其旗帜比下级将领的旗帜大半寸。他们之上还有指挥、检点和丞相。在太平天国的整体规划中，据说有 95 个军的陆军，9 个军的江湖水师，两个军的工兵、掘壕兵、地雷兵和类似兵种，以及 6 个军的五金匠、木匠与其他技师。官兵和其他军队雇员包括文书与仆从的总人数为 3085021 人。[3]

以上所述的军官是平民。他们之上还有贵族、王子与王爷，其中有些人在军队中担任现职，有些则明显是在文官政府中工作。东王与西王的旗帜为 9 尺 5 寸见方，直到三等王爷，旗帜都是方形的；第四等王爷、贵族与直到总制一级的高级军官，旗帜都是三角形镶边。旗帜的尺寸都是每低一级小 5 寸。印章大小也分等级，从东王 6 寸乘以 3 寸的大印，到 2 寸乘以 1 寸的军帅印。

[1]　《广记兵略续志》：第 25 章《周家兵志》，第 1 页上栏。（见斯宾塞的《图解社会学》：威纳卷第 4 卷，第 108 页第 1 栏。）

[2]　《太平军目》（1852），麦都思译。（此处的中文是摘自《太平天国史料〈一〉：太平军目》的原文。——译注。）

[3]　《太平天国野史》：卷二，第 48 页。

《伦敦新闻画报》记录的太平天国，1853年11月5日刊，南京的太平军首领和士兵们

1855年12月21日刊，年轻的南京叛匪。《伦敦新闻画报》记者描述称太平军起义者的模样极为怪诞，因他们与天朝的普通习俗反其道而行，把头发留很长

太平军，《伦敦新闻画报》铜版画

如此组成的此军，分为5个师，分别称为前营、后营、左营、右营、中营。每个师又分为5个旅，也是称为前旅、后旅、左旅、右旅与中旅。5个卒的番号为1到5；4个队称为东队、南队、西队与北队；5个伍分别称为“刚强”“勇敢”“雄猛”“果毅”“威武”。每个伍下的列兵也各有恰当的称呼：“冲锋”“破敌”“制胜”“奏捷”。每人在胸部戴有写在一块布片上的全称标识，约为4寸见方。军中第1人应为“前营前一东刚强伍长统下的冲锋伍卒”。[1]而以此类推，最后1人应为“中营中五北威武伍长统下的奏捷伍卒”（此处原文为“中营中五南威武伍长统下的奏捷伍卒”，似有误，译者根据《太平天国史料（一）：太平军目》改正。——译注）。

这个军首先是在广西平南县组建的，军旗为黄色。但是各师来自不同地区，第1师来自广东的桂城，其余都是来自广西，其中第2师来自平南，第3师来自桂平，第4师来自苍梧，第5师来自武宣。有些旅是在别处补充的，其中一个旅直到他们抵达湖南道州时才补充起来。太平天国书籍中没有提到过其他8个军，其中任何一军都不可能在1852年建成。此军在湖南增募兵员，说明就连第1军也未完整。最近的一份记述说，当太平军攻陷永安时，他们的人口总共有37000人，有效兵力只有五千几百人。[2]后来，当太平天国事业

[1] 《太平军目》。

[2] 《太平天国野史》：卷三，第53页及以下。

的胜利吸引来了大批新兵时，第 1 军的士兵便成为后续各军的军官，或者进入了各种民事机构。其中很多人无法满足新职位的要求，据说由于他们缺乏能力，加之骤然身居高位令他们倨傲自大，成为军队腐败的一个重要原因。[1]

管理士兵的营规或行军守则是非常严厉的。如果得到了严格的执行，就会使太平军成为类似克伦威尔铁军的武装力量。除了通常要求的专注、服从、敏捷、秩序以外，士兵们奉命学习十诫，执行早晚礼拜，戒烟戒酒，远离女营。在行军途中，每个士兵都要携带自己必需的装备、食物、炊具、油盐。在一定级别之下，强健的官兵不得骑马，也不得强迫军中或军外的仆人为他服务。不准进入村庄炊饭或征用粮食，不得破坏住宅或偷盗居民的财产。禁止抢劫商铺或公共机关。不许在途中铺户处困睡，耽阻行程。[2]

在金陵陷落时，据估计至少有 5 个主力军按照第 1 军的模式组建起来了，但官兵不可能受到同样的训练，并且缺乏军事给养。[3]

> 列兵的制服很不统一，甚至包头布也不一致，见不到正规军中的有序排列、转向与行进。但是，从对口令与信号的迅速服从来看，部队的纪律是严格的。枪炮很多，但火绳枪与毛瑟枪则很少见。武器主要是矛、戟和刀剑。只看到少量的弓箭。[4]
>
> 所有女性被隔离在独立的建筑物内，在年长者的监管下工作并领取配给。她们被告知，这种措施只是临时性的，以防止由现存的混乱所导致的滥用。任何男性进入这些设施，哪怕是丈夫或父亲，都会被当场处死。[5]

---

[1] 《太平天国野史》：卷三，第 53 页及以下。

[2] 《军制》，等等，见第 1、2、3 页的注释。

[3] 《英国女王全权大使文咸从男爵等人之旅，1853 年 4 月 22 日乘“汉密斯”号抵达金陵的笔记》，摘自《北华捷报》1853 年 5 月 7 日号。该报道误以为开国时的 5 位王爷当时都活着，每人指挥 1 个军。其实有两位已在途中去世。不过《忠王自述》指出（第 5 页）他们的名号还在继续使用。

[4] 同上，第 16 页。

[5] 同上，第 19 页。他继续说道：两性关系的整个性质较为良好，没有听到通常用来“修饰两性普通语言”的猥亵之词。

后续各军是按相同模式建立的。他们一直把宗教规则坚持到战争结束，不过我们很难说这是不是曾经鼓舞过早期成员的那同一种信念。军纪一直是严格的，提拔要由战功来决定。总体而言，部队中充塞着智慧不凡的人。他们始终缺乏火器，但在这方面他们与敌手大致相当。在战争后期，1 个军拥有 3 种不同的士兵：第 1 种是在太平军中服役至少达到 6 年的；第 2 种是服役已达 3 年的；第 3 种在人数上远远超过前两种，都是刚入伍的新兵。在每种士兵中都有 3 个层次，按照勇敢的程度划分。枪手或骑兵是从那些表现得最为勇敢的士兵中挑选出来的。抬枪手与戟手是从第 2 层次的士兵中选出。矛手产生于勇敢程度最差的士兵。枪手装备的是火绳枪与双管欧制枪、毛瑟枪与手枪。骑兵的装备也是同样的。抬枪由 4 人搬运，射击时架在三脚架上。矛是在长竹竿的末端装上长钉，其长度从 8 尺到 18 尺不等。有些来自北方的士兵装备了鞑靼弓箭，这种武器经实践证明比火绳枪还要管用。[1]

在战斗中，矛兵摆在最前面，戟兵放在第 2 排，枪手与骑兵构成最后一线或预备队。[2]

太平天国的著作中经常提到女兵与女营。前者似乎在战争结束前就消失了，但不乏妇女跟着丈夫冲锋陷阵的例子，她们渴望与丈夫分享艰险的狂野生活。呤唎写道："在早些年她们习惯于勇敢地战斗，能够有效地发挥军官的作用，不过她们被划分到独立的军营中，只有在参加宗教仪式的时候跟男人待在一起。"太平天国的早期文献证实了这一点。《太平条规》"定营规条十要"的第 5 条写道："要别男营女营，不得授受相亲。"在"行营规要"的第 5 条中，我们也能看到"军兵男妇"的字样。还有几条也用了同样的字

[1] 呤唎 :《太平天国》，第 1 卷，第 248 页及以下。在军制方面，这位作者应该掌握了第一手的资料。虽然他的文件失毁了，他只是凭记忆写作，但他跟太平军一起一直待到 1863 年或 1864 年初，并身负忠王的任命。关于太平天国人士的宗教信仰，他的记述是不可信的，有关太平天国与中国其余部分的比较也是如此。如果谨慎地使用，他就是一个很好的资料来源，但必须时刻警惕，因为他对这场运动持有公开袒护的偏见。

[2] 呤唎：《太平天国》，第 1 卷，第 303 页。

外国人绘制的太平天国妇女装扮

眼。[1]在1852年4月5日攻陷永安前夕发布的一份文告中，要求男女军官握起刀剑，欢欣鼓舞，无畏坚忍，士气高昂，勇斗小鬼。[2]

这些引文提供的证据，迫使我们相信妇女们在这场运动中得到了训练，拿起了武器。有记载说，在运动成形的过程中，“有二女匪首九儿及姊三”加入了洪秀全的运动。她们带领4000名战士与其他部队分开驻扎。[3]金陵一旦被夺得，妇女们显然结束了她们作为战场现役军人的生涯，被安置在她们自己的居住区，严格地隔绝于男人，甚至是她们的男性家人。两性都被分派了合适的任务：男人继续作战，女营接受的任务更适合她们的

[1] 其中有天王于1853年3月2日在永安发布的文告，涉及第7戒条。在1851年1月签署的一份较早的文告中，已经要求男女分营。

[2] 在太平天国针对清政府的任何文告中，“小鬼”是指妖魔的崇拜者。

[3] 韩山文：《洪秀全的幻觉及广西造反的起源》，第54页，上下文没有清楚地说明这些女性的追随者究竟是男人还是女人。由于多次提及女战士，更加令人觉得她们是一支巾帼英雄的正规军。

性别，诸如制衣、造军火、制旗、生产战争必需品。我们不清楚这些女营中是否收留了在金陵执勤的官兵们的妻子，不过晚期女营的成员似乎只限于丈夫不在身边的妇女，或者是年轻未婚而又无家的女子。[1]

我们一点也不明白，太平天国为什么要让女人去当战士，这与中国人通常的做法相反。也许这是一种精神的极早展示，那种精神在“中华民国”(1912)初期引导妇女参加军训，为新事业而战斗，或者说在较近的时候引导俄国妇女在世界大战中参加若干著名的军队。这些女首领跑来请求加入这场新运动，她们的执着加强了这种观点。但是一旦攻克了“天京”，太平天国就再也未将她们用作军人，却又暗示了相反的观点。这种情况增强了一种观点的说服力，即朱九涛的终极目标是夺取全国，他早已预见到之后以征服代替战斗的必要性。于是他对妇女儿童加以训练，在奔向终极目标的长征中加入成年男性军人的行列。[2]

2. 政治机构与社会设施

太平天国人士最关心的事情是完备军队，以为他们赢得全国。从 1848 年与“妖魔”的第一次交手，直到 1853 年年初入主金陵，他们一直没有都城，只有文官政府的粗坯。

---

[1] 见《忠王自述》第 7 页。又见密迪乐《中国人及其反叛》，第 173 页。呤唎：《太平天国》，第 1 卷，第 300 页及以下。声称除了诸王以外，一夫一妻是规定的制度，除发生通奸的情况以外，不许离婚。妇女若非已婚，便必须是一个家庭的成员，否则就要安置在专为未受保护的妇女设置的机构中，它们由年长的已婚妇女主持。丈夫出公差在外或失亲的年轻女子，都由这些机构留置。《太平天国野史》开列了一份国家的女官表，其中有 4 位女官为军帅，即 12500 人的领导，以及较低级的女官，显示了 4 个女军的组织结构。但作者没有说明这 4 个女军是否存在了很长的时间。他还提到了 40 个旅，每旅有 2500 名女兵，总数为 10 万女兵。我认为此处一定有误，至少她们不会是正规军。也许只是维持着名义上的组织。该书还提到 160 名女官，担任刺绣监督，每人管辖 50 人，总数为 8000 人。同上，卷二，第 49 页及以下。

[2] 这些军队中既有男孩也有妇女。密迪乐：《中国人及其反叛》，第 164 页。到了运动末期，男孩儿与妇女被再次使用，也许是因为人力不足。

然而，如果我们信得过洪大全的供词，那么早在 1850 年 12 月，就已经有了至少两个部，即吏部与户部，由两位王爷主持，还有一位审判辩护人。[1] 在第二年，通过采取一些有效的措施，这个政府成形了，其任命具有较长的效力，其规则经过了较为慎重的考虑。原来只是一群反叛者，如今出现了一个军队与国家的核心。

这个过程中的措施之一就是委任太平王（天王）为国家的前台首脑。4 月 19 日，杨秀清声称被上帝天父附体，正式宣布洪秀全为他们的司令官和主子。记载写道：

> 天父谕众小曰："众小认得天父天兄真么？"众小对曰："认得真天父天兄。"天父又曰："众小尔认得尔主上真么？"众小对曰："认得真我主上。"天父曰："我差尔主下凡作天王，他出一言是天命，尔等要遵。尔等要真心扶主顾王，不得大胆放肆，不得怠慢也。若不顾主顾王，一个都难也。"[2]

在此之前，杨秀清是大元帅。从这天直到围攻长沙之后，诏旨由洪秀全发布，他既是共同君主，又是革命的幕前首脑。天德是皇帝，留在幕后。[3] 这种安排一直持续到围攻长沙的末期，此后所有重要的文告都由东王杨秀清发布，或者由西王萧朝贵与他联合发布，不过后者实际上已经去世。[4]

---

[1] 《洪大全自述》：第 3 章，如上。

[2] 《天命诏旨书与颁行诏书》：第 1 页。

[3] 我手头上有一份文告，签署的日期是天德二年攻陷长沙前夕，一开首就是"总理军机都督洪，照得协助太平天国进军"等（由麦都思翻译，载于《京报》1853—1856）。我已经提到后来掩盖某些首脑真相的可能性，例如天德，例如冯云山与萧朝贵之死。我的推断是：洪天王起初叫作太平王，可能从属于天德，充其量与其平起平坐。但在永安时，该朝显然立名为"天德"，此人有在以后光复明朝的野心。（见湖北郭某的文告，《京报》1853 年第 4 页。）

[4] 麦都思翻译了这样的一份文告，上面的日期是 1853 年 3 月 3 日，有可能是第 1 份文告。它后来作为第 1 份文告刊载于由"汉密斯"号于 1853 年 5 月带来的文告书中。6 月初得到了第 3 份拷贝，删去了有关三合会的内容。见《中国造反者发表的宣传册》，麦都思译，上海 1853 年版，第 33 页、第 34 页。有意思的是，除了这个掩盖真相的证据，我们还注意到洪秀全文告的一处删节，已在上一页提到。

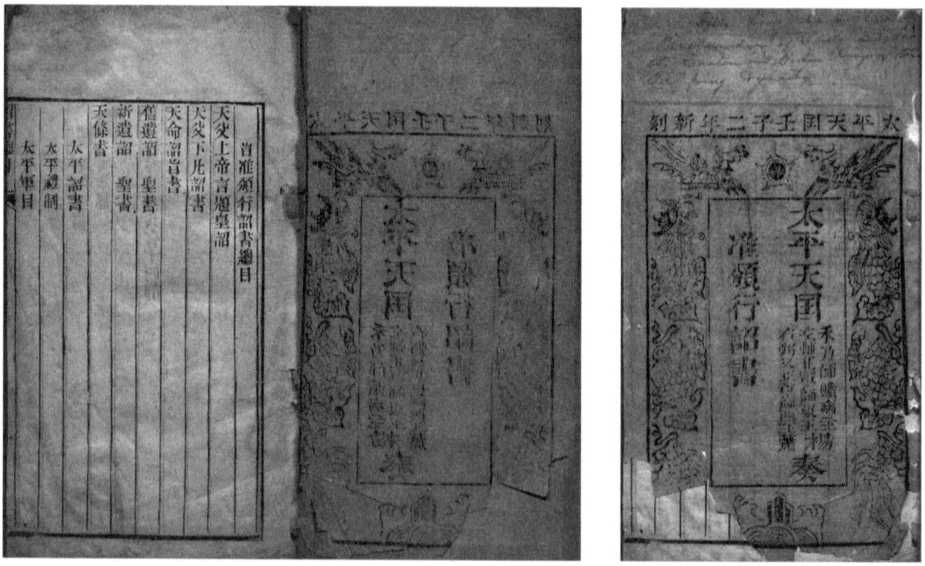

《颁行诏书》现存太平天国癸好三年两种重印本。该书是东王杨秀清、西王萧朝贵于太平天国壬子二年联名奏准颁行诏书，收东王杨秀清、西王萧朝贵联名发布的《奉天讨胡檄布四方谕》《奉天诛妖救世安民谕》和《谕救一切天生天养中国人民谕》三篇重要文告，愤怒声讨清朝的黑暗统治，号召人民参加革命，建立太平天国

到了 1851 年 11 月，这种临时的安排被较为长久性的安排所取代。在两个主要的统治者之下，封了 5 位王爷：东王杨秀清——国家的首相与大元帅，控制所有东部地区；西王萧朝贵——国家的副相和副元帅，控制所有西部地区；南王冯云山——前卫将军，负责所有南部地区；北王韦昌辉——后卫将军，负责所有北部地区；翼王石达开，奉命协助护卫天朝。[1]

这个组织几乎纯粹是军事性的，某种形式的国家社会主义占据了建立者的理想。所有财产都要充公，只要发现有人私藏金银，就会给予严厉的惩罚。这种组织长存于金陵，这座城市直到最后还是一个军事性强于民事性的都城。士兵、军官和那些出公差在外者的家人，都从公库中领取他们的生活必需品。[2]

---

[1]　1851 年 11 月 30 日的文告。《中国造反者发表的文告》，《天命诏旨书》第 15 页。

[2]　1851 年 11 月 30 日的文告。《中国造反者发表的文告》，《天命诏旨书》第 11 页，参见一份从长沙发布的文告，指责那些不去实行这种理想的人，并威胁要对违反命令的人处以死刑。见第 16 页，第 17 页。《太平天国野史》：卷九，第 8 页及以下。

在每个安息日，官员们都要填写领货单，交给负责仓储的官员，后者便会将生活必需品发放给相应的人。每个两司马每周可领到 100 钱，列兵可领到 50 钱。每个 25 人的小组可以领到 200 斤大米、7 斤油，以及 7 斤盐。还允许购买其他食品，但这似乎要取决于首领的意愿。还能领到定量配给的礼拜用品。[1]

我们无法从这时仔细追寻文官政府发展的各个步骤。当这个过程结束时，就有了一长串的官员名单，至少在纸上是如此体现，其分级类似于军务的官职。[2] 可以想象，这份官员名单中的大部分官员都依附于金陵的朝廷，以及各王的小朝廷，但有些人在理论上是一些地区的文官，太平军打算在实际控制这些地区以后，将其纳入治理的范围。一般而言，这些人很少发挥实际的作用，因为他们国度的疆界从来没有稳定地建立，除了他们用刀尖控制的几座城市之外，他们没有长久控制过任何地方。

在更名为天京的国都，他们将一切事物置于东王的控制之下，直到他在 1856 年遭到刺杀。后来建立了六部，仿照北京的政府机构，外加一个独立的外交部。做这件事没有任何困难，因为这六部并非满族人的发明，而是在以前的朝代就建立了。起初 5 位王爷凌驾于六部之上，但后来这些王爷成了天王的枢密院，主持军事机构，而六部则交给丞相领导，这些人的级别位于贵族之下。[3]

分封如此之多的王爷，其初衷究竟如何，我们不大清楚。他们是不是想成为半封建的领主，就像周朝那些在帝国领土周边拥有封地的领主一样？或者是出于其他的目的？如果说天王脑子里确实有儒学之前的政府理念，如同

[1] 《太平天国野史》：卷九，第 9 页。观察家们在金陵发现了一个有趣的现象，即城墙之内没有商铺，也没有平民。所有人若非被迫参加，就是被迫在政府供职，只是随身携带一些小小的财产。见布莱恩《1858 年蓝皮书》：第 194 页及以下。《忠王自述》：第 7 页。

[2] 《太平天国野史》卷二开列了所有官员的名单。

[3] 呤唎：《太平天国》，第 1 卷，第 153 页及以下。各部的起初安排如下：
杨秀清，东王，首相。
韦昌辉，北王，兵部尚书。
冯云山，南王，司法财政部尚书。
萧朝贵，西王，民政及传教事务部尚书。
石达开，翼王，公共事务及外交事务部尚书。

他做的其他安排一样，我们应该说他的目标是建立一个高度集权的国家。我们已在前面看到，天德批评了这种组织结构，他一定预见到了对于国家完整所不可避免的后果。只要有任何这样的意图——的确，如果除了让 6 个相互妒忌而又野心勃勃的男人抱成团，还有其他意图的话，那么任何意图都是无法实现的，因为直到最后时刻，这个政府基本上仍然是军事性的。

在 5 位王爷中，两位最有天赋的王爷在前往金陵的路上去世了。他们离去的损失是无可挽回的，因为他们显然是唯一有能力采取任何措施阻止杨秀清专权的人。后者如今已升为唯一的执政王，很快就变得残忍和自大，遭到北王与翼王难以平息的忌恨。他以上帝的名义谴责洪秀全本人，强迫洪秀全承认他是三位一体中的第三位——圣灵，他还在其他方面进行篡权，终于刺激了天王那怠惰的精神。在上述两位王爷的帮助下，他于 1856 年刺杀了杨秀清。但是，天王的麻烦没有完结，因为北王想得到仅次于天王的地位，而他的残暴扩大到杀害翼王的家庭成员，于是在金陵遭其残暴加害的所有人，联合起来将他刺杀。而石达开则永远离去了，率领他的大批追随者，去做游侠骑士，后来进入云南与四川，最终在那里被捕，成为那个时代的狮心王。[1]

到了 1858 年，最初封的 5 王实际上全部去世或离位了，洪秀全把王位给了他的亲人，将他的两位兄长封王，越来越依赖于他们的支持与忠告。在之后的忠王李秀成的《自述》中有这样的记述：

> 自行降诏言杀东、北王之后，永不封王。今封王者，因其弟洪仁玕九年（咸丰九年，1859 年。——译注）之间而来。见其弟至，格外欢喜，到京未满半月，封为军师，号为干王，降诏天下，要人悉归其制。封过后，未见一谋。天王再而复思，又见各旧功臣久持其国，心中不忿。天王见势不同，自翼王他向，保国者陈玉成与我为首。那时英王名显，我名未成，日日勤劳，帮为运算，凡事不离。天王见封其弟两月之久，一事无谋，已知愧过，难对功臣，故先封

[1] 在北王去世后，他返回天京待了一阵儿，但是天王妒忌他，只依赖自己的兄长。于是能干的石达开离开天京，再未返回。《忠王自述》：第 8 页。

外国人绘制的忠王李秀成画像

陈玉成为英王。封陈玉成之后，见我日有战功，勤劳其事，对我不住……封我为忠王。[1]

先例就这样被打破了，天王不得不给更多的人封王，以平息功臣们的牢骚。有些封了王的人其实效力不久，于是那些已经做了很久栋梁的臣子们自然会要求得到同样的报偿。人事部门屈从于贿赂的压力，推荐了越来越多贪图荣耀又能买得起的官员。“无功偷闲之人，各有封王，外带兵之将，日夜勤劳之人，观之不忿，力少从戎，人心不服，战守各不争雄，有才能而主不用，庸愚而作国之栋梁。”于是他不得不设法在不同的王当中划分等级，但这疏远了那些真正有才干的人，其效果仅仅是引起了更大的混乱。到了战争末期，据说所封的王已多达 2700 位，分为几等，实际上他们统统只是被视为享有荣衔的官员，其中具备特殊才干的不会超过三四位。有迹象表明，他们形成了某种国会组织，较为重要的国事，例如军事征伐或防御计划，必须

[1] 《忠王自述》，第 65 页。

通过他们的批准。[1]

在王位以下还有公爵，已知有这种称号的人只有 13 位。在“王”号实际上已经消失的那些日子里，天王在公爵之下设立了 5 等贵族级别，但差不多与公爵平等。这些称号怪怪的，有“天豫”“天燕”“天福”“天安”“天义”。接受这些贵族头衔的人只有 14 位，在“王”号泛滥之后，就没有什么理由再封级别较低的贵族了。的确有迹象表明，这些头衔并不受欢迎，而且在太平军与敌军交手时，使他们自己显得可笑。[2]

太平天国的疆界从来未曾界定，因此六部无法对国家实行和平的治理。但是，他们已经控制的地区对官员是有需求的。较为能干的“老兄弟”被提拔到更高的职位上，开始管理已在他们控制之下的那一部分国土。为了便于管理，他们将在金陵之外占领的疆土划分为地区，每区 12500 个家庭，完全按照军队的方式划分，直到分为 5 个家庭一组的“邻里”。主要单位显然是由 25 个家庭构成的村庄，由一名叫作“两司马”的官员掌管，其上级官员的称呼与军官完全相同。最高的疆土区划为郡，显然对应于清政府治下的府。郡以下是州与县，再往下就是 12500 户家庭的分区了。因此每个州或县都有 2 到 3 个这样的区划，每个区划都要负责维持 1 个军，每个家庭都要提供 1 名战士。收取贡税和监督社区礼拜与教育，都是两司马的职责。他要让孩子们（以及新占领区的成年人）学习十诫。每个村庄都配备了必需的工匠——陶匠、铁匠、木匠与泥瓦匠，使之成为一个经济单位。[3]

上述体制与周朝的状况非常相似，军队的情况似乎照搬了古代的模式。如果是这样，我们便可认为，君主把他自己当成地主，按照人民的需求分配土地，而人民反过来则必须通过两司马的工作向他提供 25 名士兵，缴纳养活这些士兵所需的谷物和其他产品的税收。

---

[1] 但是呤唎声称是天王做出的最后决断。忠王给我们这样的印象：天王握有实权时，过于依靠他的亲人，尤其是洪仁玕（洪金），忠王对他格外仇恨。

[2] 曾国藩在 1861 年 7 月 19 日的一封信中表明了要诛灭“天父天兄之教，天燕天豫之官”的志向。

[3] 呤唎：《太平天国》，第 1 卷，第 217~219 页，摘自 1857 年发布的《天朝条规》。又见布莱恩《1858 年蓝皮书》：第 210~212 页。《太平天国野史》：卷二，第 26 页。

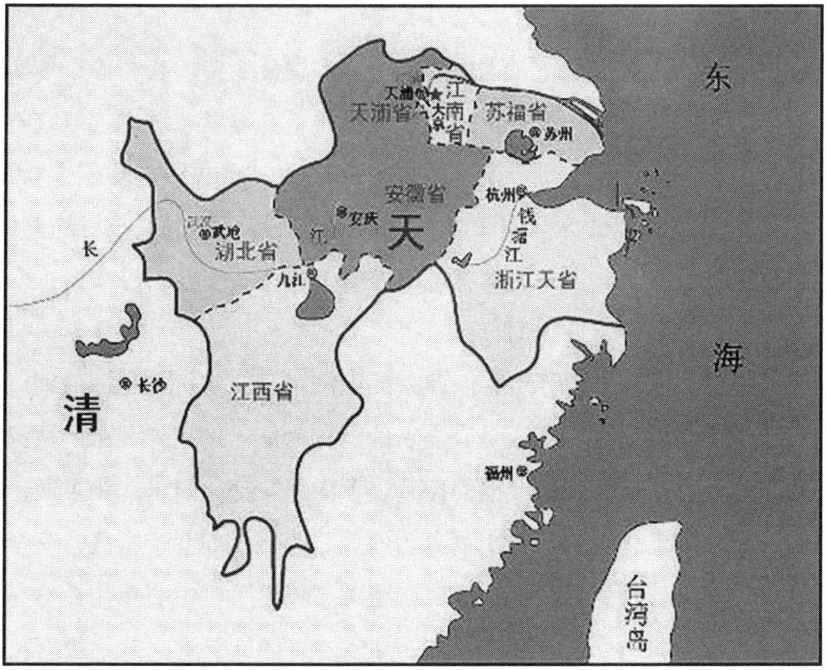

太平天国疆域

尽管这种体制未曾充分展现出来，文官政府也从未凌驾于军事体制之上，但那些为军队与军属提供给养的部门却完全而有效地组织起来了。军需处与提供给养的机关经过仔细划分，由许多军官分管，每个人负责供应一样物资：粮食、盐、油、炮、火药、炮弹、硝石、铁、旗帜、信号旗。[1] 这些官员几乎包括那些从事所有职业的人，如排字工、钟表匠、工头、医生与药师、贸易主管，以及公共设施的厨师。其中许多人的官阶向我们表明，在太平天国国都和其他主要城市是由社会军事主义的政府来进行管理的，关于这种政府的记载可见于其他资料，都是以太平天国的实际组织为依据。[2]

天王的意图显然是要在正确掌控土地的基础上构建农村组织，将土地按

[1] 《平定粤匪纪略》：附册卷三，第 3 页上栏。

[2] 《平定粤匪纪略》：附册卷三，第 3 页上栏。

照出产分为9等，根据农民的需求在他们当中进行分配。[1]这种规划也许从来未曾实行。在整个漫长的斗争中，必须长期确保作战大军的补给，特别是确保他们的家庭及金陵官员的供应。他们冒不起失去与农人合作的风险。于是我们发现，在完全处于控制之下的地区内，村庄与农村人口确实要交税赋，但负担比清政府统治下轻多了。而另一方面，他们的产品被以公平的价格收购，而不是被强行拿走的。[2]除了严厉推行其信仰的宗教与道德观念，他们还捣毁偶像与寺庙，禁止食用鸦片与酒精，[3]太平天国人士尽一切努力鼓励农业[4]与贸易。这些年的统计表明，在太平天国治下，1858年至1860年的茶叶出口实际上增长了，[5]而丝的出口维持不变。国内运输税没有征收，贸易的进行一定非常自由。[6]

政府的主要职能除了满足物资需求以外，就是传播宗教。每个军官与文官，从天王本人直到军队或村庄中的两司马，都要勤于向民众教导新的信仰，强迫他们学习十诫，在唱赞美诗的时候做祷告。我们已经记述了他们的安息日礼拜，这些仪式都是由军官们主持，如果可能的话，会由参加运动资格较老的人来主持。友好与敌对两方面的资料全部表明，这些仪式是常规举行的。[7]

妇女的地位与其他人事有关，她们曾经参军，在夺取金陵之后，她们进入了各种为之提供照顾的机构。对于各个阶层的妇女，不论地位高低，婚姻是强制性的。与普通的中国习俗相反，他们要求寡妇接受新的丈夫，而不是对拒绝再婚的寡妇给予极高的道德荣誉。从他们的宗教与《圣经》

[1] 呤唎：《太平天国》，第1卷，第218页及以下。

[2] 密迪乐：《中国人及其反叛》，第291页。

[3] 《平定粤匪纪略》：附册卷四，又见卷二第11页上栏。

[4] 密迪乐：《中国人及其反叛》，第291页。

[5] 希克斯：《中国的太平反叛》，附录，第178页。

[6] 呤唎：《太平天国》，第145页，1853年罗大纲致文咸爵士的一封信。又见容闳《我在中国与美国的生活》有关他访问太平军控制的茶地的记述。

[7] 《平定粤匪纪略》，附册卷二，第10页、第11页上栏。呤唎：《太平天国》，第1卷，第217页及以下，提供了1857年的条规。当时赞美诗似乎已经修订，删除了有关东王及其他各王的内容。上述第一部著作声称在各种可能的情况下，都会有赞美上帝创造之功以及洪杨两位最高王爷赡养人民之功。

的关系以及他们惩治道德沦丧的法律来看，他们应该是强制推行一夫一妻制的，但事实远非如此。洪大全说[1]洪秀全妻妾成群，在天京陷落后被捕的天王二世洪福瑱完全证实了这个说法。他说："现年 16 岁，老天王是我父亲。我有 88 个母后，我是第 2 个赖氏所生。9 岁时就给我 4 个妻子……"严格隔离妇女的法律显然没有打算防止一夫多妻，至少在高层是如此。总体上给人一种印象：在太平天国治下，妇女所受的压迫轻于清政府治下，其中包括废除了裹足。

新政府在天京发布的第一批法令之一，制定了基于古代模式的科举制度，用以选拔文武官员。规则制定出来了，至少举行了几场考试。他们抛弃了经典与清代的所有书籍，将考题替换为《圣经》和太平天国人士的著作。在第一场考试中，论文主题规定为《天父七日造成山海论》，诗题为《天王、东王操心劳力，安养世人，功德巍巍论》。[2]

在我们讨论太平天国活动值得赞扬的一面时，很难转而考察他们的残酷。如果他们打算在部众中推行纪律与道德，他们会坚定不移地认为，他们的改革只能通过可怕的刑法来完成。他们对大量的犯罪与违法适用死刑，较轻的案子处以斩首，性质较为严重的在斩首之后抛弃头颅或将头颅示众，构成较为严厉的惩罚。有两种刑罚专门针对叛逆、通奸与其他重罪：五马分尸和点天灯。在后一种刑法中，倒霉的犯人被油一类的易燃材料浸泡或包裹，然后将其烧死。也许这种刑罚不比将人割成碎片的凌迟过程更残忍，但会令闻者不寒而栗。从叛逆到唱淫曲、缺席天神礼拜式的罪行，都要遭到死刑处罚。[3]

[1] 见第三章。

[2] 《太平天国野史》：卷八。

[3] 《太平天国野史》：卷七。

第七章

曾国藩出山及新军的组建

曾氏家族是中国的六大家族之一，镇压太平军的主角就是从这个家族中产生的。曾家的源头是哲学家曾子，他是孔夫子最伟大的弟子之一。在曾国藩与其著名的祖先之间所隔的70个世代中，他自己的直系先人成为湖南湘乡县的农民。他的家乡距离长沙约100公里。他的家境非常贫寒，但他们以骄傲的血统跻身于家乡士绅阶层，他们希望通过学习经典来继承先人的学术传统，以确保文字贵族的地位。曾国藩的祖父是注重实际的实干家，对这个孩子性格的形成施加了有力的影响。他的父亲专心学习，但早年未能获得功名，直到长子考取秀才的那一天，他才得到同样的名衔。这也许并非是什么非常事件，只表明中国人获取功名的愿望是多么强烈。

曾国藩于1811年11月26日出生于这个贫穷的乡村家庭，其诞生伴随着美梦与吉兆。4岁时他便开始了学业。在第8个生日之前，他已在学习五经，并开始作文。5年以后，按照中国人的习俗，他与一位欧阳姓的女孩订了婚，当他到了足够大的年龄便将之娶回家里。[1]

1826年，他首次应试，名列第七。[2]但是直到1832年，他才开始参加院试，第一次未能如愿，但上了荣誉榜。[3]1833年他考中了秀才，他父亲在经历了

[1] 有关曾国藩早年的资料来源主要为《曾文正公年谱》，其中的素材主要取自家族记载与他自己的著作。

[2] 这是一种注册入学的考试，通过者便可竞试学士学位。

[3] 这不会令人看轻他的学业，因为获得学位的录取名额是由皇帝给每个省份和地区指定的。在荣誉榜上有名会带来一定程度的声望。

17 次失败以后，这一次与他同时通过了考试。第二年他前往长沙参加乡试，考中了举人第 36 名。同一年他进京参加会试，试试运气，去考进士，但两次考试落第。1836 年他设法弄到了盘缠，漫游江南与浙江。虽然他的举人身份在社会上给了他一些声望，但他仍然未能满足。据说他在旅途中发现了一套有价值的书籍，便借来 100 两银子将之买下。他带着这些书回到家乡，苦读一年，准备第三次参加会试。

1838 年年初，他准备再次进京，现在他又增加了 1 年的应考准备。他没有路费，但他借到了 32 串钱做盘缠，这点钱在路上几乎花完了，进京时只剩下 3 串。[1] 在那个时代，这是一段漫长的旅程，需要 1 个月乘船坐轿缓慢前进。一般认为，路上必需的花费约为 40 两银子。曾国藩终于通过了会试，[2] 不久之后又通过了中国学者的最高考试，于 6 月 23 日进入翰林院。[3]

他获得的这些荣誉，给他带来了做官的特权，于是他踏上了仕途。不过考试尚未完结，因为翰林院还有几个等级。于是，曾国藩在短暂的衣锦还乡之后，便勤奋地投身于新的岗位，逐级上升，同时得到了京城下级官位的任命。他在这个时期所写的书信，表明了他在文人堆中，在翰林院的同事们之间，过着很有魅力的生活。他们辩论不休，友好地竞赛诗文。他的收入很少，总是入不敷出，不过我们不知底里，只知道 1842 年他的房租为每月 15 串钱。他凡有所得，都会慷慨地与家人和在京的湖南人分享。他不断地努力于学业，因为他有大把的闲暇，因此他能不断地攀升，直到 1843 年在宫殿里参加了皇帝亲自主持的一次特别考试。在 123 名翰林当中，曾国藩排名在 2 等第 6 名。这就给了他进入翰林院高级机关的机会。他在家书中告诉父母：他是清朝获得此项殊荣的第 3 个湖南人。[4]

---

[1] 1 串就是 1000 钱，理论上等于 1 两银子，但其购买力大大超过今天。

[2] 获得博士学位会得到高度的奖赏。产生了博士的家庭，通常会在门楣挂上红匾，上书“进士”二字。直到今天，在一些低矮的乡下房舍门上，还能见到这些明显的证据，所以我们很容易想象当曾国藩考中进士的消息传到家中时，会给家人带来多大的荣耀。

[3] 这大致上相当于欧洲国家的国家科学院院士，不同的是，院士资格的获得，在中国是通过公开竞试，而非通过选举。

[4] 《家书》，1843 年 4 月 22 日。

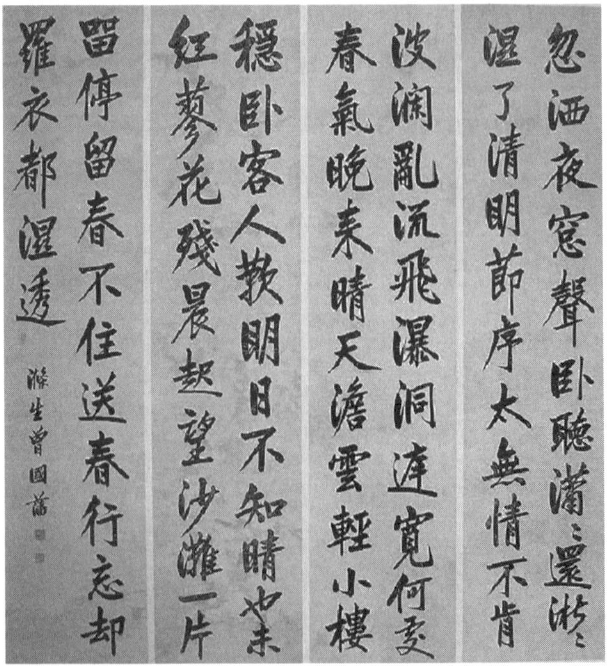

曾国藩书法

同一年，他奉派去四川担任考官，他在次年和下一年获得了一些荣衔，以及宫中的职务。这些令人欣喜的升迁并未给他带来多少财政上的好处，就连他在成都当考官所得的1000两银子的酬金，也用于扶助穷亲戚了。他每年的开销增多了，1842年已多达600两银子，在其他年份可能也是如此。[1]在四川，曾国藩感到其工作的社交层面令他厌烦。他抱怨说，除了承担考官的职责以外，他还必须做很多接待工作；又要应邀写一些对联，把湖南与四川做一些华而不实的比较；还有很多人跑来借钱，无论他们要借多少，得到了多少，或者是否得到，总会谈个不休；此外还有无止无休的应酬往来。[2]在此之前很久，曾国藩就抱怨过京城令他厌烦的社交，不过他在北京比较自由，可以少干自己不愿做的事情，决定只去找那些能帮他纠正缺点的人们寻

[1] 《家书》，1843年1月20日。

[2] 《家书》，1844年6月27日。

求友谊，努力提高生活质量，而不用仅仅为了争取名望而去拜访显贵。[1]因此，在成都挣不脱的社会锁链更加令他头痛，尤其是因为天气闷热令他身体不适。

1847 年他通过了最后的考试，升入内阁之列。自从大清执政以来，没有一个湖南人在 37 岁的年纪就获得这样的地位，近年来只有另两位其他省份的人在 10 年内从翰林升入内阁。[2] 他被任命为礼部侍郎。[3]1849 年皇后去世的丧礼，以及第 2 年皇帝驾崩的丧仪，使作为礼部官员的曾国藩忙个不停。曾国藩因办差得到奖赏，家里的 3 代人都能分享赐给他的荣耀。

他从礼部调到一个又一个其他的部门，最终他在六部中的每个部都当过了副部长即侍郎。1852 年，太平军从永安突围，官军失利的消息传到北京之后，[4] 他奉令与刑部的官员讨论如何处置乌兰泰与赛尚阿，因为他们要对官军的失败负责。曾国藩觉得军事至关重大，主张给予最严厉的惩罚，但是皇帝驳回了刑部的决定。或许皇帝在紧要关头是为了保险起见，因为优秀的将领非常稀少，但是这件事使我们看到了，最终注定要重组军武镇压太平军的曾国藩其人在精神上具有严厉的一面。[5]

几年以来，曾国藩都想回家省亲，但是贫穷以及不愿失去提升的机会使他未能如愿。虽然几位家人进京来看了他，曾国荃还在京城中与他同住了一段时间，但他渴望在宁静的乡间与亲友聚首。1852 年 7 月，机会来了，他被任命为江西的考官，得到了 60 天的假期回家省亲。在从北京前往江西的途中，他于 7 月 28 日接到母亲去世的讣告。无情的习俗要求他放弃任命，立即回家守哀，于是曾国藩马上向湖南进发，打算在家居丧 27 个月。[6]

他在武昌（9 月 26 日）得知长沙遭到了太平军的长久围攻，于是他避

---

[1] 《家书》，1842 年 3 月 31 日。

[2] 《家书》，1847 年 7 月 20 日。

[3] 每部有两名尚书即部长，1 汉 1 满，还有 4 名副部长即侍郎。在中国，对于如此年轻的人而言，这是一个很高的职位。

[4] 战败是在 4 月 6 日与 7 日。消息到达北京是在 4 月 29 日，见《年谱》：卷一，第 30 页下栏。

[5] 《年谱》：卷一，第 30 页下栏。

[6] 《年谱》：卷一，第 31 页下栏。理论上为父母守哀的时间应为 3 年，但实际上的执行为 27 个月。高官应该离职，这对认定其操守十分重要。不过，有时在危急关头，皇帝可以下旨将时间缩短。

开长沙，在湘阴上岸，穿过宁乡，于 10 月 6 日到家。他的母亲在当月的 25 日下葬。曾国藩待在家里，直到太平军离开长沙，沿江而下，抵达遥远的金陵。[1]

我们还记得，至此为止官军针对太平军的唯一胜利是江忠源率领一支乡勇小部队取得的。我们也不会忘记，现已革职并名誉扫地的赛尚阿是首先认识到需要这种武力并在广西招募了 3 万名乡勇的官员。在太平军围攻长沙时，江忠源率领他的 2000 人作战，发挥的作用远远超过其他同等人数的部队。[2] 太平军刚刚撤围而去，湖南土匪四起，巡抚无力对付。除了江忠源的 2000 人以外，罗泽南与王鑫另外组织了 1000 多人。当江忠源在宝庆镇压了一次暴动时，人们显然期待这些民兵扑灭土匪。[3] 曾国藩本人对这些乡村志愿兵部队的价值有了印象，他认为这种武装足以维护乡村的社会秩序，但他们是否能够对抗那些已被太平教义"毒害"而抛弃了儒学教义的人，他还没有把握。[4]

大约在年底，巡抚接到北京的上谕，告诉他曾国藩正在湘乡家中，令他将上谕传达给曾国藩，其内容是令曾国藩帮同团练本省的乡民。[5] 这份上谕大约在 1 月 22 日送到了曾国藩手中，但曾国藩一开始不愿遵旨而行。他认为自己应该守哀到期满，但处于公共危机的压力之下，他应该负起责任，不再执着于有关守哀的规定，但这样一来他会处于极大的困境，遭到自己必须求助的士绅阶层的反对。他预见到了二利八弊，[6] 但他仍然愿意听取忠告。几位有影响的友人来到他家，求他同意出山。武昌的陷落及其后到处动荡不安的局面，对曾国藩有很大的说服力，他于 1 月 26 日离家出发，去与巡抚会商。

---

[1] 坡特《中国历史概述》声称曾国藩是湖南巡抚，由于他防守长沙，长沙没有陷落。他忘了在清朝任何人都不能在其家乡所在的省份任巡抚，而且曾国藩那时根本就不在长沙。

[2] 见第四章。

[3] 他的部队名叫"楚勇"，而罗泽南的部队名叫"湘勇"，"楚"与"湘"都是湖南省的简称，但"楚"同样可以用于简称湖北。

[4] 《年谱》：卷一，第 33 页上栏。曾国藩尽管在京城身居高位，但他现在作为一介平民隐居在家，与朝廷的沟通必须通过巡抚。

[5] 《年谱》：卷一，第 33 页下栏。

[6] 1853 年 1 月 24—30 日不同日期的信函。

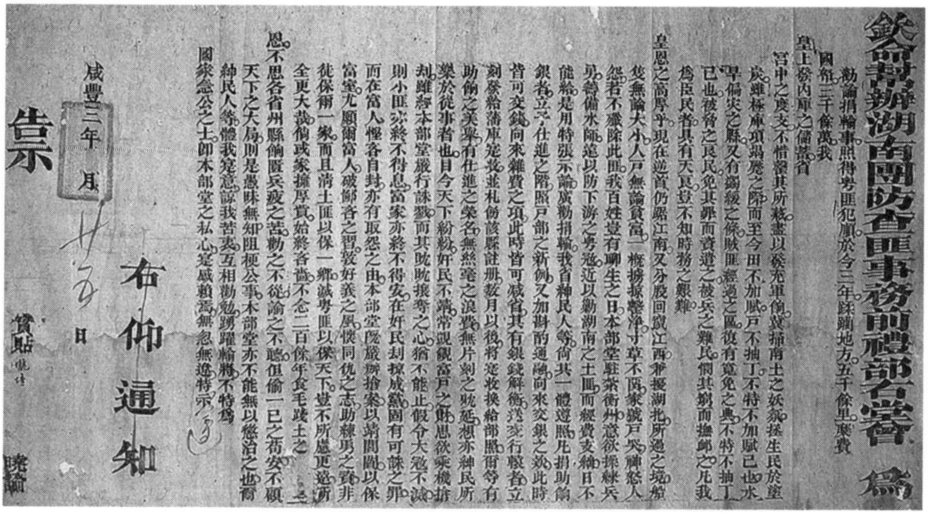
欽命幫辦湖南團防查匪事務前禮部右堂曾 為

布仰通知

咸豐三年 月 日

告示

钦命帮办湖南团防查匪事务前任礼部右侍郎曾国藩劝谕捐输告示。此告示是曾国藩于咸丰三年（1853）在湖南衡州督办水师时颁发的劝捐《告示》。其末端用墨笔书有：“乡勇有应募合格者，订于十一月二十四日来酃（líng）城关帝庙试验，次日起程。”酃城，即今衡南县治一带，这里提供了湘军的征募与开拔情况，是研究湘军组建情况与曾国藩生平的重要史料

他的想法是使用新军先剿土匪，然后对付太平军。[1]

他立刻投身于工作，他的职责中已有紧急公务的层面。1 月 31 日，他将自己的计划奏报北京。他看到湖南受到太平军的威胁，可用的防御兵力太弱，他提议在长沙设立一个大团，在所有县份都设立募勇处。已在乡下作为民兵接受过某种训练的勇丁都可入伍，调来长沙接受应有的训练，然后暂时派往湖南各地镇压盗匪。他在同一份奏疏中再次请求皇帝批准他回乡守哀终制。[2]

罗泽南现在领着他训练的 3 营 [3] 勇丁来到长沙，他们成为曾国藩新军的核心，从此在中国历史上号称“湘军”，或者说湖南的军队。曾国藩制定了一套烦琐的制度，要求部队遵守。这些纪律的确非常严格，因为曾国藩对军

[1] 1853 年 2 月 4 日的信函。

[2] 这种请求纯粹是官样文章，是中国礼节的需要。

[3] 新军的 1 个营有 500 人，我在此假定为 500 人。

兵为将有。湘军招募士兵时，皆为统帅选统领，统领选营官，营官选哨长，哨长选什长，什长选勇丁，层层挑选以成军。因将而募兵，遂兵归将有，将走兵散。这与清廷绿营军大不一样，绿营军规定将皆各地选调，兵皆土著，将帅升转时，严禁私带营兵，而是接管赴任地的兵

队中严格执行纪律的必要性非常敏感，担心所定的制度如同在正规军中一样成为一纸空文。江忠源的楚勇总是给他提供灵感，就在此刻，浏阳有 1 万多名造反军在周国虞领导下揭竿而起，却被江忠源一战击败。

考验曾国藩新军的机会很快就到来了。3 月 1 日，长沙人听说造反军在耒阳与常宁集结，威胁嘉禾。800 名楚勇与湘勇奉令前去镇压，在衡山县轻易地将其击败了。[1]

可以料想，正规军的将领们对这支新军并不感冒，而那些为维持这支新军协助费用的文官们也只是给予冷淡的支持。但这样一支军队的价值对于北

[1]　《年谱》：卷二，第 16 页。

京而言是很明显的，总督与巡抚都接到上谕，命令他们建立征募处，保障维持部队的资金，扩大这个新的组织。这份上谕于 3 月 12 日送达长沙。

但是曾国藩的最严重的问题从另一个方面显现了。在太平军的刺激之下，土匪四处蜂起，乡间的百姓敌视成千上万应募的乡勇，他们有一段时间在省外作战，但家乡却非常需要他们保卫自己的村庄免遭抢掠。这些土匪肆无忌惮地横行乡间，如果不将他们彻底镇压，就很难劝说官兵离开湖南，而不去保卫乡里。

在另一个方面，曾国藩也感到了压力。朝廷催促他加快练兵，将部队派去打击太平军，因为他们此时是国家的危险。曾国藩既不能违抗圣旨，又不能漠视地方上的感情。他要寻找一个方法，可以满足双方有充分理由的愿望。在 3 月 24 日的一份奏疏中，他告诉皇帝，最聪明且有必要的做法是首先剿灭湖南的土匪。自称为“天地会”的会党大部分加入了太平军[1]或者在湖南代表太平天国事业；除了他们以外，还有其他名称古怪的会党，如串子会、红黑会、边钱会与香会。这些会党逐步形成大股武装，进入山区，成为危险的亡命之徒，在湖南的东南部和西南部尤为严重。当局尽管明知他们的存在，却不敢加以镇压，因为他们毫无阻碍地滋长了这么久，已经过于强大。他们的目的各有不同，有些信奉宗教，有些是兄弟结拜，还有一些以盗抢为宗旨。

这些危险的结社最近已经得到另一些暴徒的补充，大批逃兵变成了流氓，因为他们没钱寄回家，也没有军营愿意收留他们。流浪汉与穷人是无限的资源，自然使近期的动乱中增添了大量的流动人口。对付这些动乱群体的理想手段，就是将全军派往每个县，留在当地，直到动乱平息，恢复秩序，然后开往另一个县。这样就可以在部队出省时，留下一个安宁的湖南。在这样的局势之下，曾国藩的应对之策是建立审案局，根据被捕盗匪犯罪的严重性，审查案情并给予必要的惩罚。皇帝对这份奏疏的批复认可了彻底镇压土匪的必要性。[2]曾国藩的审案局确实审办了一大批这类罪犯，其余人犯则在受到

[1] “添弟会”。中国人解释说，这是对天地会的另一种称呼，也是三合会的别称。我认为朱九涛是该会的成员，或许还是真正的天地会会员。

[2] 《快报》：卷二，第 6 页及第 7 页上栏。

影响的地方接受惩罚。

与此同时，我们还记得，江忠源奉令率部沿江而下，前往南昌，帮助当地守军将太平军赶出湖南的后门。[1] 他在路上抽空写信给曾国藩，坚持自己的意见：只有一个办法可以打败太平军，那就是联合江西、湖北、湖南和安徽 4 省，共同建造上千艘战船，从广东与福建调几千人来驾驶。在水师成功地平定长江地区以后，就可以攻打金陵、扬州与镇江，迅速地肃清太平军。这是一个很好的建议，如果当初江面上有足够的水师，太平军绝对不可能抵达金陵。何况他们当时正在畅通无阻地利用水道。然而当时曾国藩对这个忠告颇为冷淡，因为朝廷催得很急，而建立水师会耽搁时间。[2]

不过，曾国藩仔细地权衡了这个提议。若要采纳它，会导致令他尴尬的迟延，然而，如果它能使远征更为得力，那么他没有理由不耽搁一阵儿，因为准备不充分的进军只会失利。何况他还需要时间准备好陆军，将太平军与土匪赶出湖南。时间的延搁还涉及预备这支规模应该不会很大的舰队。江忠源在见识了太平军的力量之后,在写给曾国藩的其他信函中提醒他不要忘记，只要太平军还能在长江上来去自由，那么官军就不可能获得长期的优势。舰队是必不可少的。[3]

江忠源第一次提出的建议是要求从广东将大型战舰通过海上派到长江，在那里与快蟹和拖罟船会合。后两种船可以从广东的内河驶向梧州，经过短途的陆地运输，然后浮湘江而下。曾国藩与巡抚联衔向皇帝提出了这个请求。[4]

在皇帝答复之前，曾国藩遇到了几乎是不可避免的麻烦：民兵新军与正规军之间闹矛盾了。8 月 17 日，湘军与提督的标兵发生了械斗。曾国藩亲自责罚了民兵，但是 9 月 7 日在这两支部队之间又爆发了第 2 次骚乱，曾国藩要求提督按照军法处置。他的要求未被执行，两晚之后，犯规的正规军部队出兵攻击塔齐布。此人指挥着曾国藩的部分部队，在标兵的攻击下，躲在

[1] 见第四章。

[2] 《发贼乱志》：第 23 页。

[3] 《年谱》：卷二，第 6 页下栏。曾国藩在给父亲的一封信中说，由于“勇”至今为止表现颇佳，他要招募 1 万名勇丁组成一支士气高昂的劲旅。

[4] 《年谱》：卷二，第 6 页下栏及第 7 页上栏。

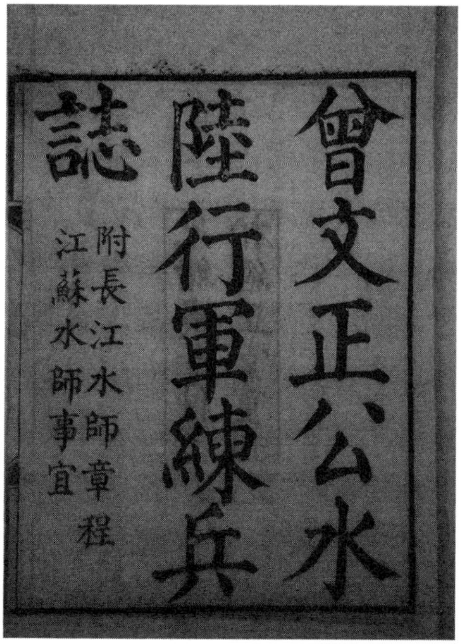

曾文正公水陆行军练兵志

屋后的草丛里，好不容易才捡了一条性命。那些不法之徒烧毁了房屋，又来攻击曾国藩本人。巡抚听到喧闹声，光着脚跑来现场，劝说闹事的士兵罢手而去。[1]

在此事发生的很久之前，曾国藩已经想到换一个地方训练自己的部队会更好一些，这个不幸的事件促使他实行这个想法。他把自己的大营迁到衡州，将自己的新兵部署在湘东与湘南的边界，用于镇压土匪，防止太平军从江西侵入湖南。[2]

在 9 月 15 日的奏疏中，曾国藩解释了他的动机，以土匪抢掠为由，说他必须将兵力作为有效的治安部队部署，而他愿意从长沙迁到更接近各个动乱地区的位置。太平军可以通过 4 条路从江西进入湖南（这里罗列的其实是从湖南进入江西的途径。——译注）：其一是通过平江，此地与江西西北部

[1] 《年谱》：卷二，第 7 页上下栏。

[2] 《年谱》：卷二，第 7 页下栏。

的战略城市义宁相连；其二是通过茶陵、攸县通往吉安；其三是中路，通过浏阳前往瑞州；其四是通过醴陵前往袁州与萍乡。他未曾派部队前往平江，因为那条路有些绕道，但他以自己的小部队尽可能周到地在其他几路设了防，[1] 这一切从衡州可以打理得更好。他在奏疏中没有谴责正规军或其将领，也没有提及他们发起的攻击，拥护他的人可以说他宽宏大量，不喜欢他的人却会说他是出于谨慎。

太平天国运动在当时向北方与长江中上游的江西与湖北的迅速扩张，导致皇帝颁发一道又一道上谕，催促曾国藩火速进兵。曾国藩接到几份上谕之后，拟写了一道长长的复奏，其中指出他正在努力创建水师。广东已有几艘船驶来，衡州的造船者以此为模型，试图造出能够装载千斤大炮的战船。[2] 皇帝的批复实际上是一通谴责，催促曾国藩加紧进军，因为朝廷已到生死关头，特别是因为太平军已经越过安徽，溯江而上。

由于北京方面的不耐烦，曾国藩又拟写了一份长长的奏疏，陈明妨碍他加速工作的大难题。他辩解的理由共有 5 条：

第一，由于匪帮在永兴等地阻塞了通往广东的道路，只有 83 门火炮运到了湖南。此外，所需新船的制造和旧船的修补在新年过后还需要大约 80 天时间。

第二，尽管安徽与湖北的局势严重，曾国藩也无法一直沿江而下，必须一边推进，一边肃清太平军，以巩固自己的阵地。湖南已派出 3000 名士兵交给江忠源及其弟弟和另一位将领指挥，他们可以应召对付紧急情况。[3]

第三，曾国藩已经与巡抚、江忠源以及其他人通信，讨论联合数省力量坚守湖北的可能性。武汉三镇 [4] 是长江中游最有战略意义的地方，控扼着通往四川、广东与北方的通道。太平军越过安徽进抵黄州与巴河的目的，就是为了夺取并坚守武汉。控制了这个地方，就掌控了直达金陵的江路，似乎比

[1] 《快报》：卷二，第 10 页及以下。

[2] 《快报》：卷二，第 17~20 页，签署日期为 1853 年 12 月 26 日。1 斤约等于 4/3 磅。

[3] 他也派了 200 艘炮船与 200 艘其他船只去安徽交给江忠源。见《年谱》卷二第 13 页上栏。

[4] 武昌、汉口与汉阳。

立即将太平军逐出安徽重要得多。他建议湖南与湖北的军队联合阻止太平军再陷武昌，然后可以逐步将其赶出长江下游的几个要点，如果此后能将安徽与江西的力量动员起来，太平军终将被官军打垮。他跟江忠源、骆秉章（巡抚）等人商讨，制定了这个计划。

第四，湖南到处都是匪帮。衡州、郴州、永州与东南面的桂阳，都受到他们的影响；许多匪帮从江西进入茶陵与安仁；常宁、嘉禾、蓝山与永兴也遭到匪帮抢掠，曾国藩必须把部队派往所有动乱地区。他现在怎能将他们召回，抛下既未造好也未武装的船只，在没有完全准备好的情况下向北挺进，而听任后方乱成一团？

第五，征战的财政问题必须解决。军队已经吸干了湖南的银库，征战经费的问题必须在部队离开该省以前解决。[1]

以上概述的这份奏疏，使我们能够洞悉曾国藩的性格，以及他的稳健与明智。他在做好充分的准备之前，不愿急于开拔，是理智的做法。如果他不这样做，那么令江忠源前程无量的事业突然以悲剧终止的那种命运，就一定会落到他的头上。善于抓住问题的本质是他的一个特点，当高官以至内阁大臣们为了减轻当前的危机而失去理智的时候，他的这个特点一次又一次地表现出来。曾国藩似乎总是比他身边的人看得更远。在眼下这个问题上，最终赢得战争是其关键，如果不做好更充分的准备，就无法达到目的。曾国藩洞察问题的能力，加上少见的耐性，使他能够坚持到所有的障碍都被扫除。他还有一种超凡的精明，能够找到最能干的代理人，通过他们顺利地解决难题。不妨想一想，皇帝提出的要求总是不容抗拒的，而且他经常失去耐性，这位至尊的天子怎么愿意总是信任一个仆人，尽管他最终取得了胜利，但是花了很长时间才带来希望中的结果。

正是在这个筹备出征的冬季，曾国藩与其身边的人在看法上发生了一些分歧，其中特别是跟王鑫意见相左。王鑫为了保卫长沙，提议组建一支军队，

---

[1] 《快报》：卷二，第 23~27 页。关于这一点，曾国藩已经获准出卖官衔（从六品至九品）以交换捐款。全省所有州县的官府都开放了这种买卖，所以得到了大笔捐款。在此之前 5 天，曾国藩还未接到江忠源的噩耗。

巡抚与布政使都批准了，要求王鑫拉起 3000 人的武装。他的原计划似乎不错，但是人数与装备对于曾国藩而言远远不够。他们先前在派兵去增援江忠源的问题上就有不和。在 1854 年春天，王鑫与一些造反军打了一仗，击毙大约 30 人，他将此上报为一次大捷。在拟写联衔报告军事的奏疏时，曾国藩看了草稿，同意拜发。但是，在正式送往朝廷的定稿中，左宗棠增删了部分内容，这样一改，就记述了一个虚假的胜仗。这令曾国藩十分震怒，因为他对官员为了一己之私如此谎报军情的积习深恶痛绝。[1]

当曾国藩在衡州时，巡抚派罗泽南率两营兵力去攻剿匪帮，他们于 1 月 5 日经过衡州。曾罗 2 人在这里经过商议，制定了组建和指挥新军必须遵守的原则。[2] 新军的单位是 1 个小团，称为营，每营 500 名军士，另加 180 名各种职能的其他人员。1 营分为 4 个连，称为哨，1 哨又分为 8 队（卫队的 1 哨只分为 6 队）。规则订得很细，形成一个基础，湖南的其他勇队也依此组建。

为了加快进度，曾国藩在湘潭另设了造船厂，以补充衡州造船厂的不足。他们修造了 3 类战船，最大的叫快蟹，中等的叫长龙，最小的是用渔船改造的，上面安设了 1 门小炮。在这 3 类之外，又增添了几百艘舢板和更小的船。[3]

到了 2 月底，曾国藩的筹备工作推进了很多，他可以向皇帝奏报，打算尽快向湖北进发。[4] 从这份奏疏中我们得知，他的整个舰队包括 1 艘拖罟型的大旗舰，360 艘其他船只，共有 4 种类型，全部可以用作炮船：

（1）40 艘快蟹，每艘承载 36 名桨橹手与 6 名其他人等。

（2）50 艘长龙，每艘承载 20 名桨橹手与 6 名其他人等。

（3）150 艘舢板，每艘承载 10 人。

（4）120 艘经过改造的渔船，人员配备可能如同舢板。

---

[1]　《家书》，1853 年 11 月 4 日与 1854 年 5 月 16 日。

[2]　《年谱》：卷二，第 14 页上栏。

[3]　添加小船是采纳黄冕的提议。他来参观曾国藩的战船，告诉曾国藩，太平军乘坐小船四处活动，能够从江湖逃入沟渠，完全隐藏起来。如果曾国藩的舰队里只有他所需的快蟹与长龙，就不可能进入那些隐蔽之地驱赶太平军。基于这个提议，曾国藩在舰队中添加了小船。《大事记》：卷一，第 5 页上栏。

[4]　《快报》：卷二，第 31~32 页上栏。

褚汝航画像

除了水手以外，每艘船还配备了炮手。

为这支水师招募必需的水兵是一个困难的任务，因为除了习惯于在内河水道上航行的水上人口以外，村民们都害怕尝试这种新生活，因为他们不习惯于江风与水流。水兵的招募好不容易完成之后，曾国藩从广西聘请了舰船枪炮官来对他们进行必需的培训。当曾国藩打算沿江而下时，他有了 10 营水兵，共 5000 人，其中一半被安排在快蟹船上，作为攻击力量，其余被安排在长龙船上，作为预备队。他们以旗帜来区分：攻击部队的旗帜只有一色，预备队的旗帜则是杂色的。[1] 这支舰队的总司令是褚汝航。

陆军也由 5000 人组成，由塔齐布任总司令。[2] 这里的一个营并非全由 500 人组成，人数有多有少。

[1] 《大事记》：卷一，第 5 页上栏。

[2] 《年谱》：卷三，第 2 页上栏。

塔齐布画像

将士兵、工匠、仆从与长夫全部算在一起，这支远征军的总人数约为17000人，他们在供给船上储备了武器弹药和大量给养。远征军沿江而下，携带了12000石大米、18000担木炭、4万斤盐，以及3万斤油。[1]

维持这支远征军的财政负担估计每月需用8万两银子，但是经过修订的预算将总数减少了1万两。正常的财政无法满足这个款额，于是曾国藩请求皇帝指派专门的官员和绅士在湖南、江西与四川募捐，筹集必需的款额。他进一步请求朝廷发给他4000张空白的官位执照，包括实任官位和名誉官位，通过出售执照，可以从这3个省份中筹得大笔军费。这些特殊的措施得到了批准，因为湖南巡抚想不出任何办法筹得必需的款项，使曾国藩的远征陷入缺乏资金的困境。[2]

---

[1]　《快报》：卷二，第32页下栏。1石约等于133又1/3磅，1斤约等于4/3磅。

[2]　同上，卷二，第35页及以下，日期为3月13日。

第八章

湘军出征

曾国藩筹备的远征军打算于1854年年初沿湘江而下。这是它第1次被用于对抗太平军，而此时太平军已经溯湘江而上，进入湘阴与宁乡。湘军在3月份打了几个小胜仗，[1]将太平军赶回到岳州，曾国藩及其整个水师，与大约4000名陆军一起，火速向岳州挺进。战船分散开来，在洞庭湖靠近湖南各条河流入湖口的水面上巡逻。

一封又一封告急信送来，催促湘军火速增援湖北，该省的省会武昌十分危急，东王率军来到那里，打算攻陷该城，控扼长江上游。[2]还有人提出要求，催促湘军救援安徽，因为该省已被太平军占领。曾国藩很高兴，他现在终于上路了，去实现皇帝的愿望。

然而，等待着他的却是失望。4月4日，新舰队的24艘战船沉没了，几十艘战船被横扫湖面的大风暴损坏，导致许多人溺毙。与此同时，在准备出征的那几个月内与曾国藩意见相左的王鑫，已经离开岳州，率领约2000名部众，朝武昌方向推进。在距离羊楼司不远的山上，他们遭到太平军优势兵力的四面围攻。王鑫所部没有作战经验，惊慌失措，丢下辎重，向四面八方溃逃，一直逃到岳州，抵达围城之外。他在这里得到2000名正规军和朱孙贻指挥的600名新军增援，抵抗太平军的前锋。但是打着黄旗、披着红衣的太平军主力很快就杀到了，把恐惧散播到官军心中，他们再次逃离至城外

[1] 在3月24日的奏疏中做了详细的报告。《奏议》：卷二，第38页上栏。

[2] 《太平天国野史》：卷十二，第6页。

选定的阵地，只有 1 个营的 500 人坚守不退，鏖战整天，抵挡几千名太平军的进攻。[1] 官军被赶进了岳州的城墙之内，但是他们缺米缺盐，没有做好抵御围攻的准备，曾国藩只有 1600 人留作预备队。停泊在岳州城旁的战船给了太平军一定的打击，但是很不幸，在风暴中损失了那么多战船以后，岳州又缺乏补给，而太平军在向长沙推进，这就迫使曾国藩不得不撤退，以在长沙及时布防。曾国藩在 4 月 17 日撰写的奏疏，首尾两次请求皇帝将他交给刑部议罪，作为对这次失败的惩罚。[2]

陆军的其他部队已经从其他道路前进，朝崇阳与通城方向推进较远，但其司令官塔齐布与胡林翼也奉命率部返回长沙。[3] 于是开拔后仅仅过了 4 周的整个湘军，现在又退回了长沙。

太平军在长沙以北 30 公里处的靖港分兵进军。他们一部分从陆地上前往湘潭，于 4 月 24 日攻克该城。他们在湘潭城外修筑了附加工事，夺得几百艘船只，准备守住该城，抗拒敌军。到此时为止，湘潭一直是一个重镇，是与广州进行陆地贸易的头号城市，大量的茶叶和其他出口物资都是通过此地运往沿海。塔齐布于 4 月 25 日奉令前去收复该城。第 2 天，5 营水师也前去参加战斗。此后鏖战 4 天，消灭了几千名太平军。4 月 27 日，水陆两军联合攻击，摧毁了太平军舰队的大部，扫清了陆地上的壁垒。可以说，新军的士气在这几天的战斗中才首次高涨起来。[4]4 月 29 日，太平军再次遭到重创，湘军于 5 月 1 日漂亮地收复了湘潭。

这些大捷几乎被中和掉了，因为在 4 月 28 日，曾国藩亲自率领一支由 40 艘战船与 800 士兵组成的部队攻打靖港，吃了败仗。当时南风大作，水流湍急，其相加的作用力致使战船无法操控。它们被太平军俘获或烧毁。曾国藩在刚刚被迫从岳州撤回后，就遭到第 2 次失败，他又羞又愤，两次跳水

[1] 曾国藩在给父亲的一封信中解释说：这次失利的原因是他将兵力分散，以及有大约 3 万名太平军对抗仅有 2000 多人的官军。

[2] 《奏议》：卷二，第 42~44 页。

[3] 《奏议》：卷二，第 48 页。

[4] 《年谱》：卷三，第 7 页下栏，第 8 页上栏。

章寿麟救曾国藩（画）

自尽，但每次都被朋友们救起。[1] 由于 3 天后有了湘潭大捷，有了胜过希望之光的胜利，曾国藩可以说是幸运的，因为这是黎明的到来，太平军终于遇到了敌手，在没有满族人参与的情况下遭到了惨败。[2]

尽管有了这个胜利，曾国藩还是在一生中最痛苦的日子里备受煎熬，受到长沙官员的公开嘲笑。[3] 他发现到处都是欺诈，并且受到手下几名将领的

[1] 《年谱》：卷三，第 8 页上栏。
[2] 请记住，江忠源曾在全州附近完全改变了他们的进军方向。
[3] 《家书》，1854 年 5 月 16 日。

刁难。我们已经讲述过王鑫的不诚，此人在左宗棠的帮助下将一场小仗虚报为大捷。但他还被自己家人的行为所困扰，他的二弟曾国潢来到长沙跟他吵架。他在一封家书中写道："余近来因肝气太躁，动与人多所不合，所以办事多不能成。澄弟今日肝气尤旺，不能为我解事，反为我添许多唇舌争端。军中多一人不见其益，家中少一人则见其损。澄侯及诸弟以后尽可不来营，但在家中教训后辈。半耕半读，未明而起，同习劳苦，不习骄佚，则所以保家门而免劫数者，可以人力主之。望诸弟慎之又慎也。"[1]

他还向家人倾诉了对于大势的看法，说到处都是尔虞我诈，他不得不承担几名部属将领的任务，随后写道："然官场中多不以我为然。将来事无一成，辜负皇上委任之意，唯有自愧自恨而已，岂能怨人乎？怨人又岂有益乎？大抵世之乱也，必先由于是非不明、白黑不分。诸弟必欲一一强为区别，则愈求分明，愈致混淆，必将怄气到底。愿诸弟学为和平，学为糊涂。璞山之事，从今以后不特不可出诸口，而且不可存诸心。"[2]

这些日子里他的精神极为烦恼苦闷，他后来回顾时，视为自己的道德大修炼。但在这个过程中，他没有起过回家的念头。相反，他以坚定的信心开始修造战船，修改军营制度。他在湘阴的失败多少是偶然性的，并且是难免的，但针对岳州之败，他认为自己犯了四条大错。第一，部队起床不够早。从此以后，官兵必须在黎明前起床并吃完早餐。第二，军营不够牢固，将来必须修建得更为坚实，要有高而厚实的围墙，周围有宽 8 尺深 6 尺的壕沟，还要挖掘一道浅沟，底部埋设尖竹签。第三，全军未能合作一处。他在岳州只率领 5000 人中的一小半，其余都分散了。如果全军 1 万人驻扎一起，他就能够经受住围攻。第四，应该逮捕并严厉处置行动可疑的人，不可宽宏大量。[3]

湘潭大捷部分解除了危机，甚至缓和了皇帝的苛责，他减轻了由于岳州与靖港失利而给曾国藩的处罚，为湘潭大捷而欢欣，希望湘军能够迅速休整

[1]　《家书》，1854 年 5 月 12 日。根据这封信和类似的训令，他的弟弟都未曾通过他的推荐从军。

[2]　《家书》，1854 年 5 月 16 日。璞山是王鑫的字。

[3]　《家书》，1854 年 4 月 22 日。

完毕，重开征伐，前往湖北、江西与安徽这些受到威胁的地区。[1]

从湘军的这些失利，以及曾国藩后来在长沙的经历中，我们可以看出曾国藩的一些局限性，同时也能看出他的一些优点。他没有受过军人的训练，完全缺乏执行军事行动的技巧。事实上，他不再实际指挥部队的行动，除非冒着无法预见的危险，被迫靠着搏斗来摆脱困境。他不缺乏坚强的意志，表现出了某种天赋。首先是耐性与毅力，借此他可以经受许多人无法忍耐的羞辱和反对；其次是选择指挥官的能力，因为我们将会看到，他这支小部队中涌现的人才，在以后的岁月里将会因战功而升到文武官场的高位；再次，他思维清晰，有能力把握任何局势的长远意义，这有助于他以审慎的方式部署作战。

在曾国藩任命的湘军各部指挥员中，湘潭大捷的主角塔齐布非常显眼。此人早先在与匪帮的作战中已经表现出他的勇气，在岳州时曾被派往湖北边界，当长沙与湘潭告急时，曾国藩又将他从湖北的战略要地召回。另一个伟大的指挥官是胡林翼，他至死都是曾国藩的干城。他擢升很快，1856 年就当上了湖北巡抚。至于其余的将领，其中有些人因为去世而未能升居高位，或者经过多年的斗争才出人头地。其中有罗泽南，于 1856 年阵亡于武昌；还有水师总司令褚汝航；杨载福与彭玉麟，这两人后来都当了大官；还有周凤山与江忠源之弟江忠济。[2] 左宗棠在长沙遭到围攻时参与了城防，但他现在衙门里当师爷，几年后通过曾国藩而出山，率军先后在江西、浙江与福建作战。至于李鸿章，虽然曾国藩住在京城时与其很熟，但此刻他还没有在这场战争中出名。

上面着重提到的塔齐布，现已奉旨出任湖南提督，但是曾国藩发现此人价值太大，不能放弃，于是大力举荐，朝廷允许他留在湘军之中。[3] 准备工作正在全速推进，曾国藩又建了新的船厂，他们不久就准备开拔了。然而，

---

[1] 《年谱》：卷三，第 7 页下栏，第 8 页、第 10 页及以下。

[2] 见《年谱》：卷三，第 9 页下栏；又见湘潭大捷、靖港失利的奏报，以及举荐名单。各位将领的功绩陈述了很长。《奏议》：卷三，第 51 页至第 56 页上栏。

[3] 该请求见于 6 月 3 日签署的奏疏。《奏议》：卷三，第 71 页。批准的上谕在《年谱》卷三第 12 页上栏有说明。

胡林翼

就在这个空隙之间，太平军已分布于洞庭湖西端的整个地区，于6月8日攻占了龙阳，又于6月11日攻占了常德。对付湖北陆上太平军的作战，主要由荆州将军满族人官文指挥，曾国藩则对付湖南境内的太平军。他将塔齐布派往岳州，令胡林翼及其他将领穿过益阳前往常德。太平军在龙阳击败了周凤山的部队，胡林翼被迫在益阳停下，从另一条道路前往常德。[1]

为了操纵新造的船只，曾国藩培训了新的水兵。到了1854年6月10日，万事俱备，部队再次顺流而下。[2]出于战略考虑，在进军湖北之前，必须肃

[1] 该请求见于6月3日签署的奏疏。《奏议》：卷三，第71页。批准的上谕在《年谱》卷三第12页上栏有说明。

[2] 《年谱》：卷三，第13页下栏；《奏议》：卷三，第1~5页（8月4日）及第10~15页上栏（8月9日）。

清湖南，特别要防止交通线被敌军截断。于是水师与陆军分 3 路进兵。西路由胡林翼指挥，已经抵达常德，他的任务是将太平军击退，肃清那一地区的洞庭湖港湾。中路是水陆联军，由塔齐布与褚汝航指挥，顺湘江而下，抵达岳州（于7月25日收复该城），胡林翼将湖区的敌军肃清之后，来此增援中路。东路从陆路东进，通过平江，抵达崇阳，此城位于湖北边界，距离武昌还有约一半路程。

以岳州为目标的两路部队于 7 月 27 日遭遇了太平军几百艘船的舰队，将之击败。曾国藩认为湖南境内已无太平军，据此向朝廷奏报，但事实证明他弄错了。他的奏疏刚刚送走，大批太平军又溯江而上，来到岳州，让曾国藩及其副手们忙活了将近两个月。不过，官军上次的胜利是鼓舞人心的转折，他们打了 13 仗，赢了 12 仗。[1]

9 月 24 日，远征军准备顺流向湖北进兵，但是崇阳的陆军遭到太平军大部队的阻击，沿湖岸还散布着太平军的一些军营，必须首先捣毁。[2] 曾国藩率塔齐布从岳州派去增援崇阳的部队，将太平军从羊楼司击退（9月18日），并于 9 月 25 日在崇阳协助友军攻取了太平军的基地。太平军逃跑了，湘军紧追不舍，直达咸宁，将之击败。大约与此同时，满族人将军官文从荆州派出 5000 人，在岳州长江下游援助曾军，于是曾国藩得以在 10 月 2 日将大营移驻该处。

捷报令清政府十分欣慰。皇帝赐给曾国藩三品官员的蓝顶子。[3] 曾国藩恰当地谦辞皇帝的赏赐，声称他仍在守哀，不适合接受任何恩赐，他所做的一切，只是在大局危急时应尽的本分，取得的良好战果都是塔齐布、罗泽南、杨载福与其他人的功劳。他还说，如果皇帝不强制他接受提拔，他会非常高兴。[4] 皇帝在对这份奏疏的批复中说，解救危难中的国家是最高形式的孝顺，这种行为一定能够告慰他已故母亲的在天之灵。他本人非常赞赏曾国藩的大

[1] 《奏议》：卷三，第 13~39 页。多个日期。

[2] 《奏议》：卷三，第 40~45 页。日期为 1854 年 9 月 25 日。

[3] 官员有九品，其品级由官帽与官服上的标识表明。最高两品的顶子是红色的，第三品的顶子是蓝色的。

[4] 《奏议》：卷三，第 46 页。

德，言天下人都会知道。

曾国藩事业的初始阶段现在已经过去。实验结果是一场决定性的胜利，现在全军顺着大江前往湖北，该省的武汉三镇已在敌军手中。尽管曾国藩的部众人数较少，但他们训练有素，并有优秀的将领指挥。前方仍有挫折、延搁与黑暗的岁月，但是唯有推广这种新型的陆军和水兵，才有希望取得彻底的胜利。在那时候，由几位老资格的提督与钦差大臣指挥的大军，如同蝗虫一样驻扎在金陵、扬州与镇江城外。他们有时俘获了太平军来去自由的小股部队，但他们从未面对太平军的主力，如果碰上了，就难免落败。只要有了足够多的如同湖南新军这样的部队，就能防止太平军从江西扩张，或者迅速地在金陵将其镇压下去。然而，现在太平军在那 3 大堡垒站稳了脚跟，他们的部众正在实行游击战，从一个县打到另一个县，攻陷一个个城镇，在劫掠之后离去。官军兵力过于分散，不足以予以重击。胆小的知县和知府们逃离职守，勇敢的官员则死在围城之内，做出悲壮却无价值的牺牲。

太平天国运动走下坡路了，太平军没有了离开广西时的那支部队具有的热情，他们首领的宗教幻想变得越来越古怪，他们自称天神的企图越来越固执。然而抢掠和冒险的机会继续吸引着产生抢匪的社会阶层，其掠夺性的部队，既有大股又有小股，首领身披黄袍或红袍，自己来去无阻，如同燎原之火。曾国藩 13000 人的部队如果是在 1850 年或 1851 年，足以轻而易举地镇压这场运动，如今却只能做开路先锋。

曾国藩做好最后的部署之后，湘军顺江而下，夺取武昌。此城于 1854 年 6 月被东王攻陷，那时曾国藩正在修复早些时候的失败造成的创伤。为了防止波及四方，在冬春两季湖北告急时，朝廷给曾国藩连发火急的上谕，曾国藩在长沙饱受屈辱的那些日子里，他想到自己的失败导致了湖北省会的陷落，也是令他痛苦的念头之一，因为武昌是战略地带上的一个战略要点。6000 多公里的长江，穿过宜昌上游的三峡，从武昌流向吴淞口，穿过广袤而肥沃的地区，流经中国的心脏。这条水道最具战略意义的部分，是从岳州到鄱阳湖出口处的湖口这一段，距离约为 500 公里。岳州控制着洞庭湖口，从四川奔来的长江与湘黔盆地的河水通过湖口流入洞庭湖。在汉口，长江从汉江接收了鄂北与河南部分地区的泄流，然后通过鄱阳湖这个水口，流向整个江西。至于湖口至金陵的那一段长江，安庆与九江是最重要的城市。

曾国藩分别于 9 月 25 日和 30 日攻占了崇阳与咸宁，此后才能够向前推进，但对武昌的围攻已由罗泽南与塔齐布二部协助官文开始进行（9 月 22 日）。当主力抵达时，攻击便进入白热化。在 10 月 12 日与 13 日的总攻击中，湘军摧毁了武昌的外部防线，烧毁了 1000 艘敌船。14 日，经几小时的鏖战，同时攻占汉阳与武昌。这对太平军是可怕的一击，他们曾经强调要守住武汉三镇，并相信他们的防御固若金汤，而武昌尤难攻破。因此，汉阳与武昌的收复，对于官军是欢欣鼓舞的胜利，[1] 特别是当太平军放弃江北靠近安徽边界的重镇黄州及其对岸的武昌县之后，湘军实际上已将太平军赶出了湖北。[2]

在奏报这些胜仗的时候，曾国藩不仅按照常规举荐了他的部属，还为曾因私生活中的瑕疵或技术性错误而被贬谪的官员请求复官。他自己得到的奖赏是赏戴单眼花翎，并被任命为湖北的代理巡抚。[3] 他奉命将陆军与水师分兵顺江而下，直取金陵，顺路攻复九江与安庆，行动中与湖广总督杨霈和塔齐布一起协商。[4]

上面这条命令曾国藩一时无法遵行，因为溃逃的太平军躲避在汉江及其支流一带，湘军必须先将他们肃清。他将几十艘舢板派往这个地区，于 10 月 15 日包围并烧毁了企图驶回长江的 1000 多艘敌船。[5]

现在军事进展十分顺利，但军队的给养成了更加突出的问题。曾国藩在

---

[1] 《奏议》：卷三，第 56~62 页；《年谱》：卷三，第 18 页。此处的日期是 14 日。《发贼乱志》没有提到这些城市的陷落。

[2] 不是湖北省会。

[3] 花翎就像一种现代装饰品，分为 3 等，即单眼、双眼和三眼。曾国藩拒绝了代理巡抚的职位，其原因正如他在 11 月 3 日的家书中所说，就任官职会违反他为母亲守哀的意志。组建部队，协助镇压造反军，是一个帝国官员不可逃避的职责，但在守哀期间必须小心避免接受官职、希图功名。皇帝准了他的辞呈，但申斥他在辞呈未被批准时没有使用已经给予他的头衔。《年谱》：卷三，第 22 页下栏及第 23 页。

[4] 见《年谱》卷三第 20 页上栏概述的上谕。

[5] 《年谱》：卷三，第 20 页；《家书》，1854 年 11 月 3 日。

曾国藩

10月21日的奏疏中抱怨湖北对军队的支持非常有限。如果他接受了代理巡抚的任命，这个问题也许会有所改观。因为那样一来，他对该省的经费会有直接的控制权，但实际上他多少受到各省官员的制约，他只能通过皇帝间接地对他们发号施令。他要维护日益延长的交通线，要确保必要的增援与补给，他担心这些沉重的负担将他压垮，使他的事业搁浅。何况，他还害怕财政没有着落会导致军心不稳，特别是因为窘迫与不满的民众随时有可能加入太平军的行列。因此他请求朝廷保证广东和四川的协饷，以及江西协助的8万两银子。[1]

[1] 《奏议》：卷三，第67~71页。

这清楚地表明了中国的财政疲软。现代公共财政的实践在当时这个本质上仍然是中世纪的国度里远远低于水平线。任何战争的爆发，都要以各种可能的方式付出代价。这场大运动已经耗尽了几个丰腴富饶省份的财富，它们已经交不起规定要给北京上缴的税赋。货币贬值了，康熙、乾隆时期制作精美的大铜币，被咸丰及其后人所造的劣质货币取代了。如果当时有人懂得政府可以通过发行公债将战争负担转移到下一代的办法，如果政府有足够的中央集权，那么可以肯定，太平天国运动会在其兴起后的 1 年内遭到摧毁。我们从曾国藩的所有奏疏中可以看到，年复一年，他不断地发明榨取新税收的方法，竭力排除万难，获得足够的财力来维持他雇用的那支人数不多的部队。如果他有一个强大的朝廷对他深信不疑，给他撑腰，他就能轻而易举地召集一支大部队，人数 10 倍于他实际招募的数量，很快地将天王歼灭。原因在于，天王在金陵已经感到贫穷的困窘，仅仅靠着分散在各地的部队不断的活动，才得以存活下来，因为那些部队一直从安徽与江西将掠夺的物资送到金陵，有时却被围攻部队挡在金陵之外。如果这还不足以说明问题，那么在 1854 年 10 月 19 日，他不得不将作为俘虏羁留下来的所有妇女赶出金陵，只留下特别强壮或漂亮的女子，以便节省粮食，这个事实就更有说服力了。[1] 此外，太平军的士兵比新建的官军日益逊色，远远比不上在广西一度突破官军防线、令清政府为之震慑的热情而勇猛的部队。

但是，如若不改革省级与国家当局之间的整个核对与平衡体制，就无法动员全国的财政。太平天国运动本身就是令咸丰的顾问及行政官员们最为头痛的问题，所以彻底的行政改革不具有可操作性，恐怕他们连想也不会想。他们必须尽可能地开着这架为另一目标设计的笨机器“混过去”，然而遗憾的是，这架机器只具有原来设计的那种功能。

这一点是值得注意的，因为只要全国的力量能够经受住太平军的打击，清政府就能将这场运动镇压下去。太平天国除了在其控制了几年的中部省份中的若干地区以外，显然未曾建立任何长期性的文官政府，而且就连受其控

---

[1] 《平定粤匪纪略》：卷三，第 20 页下栏及第 21 页上栏；《发贼乱志》：第 29 页。

鞑靼人

制的地区，可能也未能建立这样的政府。但是，直到这场运动的末期为止，他们靠抢掠获得大部分的财政收入。[1]随着朝廷权力的分散，曾国藩的困境是无法改变的，因此太平天国注定要取得许多年的胜利，造成无数的破坏。但是他们现在被清军从北方赶回来了，因为蒙古部落的军队投入了战斗；他们在湖北又遭到乡勇的打击，这些乡勇几乎每战必胜，以少胜多。就连正规军也在金陵附近取得了一些优势，因为其中掺杂了少数的“勇丁”。在安徽，李鸿章率领类似于湘军的武装作战，也有捷报传出。[2]朝廷花掉了大量的金钱，但多数是浪费于旧式的武装，而非明智地用于投资有效的新军。

曾国藩将其陆军与水师分为3路，于11月初开始向金陵推进。塔齐布

[1] 米奇给英国驻北京公使布鲁斯的报告，讲述了他1861年在金陵的见闻，见《1862年太平天国蓝皮书》，声称他们直到那时为止还不是靠税收和其他正规的收入来源为生，而是主要依靠抢掠。见麦克奈尔《现代中国史选读》第348页及以下。

[2] 《平定粤匪纪略》：卷三，第18页下栏及第19页上栏。

沿长江南岸前进，穿过大冶（现在是大铁矿中心）与兴国。与此相对应，魁明率领湖北的官军沿长江北岸推进，奉命攻打蕲州与广济。水师在曾国藩亲自指挥下夹在两岸陆军中间东下。塔齐布的部队和曾国藩的水师按计划抵达了九江上游约65公里处的田家镇。但是魁明的第二路兵力由于指挥官的低能而延搁了，他后来被解除了职务，该部划归曾国藩指挥。[1]

与此同时，田家镇一带的太平军建起了非常牢固的防御工事，在两岸之间拉起了两条铁链，固定在浮桥之上，官军必须占领半壁山，才能斩断铁链。太平军在此处兵力强盛，由燕王秦日纲指挥。[2]湘军经过3天鏖战，终于在1854年11月24日攻占了半壁山，奏报斩杀守军1万人。[3]到了11月底，太平军全部在田家镇集结。他们在12月2日的水战中彻底失败，4000艘战船被毁，铁索已被斩断。这是湘军水师至今取得的最大胜利。湘军从搜获的敌军书信中得知，太平军的几千名老兵，领着他们的“数万”追随者，奉东王之命来此，不惜一切代价坚守此镇。[4]现在他们被迫撤向九江。

接着，翼王石达开从安徽赶到九江，防止官军在鄱阳湖地区获胜。[5]在曾国藩抵达九江城下时，太平军已加固了防守，而且已采取措施，将船只停泊在鄱阳湖内。曾国藩做了努力，但他无法在九江前进一步，派往湖内攻打大姑塘的战船被太平军封锁起来，于是太平军开始用纵火船攻击曾国藩的大船，迫使它们撤回九江。接着湖口的太平军在长江对岸活动，推进到九江上游，用纵火船与火弹攻击湘军的主力舰队，摧毁了曾国藩的几艘大船，甚至俘获了他的旗舰，船上有许多有价值的文件，以及皇帝新近赐给他的礼品。曾国藩本人乘一条小船侥幸逃脱。[6]

这些失利夺去了湘军的士气，军需问题也日益严重。给曾国藩雪上加霜

[1] 《年谱》：卷三，第21页。

[2] 《奏议》：卷四，第34页。

[3] 《年谱》：卷三，第24页上栏。

[4] 《奏议》：卷四，第42页。

[5] 《太平天国野史》：卷十二，第18页及以下。

[6] 《年谱》：卷三，第29页下栏及第30页上栏；《奏议》：卷五，第3—6页；《家书》：卷五，第1页。

的是，他的许多同事不听命令，撤到了武穴上游。曾国藩想跨上战马，冲入敌阵，以结束自己的生命。多亏罗泽南等密友好言相劝，才将他制止。[1]在2月16日的一份奏疏中，他请求皇帝为他的失利而处罚他，但皇帝看在他之前打了胜仗的份儿上，宽宥了他的失败。[2]但他的霉运还未到头，一场风暴刚刚摧毁了他的22艘长龙与舢板，接着又摧毁了24艘。那些能够行驶的战船都驶到汉口上游的金口，进军金陵的计划无限期地延搁下来。[3]

曾国藩建议在距离岳州不远的新堤建立一所船厂，由李孟群与彭玉麟监管，请湖广总督与湖南巡抚提供财政支持。[4]胡林翼推进到了武昌，残存的水师与他合作对抗太平军，而曾国藩本人为了鼓舞部队的士气，继续留在九江，与被封锁在鄱阳湖内的水师保持联系。一部分太平军已向南昌推进，曾国藩不可能率部前往该城，因为他的交通线处在极大的危险之中。如果能将九江克复，他就会考虑迁移到江西腹地的一个小城市，将水师与陆军联合起来，等待主力舰队修复，再次投入战斗。他意识到自己没有更充分地为武汉的防务提供支持，以致铸成大错，却已为时太晚。

按照这个计划，塔齐布留在九江继续围攻该城，曾国藩本人则前往江西的省会南昌，于1855年3月5日抵达该城。罗泽南率部从九江出发，去与鄱阳湖的水师会合。胡林翼被任命为湖北布政使，奉令保卫该省。一些将领奉命去湖南添募水兵。曾国藩在江西订造了几艘更大的战船。[5]

然而，官军头顶上的阴霾越来越浓。太平军沿长江两岸溯江而上，攻克一座又一座城镇，于1855年2月23日抵达汉口。[6]东王杨秀清亲自来指挥这些部队，它们的表现强于官军。武昌于4月3日第3次落到太平军手中，

[1]　《年谱》：卷三，第30页上栏。

[2]　《奏议》：卷五，第3~6页。

[3]　《年谱》：卷四，第1页。

[4]　《奏议》：卷五，第12~14页（2月24日）。

[5]　《年谱》：卷四，第2页下栏及第3页上栏；《奏议》，卷五，第17~19页。

[6]　《奏议》：卷五，第25页。

官军撤退到水师的大型战船所在的金口。[1] 在江西，曾国藩的处境也在进一步恶化。太平军从湖口经过鄱阳湖东岸，攻陷广信府与饶州的许多城镇。3 月 16 日，水师奉令攻打康山的太平军；而罗泽南率领 7000 人从南昌前往鄱阳湖之东，指望收复几座被太平军占领的城镇；塔齐布则留在九江继续攻城。[2] 这些部队的给养如今完全脱离了湖南，曾国藩请求皇帝责令江西巡抚负责，由福建与浙江两省协助。袁甲三也请求招募一支 5000 人的新军。这时太平军控制了所有道路，曾国藩的奏疏必须从西北方向穿过湖南，才能送抵湖北的金口。[3] 曾国藩意识到了自身的危险，也意识到了太平军可能从武昌基地南下攻击他的家乡湖南。如果发生这种情况，塔齐布和他自己就必须回去保卫他们自己的家乡。[4]

我们再次看到了曾国藩所面对的巨大困难，实际上就是钱，或者说缺钱，舍此无他。[5] 他的 13000 名士兵跟太平军一样优秀，完全能够以少胜多。然而，他们很难敌过那些溯长江而上的太平军。曾国藩在九江的失利终究是因为缺乏资金，当时他无法前进，是因为他穷得招募不起兵员，在恰当的规模上进行战争，即有部队进攻，有足够的预备队守营，还有大批的驻军守卫已经攻取的城市。有了人，有了钱，曾国藩就会觉得战争能够打赢；没有这两样东西，一切都会失去。他面对的局限性的确令他烦恼。他渴望缩回他那安宁的家乡，唯有永久的忠诚使他坚持执行一项似乎毫无希望的任务。[6]

到了 4 月底，曾国藩经过很大的努力得到了一支由 200 条船和 3000 名训练有素的士兵组成的舰队，去饶州与广信地区加入罗泽南的部队。他把李

[1] 《平定粤匪纪略》：卷四，第 4 页下栏及第 5 页；《发贼乱志》：第 33 页。有些资料将其陷落记载为 4 月 20 日，但曾国藩在一封家书（卷五第 2 页上栏）中说他于 4 月 15 日得到了该城陷落的消息。

[2] 《年谱》：卷四，第 4 页上栏。

[3] 《年谱》：卷四，第 5 页上栏；《奏议》：卷五，第 25~33 页。

[4] 应该记住，曾国藩的所有士兵及其将领都是湖南人，当时中国人的地方情结和同省情结是很强烈的。

[5] 《家书》：卷五，第 2 页上栏。

[6] 《家书》：卷五，第 2 页上栏。

次青（即李元度。——译注）派往了南康府。[1]这些地区在鄱阳湖的对面，而这支舰队找到了它的主要用途，即将太平军分隔开来，并打开曾国藩几支分遣队之间的交通。但是这几支小型的官军武装根本就不适合面对当时在华中的太平军。东王待在武昌，最有能力的将领之一石达开待在九江，而罗大纲待在汉口。太平军占据了江西东部，包括官瓷产地景德镇。有证据表明，他们在图谋沿广信一路入侵浙江。曾国藩希望能够联合控制整个军事区来挫败他们的企图，皇帝任命他为总司令，以执行他提出的方案。但是，由于缺人，由于内湖水师战船太少，由于他必须在九江维持一支大部队，这个计划过于烦琐，过于庞大，很难立刻推行。[2]

5 月份，罗泽南几度报捷，那一地区的太平军退入浙江。但是，这些令人鼓舞的消息，被曾国藩与巡抚之间有关招募与管理新兵、特别是有关提供给养所需资金的争执所抵消了。他们的争执非常激烈，以至于曾国藩决定将大营从南昌迁至鄱阳湖东岸的吴城镇，后来又迁到南康府。最后，他成功地将巡抚从这个岗位上弄走了。[3]

浙江方面要求罗泽南开进该省，击败他从江西赶出的太平军，但是，当他正要朝那个方向进兵时，他听说湖北的一支敌军从西面开进江西，已经抵达义宁，在那里严酷地压榨百姓，并威胁到省会南昌。这个消息足以将罗泽南从浙江方向召回，不仅因为江西告急，而且因为义宁可直接通平江与浏阳，是通往湖南的后门。但是，他的撤退将整个江西东半部交给了太平军。曾国藩本人仍然待在南康府，既难与九江的塔齐布保持联系，又很难与南昌的部队经常沟通，而南昌此刻正遭受来自西面的威胁。这个威胁直到 8 月份才因罗泽南在战斗 3 天取得胜利之后而消除。[4]

为了给未来的胜利打下基础，曾国藩建议重组湖北的军队，因为当时大

---

[1]　《奏议》：卷五，第 27 页。

[2]　同上，卷五，第 25 页，又见第 32~36 页。针对四个军事区的计划包括湖北、安徽与江西三省。

[3]　《年谱》：卷四，第 7 页。有关巡抚顽固的奏疏（1855 年 7 月 25 日），可见于《奏议》：卷五，第 61 页及以下。

[4]　《年谱》：卷四，第 10~12 页；《奏议》，卷四，第 6~13 页。

捻军战争形势图

部分驻扎在德安的正规军毫无用处。他还得到皇帝的许可，派杨载福在湖南添募兵员。后来杨载福率领一大批新船出现在金口，与胡林翼合作，以图克复武汉三镇。[1]各项事情正在缓慢推进时，集结了所有湖北军队的德安丢失了，说明曾国藩对那支部队的看法是正确的。现在满族人将军官文取代了总督。江西遭受了更加严重的损失，正在围攻九江的塔齐布去世了。曾国藩任命周凤山指挥塔齐布的部队，此人值得信赖，但并非特别能干。[2]

正规军于8月份从金陵溯江而上，攻占了产稻区的芜湖城，此地在金陵上游约80公里处。[3]在同一个月，曾国藩的内湖水师成功地捣毁了湖口的

[1] 《年谱》：卷四，第11页。
[2] 《奏议》：卷六，第1~3页。
[3] 《平定粤匪纪略》：卷四，第15页下栏。

要塞，于是再次打开了与长江的交通。[1]

但是湖南省当局感到了恐慌，他们的安全从 3 个方面受到威胁。广东和广西又冒出来了新的造反军，他们不是太平军，但是有可能加入太平天国运动，他们进入湘东南，威胁到湖南与江西两省。捻军渗透到湘西地区，而在湘西北地区，太平军又从湖北窥视该省。于是巡抚向皇帝奏报，请求将罗泽南从义宁调回，以保卫湖南。曾国藩激烈地反对这一动议，因为罗军在他的作战方案中是最重要的部队之一，罗军撤出江西是整个作战的危险之源。他认为，湖南巡抚应该用自己的部队来应对土匪的威胁。通过他的举荐，皇帝认为还不如批准罗泽南部向武昌推进，指望他有助于将太平军赶出湖北，尽可能快地打通从武汉到湖口的长江水路。[2]

肃清湖区的工作在夏季与初秋进展顺利。但这个任务刚刚完成，几周前将湖南巡抚吓得不轻的广东造反军离开了湖南，进入南昌以南的吉安府。他们得到翼王石达开的增援，翼王从在罗泽南攻击下已难防守的湖北各地区集结部众，在赣西连克数城，到 1855 年的圣诞节，实际上攻占了瑞州、临江、袁州、吉安四府的所有城镇。[3] 翼王号称率领 10 万之众，而巡抚的部队在人数上与素质上远非太平军的敌手。曾国藩只看到一条出路，那就是将九江、湖口与湖区的所有部队集结到南昌，坚守省会，而罗泽南则控制通往湖北的道路，以防太平军袭击后路。他的信件现在只能通过浙江送出，他实际上已经断绝了跟外界的联络。

1855 年就这样在黑暗中结束了。曾国藩实际上成了南昌的一名囚徒，武汉与九江在太平军手里，从金陵至金口长江段的控制权也在太平军手中。另一方面，金口的湖南援军还未强大到足以发起攻击，却能防止太平军越过他们进入湖南。石达开肯定是在赣西，但他未在水面上。安徽打了几次小胜仗，但整个画面仍然是阴暗的。如果太平天国的领导更为明智，更为能干，清朝的皇帝就会在他的龙椅上直打哆嗦了。

---

[1]　《奏议》：卷六，第 14~18 页；《平定粤匪纪略》，卷四，第 16 页上栏。

[2]　《奏议》：卷六，第 23~25 页。

[3]　《奏议》：卷六，第 61 页至第 64 页上栏。

第九章

太平天国内讧与清廷的失望

从外部来看，太平天国事业在 1855 年的下半年是空前辉煌的。然而，从内部来看，他们之间的猜忌与冲突已经达到临危点，注定很快就要将太平王国的统一撕成碎片，夺走他们的东王与北王，并将石达开送走，使他成为一名游侠骑士，率领部众徒然地攻打许多城市，远远地走到西藏的边界。

当时太平军进展一切顺利。长江中游的每个战略要点都在他们手中。他们在 1855 年遇到了被歼的威胁，但他们用铁爪牢牢控制住了九江与湖口，同时一波又一波地越过安徽，溯江而上，进入江西省。曾国藩麾下那点儿可怜的小部队及其将领们远远不足以对付太平军，就算加上增募的兵员，人数还是不够。然而，太平军中酝酿了许久的麻烦在 1856 年因东王的刚愎自用与僭越而达到了最高峰。我们还记得，他是上帝天父的代言人，后来自称为劝慰师与圣灵。他篡位的野心走得太远，干脆在天京自称为导师，利用其天神的伪装凌驾于其他各王之上，甚至要控制天王。终于他要求登上帝位。[1]“要逼天王封其为万岁。那时权柄皆在东王一人手上，不得不封，逼天王亲到东王府封其为万岁。北、翼两王[2]不服，君臣不别，东欲专尊，后北与翼计杀东王。翼与北王密议，杀东一人，杀其兄弟 3 人，除此以外，俱不得多杀。”[3]

在继续讲述这段故事之前，我们暂且来看一下官军方面的进展。1856

[1] 此节的摘录与一般性记述，都取材自《忠王自述》第 7 页及以下。

[2] “万岁”的字面意义是“1 万年”，是皇帝的称号。

[3] 《忠王自述》：第 8 页。

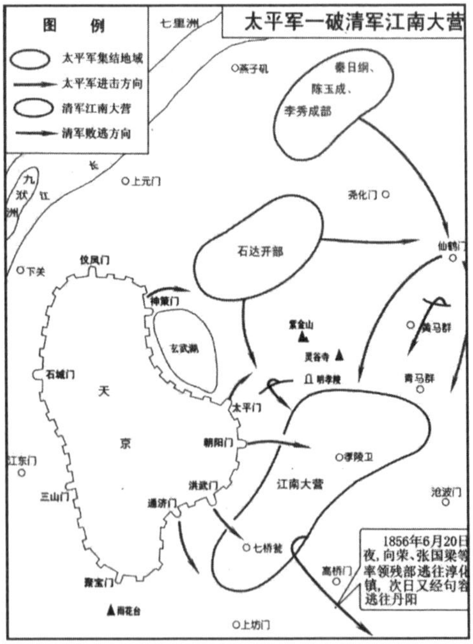

太平军一破清军江南大营形势图

年初，官军集结兵力攻打武汉，在周边地区打了一些小胜仗。在这次作战中，被视为曾国藩麾下仅次于塔齐布的最佳将领罗泽南，于4月6日在武昌城下身负重伤，于4月12日去世。朝廷追念他的大功，赐他身后享有巡抚官衔。[1]然而，直到当年年底，武昌城在被太平军占据了18个多月以后，才落到官军手中。[2]官军对武昌的围攻，实际上持续了将近1年之久。当太平军的所有粮道都被官军封锁之后，他们才突出城门逃走。作为攻城的胜利，这个成果很有价值，但并不壮观。

正规军在6月份遭到了自从太平天国起事以来空前严重的打击。一支部队从金陵城外的“大营”开往镇江，去为那里的官军解除困境。东王抓住这个机会，命令李秀成和其他将领指挥攻打江南大营。这次行动由所有能够动用的太平军联合执行，发起猛烈的一击，将官军分割开来，迫使他们全部撤

[1] 《平定粤匪纪略》：卷五，第3页下栏。

[2] 《平定粤匪纪略》：卷五，第20~21页。

往丹阳。[1] 向荣将军自杀身亡，为他的失败而赎罪，留下他的继任者和春收拢溃军，在新的基地进行休整。和春试图在这次意外的灾难之后再振士气、重整营伍，让部队出动，攻取安徽与江西的城镇，而不让他们闲置。张国梁与他合作，共同指挥部队。

在安徽，太平军将司令部设在三河，而清政府则将庐州作为基地。和春决定发起决定性的打击，亲自率部进攻（9 月 17 日）。这次努力大获全胜，太平军被击败了。官军击毙了 5000 多人，许多太平军淹死在河中。[2] 他们的另一基地巢县是为天京提供补给的源头，防卫森严，于 9 月 27 日向官军投降。大批军用物资落入官军手中。但从整体而言，官军还远未征服安徽，太平军留在安庆，只有小股的官军部队能在几个特定的地区进行必要的攻击。不过，这几个胜仗还是很重要的，表明官军的战斗力已经提升，部队里已经有了惯于实战的官兵。[3]

天京城内，在太平军于当年早些时候取得胜利之后，特别是于 6 月份完全击溃围攻的清军之后，首脑们之间的猜忌达到了顶点，东王及其亲属被联手反对他的各王谋杀了。但是，他的死亡并未令局势有所改善，因为北王韦昌辉步杨秀清之后尘，出于对石达开的疯狂猜忌，迫使这位能人逃出天京。石达开前往宁国之后，韦昌辉对他的家人下手，将他们冷血地屠杀。接着，这个疯子开始了一系列不分青红皂白的残酷屠杀，不分男女，不分老幼，终于使得天京的百姓起来反对他。他的脑袋被送往宁国，交给翼王，作为血腥的战利品。翼王返回天京，准备在太平天国政府中任职。[4] 他在政府中获得了高位，但他看得很明白，天王宁愿通过自己的两位老兄来统治天国。这两位仁兄在兵略与国事管理上都无才干，和他们的天神老弟一样深信上帝永远

[1] 《平定粤匪纪略》：卷八，第 8 页。一份很短的记述。官方的详细记述发表于 1856 年 7 月 2 日的《京报》。

[2] 《平定粤匪纪略》：卷五，第 13 页下栏、第 14 页上栏。

[3] 北伐军自从两年前第 1 次受阻于天津附近以来，被僧格林沁缓慢地逐步击退，在 2 月中旬与 3 月中旬之间被彻底打败。其勇敢的首脑林凤翔被押解到北京处死。上海自 1853 年以来为三合会控制，也由江苏巡抚吉尔杭阿夺取。忠王在其《自述》（第 19 页）中提到稍后的一个时期时说，官军的勇敢正在增强。

[4] 《忠王自述》：第 9 页。

外国人绘制的忠王李秀成军帐

会站在他们一边，总是拒绝石达开这位老练而能干的将领制定的任何明智的政策。于是，石达开离开国都，宁愿从此去向没有洪家人猜忌目光的地方，去继续他的战斗。[1]

太平天国剩下了两个能人协助领导天国的事业，一个是陈玉成，时任国家的部长，后来封为英王；另一个是李秀成，即后来的忠王，天国末期唯一的支柱。李秀成是在广西加入太平军的，当时只是一名列兵，1854 年在石达开的安徽作战中效力，后来随部攻打向荣的部队，于 1856 年随部将清军赶到丹阳。此后他奉命指挥安徽的重要作战，不久之后被封了王。后来戈登将军的敌手就是他的部队。此人头脑清醒，忠于职守，直到最后一刻。他也不怕向天王本人表达通常是理智的看法。他把这场运动的崩溃主要归因于洪仁玕（洪金）的错误。洪仁玕于 1859 年从香港来加入太平天国，于是左右着天王的看法，以至于其他的顾问无法进言。他认为事业失败的次要原因则是君主过于依赖天神的干预。

[1]　《忠王自述》：第 9 页。

1856年的这些内乱与调整大大削弱了太平天国运动，只要官军利用这种局势，战争便会迅速终结。然而，太平天国内乱到达顶峰时，官军及其士气在金陵城外遭受严重打击，曾国藩又离得太远，被敌军困得太死，无法离开南昌。难怪就连忠王在回顾那个生死存亡的关头时，也能看到一只不可思议的天佑之手，把事情安排得对太平军有利。它让官军的失败及其将领的死亡发生在先，让太平军首脑的分裂与天京事变发生在后。如果天京之乱发生在前，那么官军的彻底胜利与太平天国运动的毁灭就是不可避免的了。

> 杀东王，即此时之间。此是天意，若向帅未败，仍扎孝陵卫，遇内乱之时，那时乘乱，京城久不能保矣。逢向帅败过而乱，此是天之所排，不由人之所算。……在六年（咸丰六年，1856年。——译注）之间乱起，……此时杀东王之后，又杀北王。杀北王之后，安福王又逼翼王他逃。[1]

忠王还指出，在那些危急的日子里，官军其实还有一个办法，即劝降那些已经心灰意懒的太平军首领。那时天京城内是群龙无首，大家互不买账，天王怀疑所有人，只信得过自己的直系亲属。

> 那时各有散意，而心各有不敢自散，因闻清朝将兵凡拿是广西之人斩而不赦，是以各结为团，故未散也。若清朝早日肯救赦广西之人，而散久矣。[2]

于是，部分因为在危急关头的软弱，部分由于未能在适当的时候采取怀柔政策，也许又是因为对难得的机会毫无知觉，或者因为北京缺乏一位有远见的政治家，官军失去了这个稍纵即逝的机会，听任太平军在那两位挺身而出的能力过人的领导人手下重振雄风。也许官军除了蔑视太平军以外，不可

[1] 《忠王自述》：第17页。
[2] 《忠王自述》：第12页。

能再有其他的态度，也许他们在任何情况下都看不到安抚政策的好处何在。他们在文告中总是对太平军极尽辱骂贬责之能事，而将太平军的胜利主要归因于官军将领的无能。

1856 年 3 月 25 日的一份上谕很有典型性。文告首先将华中清军的效率低下与已将太平军北伐部队阻挡并击退的蒙古军队做了一番比较，接着要增派一支蒙古军队肃清长江沿岸的太平军，然后皇帝放肆吹嘘："谅兹穷寇，不难一鼓荡平。"[1] 只要上谕如此夸张地贬低这场运动（尽管在写这些字句时握笔的手都在颤抖），清政府一方就没有任何妥协的可能。那些本来可能间接请降的太平军在这种情况下无法指望归顺清廷后会得到多大的宽恕。

与此同时，曾国藩及江西的情况又是怎样呢？在 1855 年底，他被困于南昌，他的部队被拖欠了几个月的薪饷，与外界的交通被切断了。石达开在来自广东的盟军协助下，控制了该省的整个南部与东南部，太平军还占据了湖区和东部的产茶区。在 1856 年，一群当地的造反者，集结在边钱会的旗号下，最终多达约 5 万人，秘密地加入了太平军。他们攻占了许多城市，蹂躏许多地区，令曾国藩更为头痛。[2]

曾国藩向皇帝奏报他对局势的筹划，提出一个防御方案：将他自己的兵力集结到南昌；由罗泽南占领通城，确保与湖南、湖北的交通，并护卫南昌；由遮克敦布增援他的部队，保卫唯一能为官军提供财政的东北部 4 府。[3] 皇帝对如此保守的方案极为不满，在两份上谕中指出：敌军的进攻与人数并不可怕，曾国藩应该采取措施，使江西不仅处于防守态势，还要从敌军手中夺回失地。但是朝廷只发上谕，却未拨款。不过，由于采用厘金税制，在 1855—1856 年，浙江、湖北与湖南的省级财政有所增强，而这种税制正在四川、广东与广西推行。

有一天，彭玉麟来到南昌，令曾国藩又惊又喜。彭玉麟化了装，从衡州

[1]　摘自该日的《京报》，W.H. 麦都思翻译。

[2]　《年谱》：卷四，各处。

[3]　《奏议》：卷六，第 56~63 页，1855 年 12 月 29 日签发的两篇；《年谱》：卷四，第 18 页。

一路步行而来，行走了大约400公里。[1]他的到来对曾国藩而言如同及时雨，因为曾国藩本人并非天才的兵法家，面对来自京城的这些上谕，感到特别无助，因为他已失去了几位最优秀的将领与水师指挥员，有几个去世了，另有几个离开了。在鄱阳湖一带正在采取一些攻击行动，但是当吉安遭到太平军围攻时，曾国藩找不到部队去救援。

于是，无时不在的御使们开始指责曾国藩对江西军务管理不善，皇帝下诏质询曾国藩。他于2月14日复奏，声称没有罗泽南与杨载福，他在江西完全孤立。他的兵力本来就少，还要如此分散，甚至要分兵去保卫湖北，所以不敷使用。现在彭玉麟来了，他指望稍后可以有所进展。同时他因缺钱而有诸多窒碍，他如今无法从正常的财政来源获得他那支11000人的小部队所需的6万两银子。太平军占领了许多府城，阻止了正常的税收，卖官鬻爵无法推进，浙江的盐税则很难获取。曾国藩已经注意到新的国内商品贸易和运输税，即所谓的厘金，[2]在所有现存的税种中是最有利可图的办法，他请求将在上海针对商品征收的厘金放到与上海通商的各地,并将税收所得交给他。与此同时，他请求从上海的海关财政拨款协助。

上述最后一条请求，牵涉到太多其他的问题，很难得到批准。然而皇帝又要马儿跑得好，又要马儿不吃草，又发下一道不耐烦的上谕，命令曾国藩在与巡抚协商后,采取有效的措施。曾国藩于3月27日的复奏是绝望的哭泣。南部的吉安陷落了，湖区部队的新任司令官周凤山表现无能，丢掉了基地樟树镇。更糟糕的是，他的部队溃散后，惊慌失措地逃入南昌，在百姓中造成

[1] 《年谱》：卷四，第19页。

[2] 厘金于1853年在扬州附近由一位名叫雷以诚的高官开征，他用这项收入给在当地招募的兵员支饷。厘金的命名，是因“厘”字的意思为“一两银子的千分之一”，该税在理论上抽取千分之一。雷以诚的成功致使该税种被推广到其他地方。帕克在其《中国》一书第1版第227页（第2版第245页）中声称该税种首先于1852年用于山东，没有成功。他还补充说，大约与此同时，湖北巡抚胡林翼在该省采用了该税种，此后于1854年，两江总督在运河以东推行，厘金得到逐步地推广。如果如同帕克所说，胡林翼在湖北采用了这种税制，应该是在1852年以后很久的事情，因为当年胡林翼尚未发达；如果1852年确曾采用，那么当事者应该是另一位巡抚。我的材料取自《年谱》卷二第17页上栏，其中有上述厘金首征情况的证据。如果如同帕克所说，厘金在两年前就开始实行了，曾国藩请求在江西推广厘金岂非多此一举！

恐慌，导致居民大出逃，城内人口减少。最糟糕的是，官军放弃了铅山与饶州，两地的驻防军撤回了南昌。[1]这些事件要求曾国藩亲自收集周凤山所部，并安抚百姓。曾国藩指望湖南的援助，该省巡抚试图在醴陵与平江之间、浏阳与万载之间打开两条通道。

曾国藩在与巡抚协商之后，在下一份奏疏中报告，整个赣东与赣南都在太平军手中，来自广东的匪帮已经进入南部的赣州，应该要求两广总督设法解救。他们认为，应该将罗泽南调回江西。财政援助是燃眉之急，他们要求上海海关支付 10 万两银子，并要求发给空白凭照，以在江西出卖官阶。[2]如果曾国藩遭到御史们的弹劾，那么皇帝或那些了解其状况的人，一定会记得他只有大约 11000 名没有拿到薪饷的官兵，而他对抗的是石达开与胡以晃这样很有潜力的指挥官，他们主要靠抢掠为生，而曾国藩作为朝廷官员是不能这么干的，所以他无人无钱，无依无靠。然而，他筹集资金的努力没有得到其他官员的积极响应。关税问题关系到外交。厘金是否有用也还值得怀疑，对于湖南、湖北、安徽与江西的财政，还有其他的需求。皇帝将曾国藩对于资金的请求交给户部，其实际效果相当于否决他的请求。奇怪的是，曾国藩居然没有全盘放弃，退隐回家。

不过，援兵开始到来了。在曾国藩父亲的请求下，胡林翼派出了曾国华指挥的 4000 名湘军。援兵派出的消息由一名信使传递，他将信函藏在蜡丸里面带来。[3]这支部队在瑞州停顿了一段时间，在 9 月初湖北另派援兵过来之后，一起攻克了瑞州城。[4]那里的太平军首领据说是翼王石达开，曾国藩希望能够在围攻瑞州时将他俘虏，但他避开了。[5]

当瑞州发生战事的时候，曾国藩的部队克复了南康与饶州，重新打开了

---

[1]　《年谱》：卷四，第 23 页。在遭到突发危机的威胁时，这种恐慌在中国的百姓中并不少见。这种事情在大多数战争行动中肯定是寻常可见。此事之所以值得特别一提，表明事态非常严重。

[2]　《奏议》：卷七，第 13 页及以下。罗泽南此后不久在武昌去世。

[3]　《年谱》：卷四，第 26 页下栏、第 27 页。

[4]　《奏议》：卷七，第 40~45 页；《年谱》：卷四，第 31 页下栏，第 32 页。

[5]　《家书》：卷五，第 12 页上栏。

与湖南、湖北的交通。杨载福也于6月6日率领湘军新舰队抵达九江城下。[1]但是他们为接到的情报而忧虑，据说太平军正在南昌以南的4府建造船只，航行内河与溪水，企图利用夏季的洪水扬帆而下，攻打南昌。他们的确杀过来了，但结果是被湘军舰队击败。[2]

然而这些援军要求更多的财政调适，这把曾国藩与巡抚赶到了绝望的边缘。于是他们请求朝廷每月从山西与陕西这两个远离战场的北方省份拨付3万两银子，以供养瑞州城下的湘军与鄂军。

接着，曾国藩又遭到新的打击。此时他已离开南昌，去瑞州视察部队，突然听到在赣东围攻抚州的部队遭了大难。这支部队多次发起进攻，与太平军交战52次，从未落败。该城是一个战略中心，坚守沿湖的饶州和通往浙江的广信，都要借助该城的力量，它位于补给必须通过的道路上。10月15日，城内的太平军开始突围，在解围援兵的协助下打败了官军，并端了他们的营盘，令官军惊慌失措。他们四处溃逃，退向南昌，再次将恐慌带到了省会，在赣西的广信与建昌造成了很大的震动。于是曾国藩必须返回南昌，安抚居民，并采取必要的措施防卫广信。

11月22日，太平军在建昌攻击官军营盘，福建清军被迫撤过省界。[3]大约与此同时，皇帝的上谕送到，申斥曾国藩，质问为什么在应该听到捷报的时候，却只看到了败报。既然石达开就在江西，为什么不能劝说他归顺朝廷？命曾国藩赶紧设法尽可能胜过石达开，再次奏报克复城镇。如果再有失败，哪怕不受申斥或责罚，也一定会让曾国藩与巡抚无颜以对江西的百姓。[4]

这时确实发生了一两件事情，虽然并未直接预告胜利，却表明了至关重要的结局。一件事情是袁州告捷，官军于11月26日攻取了该城。但更重要的

---

[1] 《年谱》：卷四，第28页。

[2] 《奏议》：卷八，第1~10页；《年谱》：卷四，第30页。

[3] 《年谱》：卷四，第37页上栏。

[4] 《年谱》：卷四，第37页上栏；《奏议》：卷四，第4页及第5页上栏。这明显是不公平的。曾国藩无法集结超过20000或25000的总兵力，去对付聪明的石达开所率领的3到4倍的兵力。何况许多湘军在武昌协助围攻。太平军距离其基地不远，大部分靠抢掠为生。皇帝也疏忽了对财政援助的千呼万唤，或者无法将钱送达，但他仍然要求看到成果。对于失败，皇帝与体制的责任比曾国藩更大。

曾国荃

是第二件事：周凤山从湖南率领更多的新兵回到江西了，同来的还有曾国藩的弟弟曾国荃。他们在安福打了一个胜仗，然后向吉安进军。曾国荃表现出很大的军事才干，以至于后来他被挑选出来去实施对安庆与金陵的围攻。[1]

在给皇帝的奏答中，曾国藩耐心而圆滑地回应朝廷的指控，小心翼翼地解释他的处境。南边的赣州在省会的千里之外，从军事的角度来看，应该对广东设防。建昌失利，遭到打击的是福建官军，他们的撤退抽空了曾国藩在那个方向的兵力。他牢牢地守卫着瑞州城，这是赣西的关键，控制着通往湖南与湖北的道路。曾国藩最后提到石达开，他在前段时间一直关注此人的动向，发现他曾一度死死地控制着皖南，而现在他同样抓住瑞州、临江、抚州、吉安与九江不肯放手。如果有人提议向他劝降，那么先要确定此人有无诚意，首先要求他交出他所占领的一两座城市。[2]

[1] 《年谱》：卷四，第 37 页下栏。

[2] 《奏议》：卷八，第 72~79 页；卷四，第 1~25 页，尤其是第 4~7 页，直接回答了斥责。

皇帝欣然接受了这些解释。根据湖南巡抚的提议，他还批准在曾国藩的故乡湘乡县把秀才的名额从15名增加到18名，武秀才从12名增加到15名，这是赐予曾国藩的象征性荣誉。[1]有了这份难得的荣耀，人们认为他从前受到的斥责得到了足够的补偿。

1856年现已过去，如果说此年是一个黑暗的年份，但它仍然有一个充满希望的层面。官军于1856年12月19日收复了武昌。[2]曾国藩守卫着战略要地瑞州，而曾国荃与周凤山一起正在围攻吉安。太平军在金陵受到清军的威胁。这是一个极为紧张、充满危机的年度。但是如今援兵已经到来，夺取武昌之后，陆军和水师腾出手来了，正在沿长江而下，曾国藩得以于1857年1月13日在九江城外与之会师。杨载福带来了400艘战船，鲍超领来了3600名战士，李续宾带来了8000兵力，加上瑞州的兵力，以及曾国藩麾下在南昌或南昌附近的部队，总数比6万人少不了多少，这还没有计入吉安地区的官军，以及来自广东、福建两省的部队。[3]

1月和2月，官军从太平军手中夺回了一些县城，不过太平军在一些地方仍然很强大，尤其是在靠近湖北边界的地方，以及鄱阳湖以东的饶州与贵溪。[4]就在曾国藩认为他可以开始按计划向下游作战的时候，他父亲去世的噩耗传来了。这要求他马上离职回家，他请求朝廷批准，湘军由杨载福与彭玉麟接替指挥。曾国藩与曾国华兄弟接到噩耗10天后，于3月16日出发回家，曾国荃也从吉安回到了家里。皇帝给了曾国藩3个月假期，但后来又延长了，还同意了他对陆军与水师指挥权所做的安排。财政支持交给了湖北的官文与胡林翼，以及江西的文俊。

但是，曾国藩离开之后，事情并没有好转。皇帝催促曾国藩重新接掌指挥权。曾国藩却刚好相反，请求延长假期。最后达成明确的谅解：只要江西出现危急的情况，曾国藩要随时准备奉旨出发。他暂时的离岗使他有机会思

[1] 《年谱》：卷四，第38页下栏。

[2] 《年谱》：卷四，第39页上栏；《平定粤匪纪略》：卷五，第20页及以下。

[3] 这个估计取自《奏议》卷四第38页上栏，其中的人数不包括新到的5万人，或者大约6万人的总数。

[4] 《年谱》：卷四，第40页下栏、第41页上栏。

考为什么他付出了那么多努力，却还未取得成功。[1] 首先，尽管他有内阁官员的级别，也有总司令的头衔，但他的实权小于一省的提督。其次，所有的财政收入，不论属于何种性质，都要通过常设官员之手，曾国藩只是一位客人，无法插手任何财政事务，也无法将之用于维持部队。因此，为了获取必需的资金，他的烦恼永无止境。再次，他的官印上曾有过 4 个不同的头衔，级别都是很高的，但都不十分清晰，无法在官民的脑子里形成明确的权威印象。用他的官印签发的任命与命令没有得到应有的尊重。[2]

在 1857 年，湖南与湖北的官军携手，努力将太平军赶出湖北的江北地区，一直追到九江，胡林翼参与了对九江的攻击。[3]10 月份（18 日），官军克复了湖口，鄱阳湖的入口完全被官军控制，湘军的内湖水师与外江水师自从 1855 年 1 月被太平军分隔，现在会师了。[4] 当这条通道肃清之后，杨载福率舰队顺流而下，前往太平军的占领区，做了一次浪漫的航行，直抵安庆。他没有攻取城市，从安庆继续航行上千里，直到遇见来自定海的海上战船。那些战船上的人看见从上游驶来的湘军小战船上飘舞的战旗，非常吃惊，他们认为，这些战船从家乡航行如此之远来到他们跟前，简直就是奇迹。湘军舰队完成这场盛大的表演之后，返回长江上游。这次表演具有重要的意义，说明官军的战船至少在这个时刻可以在整个长江下游自由航行，穿透太平天国的心脏。[5]

在赣南围绕吉安进行的作战久延未决。在此年夏季，周凤山的部队吃了败仗，曾国荃部在这场战斗中的表现是突出的勇敢，他们秩序井然地撤到安福。于是巡抚请求重新起用曾国荃，让他指挥那里的作战行动。曾国荃在年

---

[1] 《年谱》：卷五，第 5 页下栏、第 6 页上栏；《奏议》：卷四，第 33~37 页。

[2] 1853 年在湖南的官印：前礼部侍郎钦命办理团练乡民搜查土匪事务印。下一个官印于 1854 年采用，上面的字样为：前礼部侍郎钦命办理军务印。1855 年 2 月，启用了另一个官印，所刻字样为：钦派兵部侍郎前礼部侍郎印。最后一个官印所刻字样：兵部侍郎印。举例来说，在任命周凤山的时候，官员都怀疑委任状盖上这样的官印是否有效。

[3] 《年谱》：卷五，第 7 页下栏。

[4] 《年谱》：卷五，第 7 页下栏。官军前次在湖口的胜利只是暂时的。

[5] 《年谱》：卷五，第 8 页。

底抵达安福。

1858 年 1 月，石达开再次进入他离开了一段时间的江西，攻打湖口，然而遭到守将李续宜的顽强抵抗。接着他穿过饶州与抚州，向吉安火速进军，所有能够调动的官军部队都在此迎战，石达开在一个名叫三曲滩的小地方吃了败仗，[1] 被迫撤出江西。接着，湘军于 1858 年 1 月 22 日攻克了临江府，整个赣西只剩下吉安与九江仍在太平军手中。通往福建的道路已经打通了。[2]

在江西之外，太平天国运动于 1857 年没有取得多大的进展，部分因为石达开未在江西和其他地方，部分因为天京的领导权大部分都被掌握在天王家人无能之辈的手中。太平军在安徽极为活跃，来自河南的捻军在此与他们会合，使得钦差大臣胜保与袁甲三将军必须维持一支庞大的军队，以保住河南与安徽之间的边界。金陵附近也发生了一些战斗，结果是官军获胜。和春于 12 月 27 日克复了扬州，而德兴阿同时克复了瓜州。张国梁克复镇江也是令清政府欢欣鼓舞的成就。

所有这些胜利的确鼓舞人心。但是，对于将要重新出山的曾国藩而言，现在似乎需要一种比过去给他领导的军队提供军饷的随机办法更强的手段。他再次试图让朝廷相信，他在每个关头的每一个举动，完全被他面临的各种障碍所牵掣，他提议组建一个机关来为他的部队筹集必需的给养与金钱，使他能够专注于军务，而无后顾之忧。他还提出了这个机关的一些人选，这个机关应该处在统一的控制之下，在湖南、湖北与江西设立分支机构。它不能提供的东西，可以由曾国藩来筹集。[3] 在 1858 年阴历三月，户部批准了他的这个请求。于是这个机关组建起来，从此成为一个有用的机构，不过它也未能完全克服为了获取充足的给养而遇到的困难。

---

[1] 《年谱》：卷五，第 9 页。

[2] 此节中谈到的湖南军队是楚军，而非湘军，其组建方式相同。在 8 月 17 日与 9 月 20 日之间，它攻克了长久围攻的瑞州，接着前往临江府。

[3] 《年谱》：卷五，第 9 页下栏、第 10 页上栏。

第十章

进军安徽

1858 年是这场战争的一个转折点。官军正在稳步地攻占江西，湘军立刻就看到了进军安庆的前景，只要能够攻克金陵的外围据点，就可以恢复对该城的围攻。

倘使金陵没有发生骚乱，官军的几次打击就能击垮太平天国运动。现在太平天国没有立即失败的迹象。他们的将领实际上都在战场上，率领部众分布于安徽、江西与福建。不过，他们在金陵的组织与领导层的素质正在下降。幸运的是，他们手下有一批能人，其中首屈一指的是李秀成（忠王），在广西作为大头兵加入太平军的人物之一，他完全是靠着自己的能力在运动末期升到了天国最高的官位，成为天国的支柱。他和东王杨秀清不同，他没有使用那位领袖人物的宗教欺骗，全靠自己的将才与艰苦的作战，而不借助于天启。如果他的《自述》是可信的，那么他是唯一一个无畏而坦诚的天国官员。此时他作为运动的领导人之一走到了前台。

1858 年阴历一月（2 月 14 日—3 月 14 日），天王难得地清醒了一会儿，思考了一下公事，发表了一份长篇文告，记述满族人篡位，描绘他们只要坚持下去就能建成的光荣王国。他还列举了显然是刚封的 7 位新王。其一是英王陈玉成，也是一位靠着能力升迁的很有谋略的将领；其二是豫王胡以晃；其三是赞王蒙得恩；其四是护王杨辅清；其五是忠王李秀成；其六是侍王李世贤；其七是章王林绍璋。[1]

根据所有这些变化，可以算出太平天国有较大的希望获胜，但是他们仍然有个根本的难处，那就是天王的宗教狂热妨碍到他头脑清醒地看待问题，或者聆听有益的忠告，却导致他依赖于宗教公式和他自称拥有的神力。[2]

1858 年 4 月 20 日，石达开率领一支 7 万多人的军队进入浙江省，战争的舞台扩大了。他攻占了靠近江西边界的一些县城。[3] 这使浙江省陷入极度的恐慌。这个灾难多少被官军的一次胜利抵消了，已被太平军占据了 3 年之久的九江城，于 5 月 19 日被杨载福、李续宾与彭玉麟指挥的陆军与水师联合攻下了。他们炸塌了城墙，部队通过缺口冲入城内。对敌军的屠杀是可怕的，17000 名太平军在该城陷落时被处死。[4]

太平军原本打算沿长江两岸而下，去解救遭到官军逼迫的天京，但他们在几处失利，计划未能执行。特别是英王陈玉成穿过安徽，袭击湖北，在该省东北部的麻城遭到胜保、胡林翼与其他将领的联合抵抗，被迫撤回安徽的太湖。这次失利迫使忠王停顿于滁州。他亲自赶往天京，留下一名将领率部众留在当地，他们很快就被迫撤退。于是没有一支援兵抵达金陵。

1858 年 10 月，太平军将领们在安徽的枞阳开会，一致同意英王与忠王反攻滁州。这些行动取得了完全的胜利。他们在乌衣遇见了德兴阿与胜保派来的官军，交战后将之击败。他们在小店击退了张国梁，追赶到金陵对面的浦口，也就是德兴阿的驻地。德兴阿遭到攻击，作战失利，损失了 1 万人，太平军重新打通了与国都的交通。[5]

但是，官军在这里的失败，还不如浙江的报告令朝廷感到恐慌。石达开

---

[1] 《发贼乱志》，第 48~55 页。该书只列出了姓氏，每人的全名都是根据其他资料列出的。《忠王自述》说这些变化发生于 1859 年，但签署了日期的文件似乎更加可靠。

[2] 《忠王自述》：第 62 页及以下。

[3] 《年谱》：卷五，第 11 页下栏。《奏议》卷十第 15 页下栏及第 16 页上栏谈及后来的行动，指出英王所部的人数为 7 到 8 万。后来的奏稿与其他资料却说有 20 万人之众。

[4] 《年谱》：卷五，第 11 页下栏。

[5] 《平定粤匪纪略》：卷七，各处可见；《忠王自述》：第 19~22 页。

正在浙江横冲直撞。和春将军病得太重，无法与部队一起离开金陵。朝廷于早些时候的 7 月 1 日发出上谕，重新起用曾国藩，令他火速前往浙江。他的许多干将也奉令从江西前往该省。

10 月 5 日，曾国藩通过巡抚骆秉章奏复朝廷：浙江水网纵横，需要用船。战船的获得，可以通过杨载福与彭玉麟的合作，也可以由曾国藩率领陆军到长沙，在那里建设一支舰队，也可以从长江派船来迎接他，驶入太湖，从那里进入浙江。湖南承诺每月为这些部队提供 2 万两饷银，曾国藩请求皇帝让湖北提供同样数额的银子。朝廷批准了他的请求。[1]

曾国藩遵令于 7 月 17 日出发，于 27 日在长沙与巡抚和左宗棠会商。他命令江西的几支部队通过抚州向浙江推进，他自己顺流而下到武昌。他在那里会见了友人胡林翼，得到了他的支持，胡林翼同意支持他这支人数已经增加的部队，并保证粮食的供给。他们的会商总共进行了大约 10 天。在驶向长江下游的途中，他在一个名叫巴河的小地方稍作停留，会见弟弟曾国华，以及李续宾、李续宜、彭玉麟，还有许多级别较低的将领，为他的新军制定了营制。在九江，他停下来去塔齐布的祠堂里祭奠了一番。按照曾国藩早些时候的计划，湖口建立了收支供给的粮台，由李鸿章的兄长李瀚章负责。[2]

然而，与此同时，有消息说石达开并未夺占城市，而是攻下之后便离开了，他从浙江与福建一穿而过。曾国藩从南昌向浙江进发时，接到一份上谕，取消了以前的指令，令他进入福建，现在那里的局面被石达开搅得比浙江更乱。曾国藩迅速地改变计划，选择江西最东端的县城铅山作为他的基地。[3]

对吉安的长久围攻在 1858 年阴历八月有了成功的结局，官军在那里表现出了顽强与果敢，将太平军彻底赶出了江西，给曾国藩之弟曾国荃带来了不小的名声。他被朝廷提升为道台，[4] 这使他可以选择更重要的使命。曾国

---

[1] 《年谱》：卷五，第 12 页及以下。一名列兵 1 天的薪饷为 1 两的 14%，而苦力的薪酬则为 1 两的 1%。同上，第 17 页上栏。

[2] 《年谱》：卷五，第 14 页下栏及第 15 页；《奏议》：卷十，第 14~17 页。

[3] 《年谱》：卷五，第 16 页；《奏议》：卷十，第 20 页。

[4] 《年谱》：卷五，第 18 页上栏。

左宗棠

荃比他的名人兄长年轻很多。他年轻时曾在北京兄长的家中学习过一段时间（在 1841 与 1842 年），因不够勤奋并且拒绝弥补缺陷而令曾国藩恼火。[1] 他在 1845 年考中了秀才。[2] 当曾国藩在第一次落败后的那些难熬的日子里叫弟弟曾国潢从长沙回家时，我们还记得，曾国藩叫他所有的弟弟都不得再次从军。曾国荃为长兄的这道命令生气，一直在家待到 1856 年，当时黄冕奉命出任吉安知府，并前去克复该城。他在遇见曾国荃时，对此人的才干十分心折，拉着他一起去上任。接着曾国荃招募了一支 3000 人的部队，将之称为“吉字营”。由于他的作用非常重要，他在为父亲守哀期间，于 1857 年的阴历五月即 5 月 23 日至 6 月 22 日之间被朝廷起用，那时他的部队已被石

[1] 《家书》，1842 年 9 月 5 日。

[2] 《家书》，1845 年 7 月 3 日。

达开从吉安赶到了安福。他的到来鼓舞了部队的士气，阴历十一月，他们在吉水县经受住了10万名强敌的攻击。[1]他在这里是胜利者，克复吉安使他成为官军一方最有前途的将领之一。

江西的缓解不过是暂时性的。10万太平军从福建的邵武越过边界，令抚州、建昌、饶州和广信各府的百姓人心惶惶。[2]曾国藩急忙前往弋阳，在其周边地区部署兵力，决定在此危急关头绝不离开江西。只要看一看地图，就能明白这个决定的重要性。从省会南昌可以向多个方向前进，如同沿着一把展开的扇子的扇骨行走，向北可去鄱阳湖和湖口的长江，向东北穿过饶州可去金陵与海滨，向正东穿过广信可以进入浙江，向东南穿过抚州与建昌可以进入福建，向南穿过吉安与赣州可以进入广东。西面是湖南与湖北二省，有几条路可通，新式军队的人员、金钱与粮食的补给大部分从那两省而来。合理的战略不允许这个关键地区遭到入侵，特别因为入侵的部队来自石达开麾下，他本人率领主力紧随其后。

曾国藩现在指挥着大约12000人，不包括他弟弟的部队在内。到了11月中旬，他可以迁往建昌大营了，于是在那里安顿下来。然而，连绵的大雨使他无法派兵走山路进入福建，军营里爆发的传染病给他造成了大约1000人的损失。不过，他弟弟和李瀚章给他派来了援兵，使他的兵力得以恢复。曾国荃转移到湖南边界，护卫自己的家乡，实际抵达福建的部队人数很少。[3]

战争的中心现在转移到了安徽，太平军在那里取得了引人注目的胜利。李续宾率领官军迅速推进，先后克复黄梅、宿松、太湖、潜山、石牌、桐城与舒城，开始围攻三河，曾国藩之弟曾国华也参加了战斗。但是，如上所述，太平军已从金陵周边成功地赶走了官军，又打算把官军赶出安徽西部。英王于11月16日遭到湘军的攻击，眼看就要招架不住。但是，在太平军战败之前，忠王出现了，给湘军以沉重的打击，将其完全击溃。6000名最

[1]　《大事记》：卷二，第2页上栏。

[2]　《年谱》：卷五，第18页；《奏议》：卷十，第21~23页。

[3]　《年谱》：卷五，第19页及以下；《奏议》：卷十，第37~40页。

优秀的湖南军人倒下了，曾国华也在阵亡者之列，司令官李续宾不堪受辱，于阵前自杀。湘军的残兵与围攻安庆的正规军都兴阿所部一起逃亡到湖北。桐城的防御只是做了做样子。三河的溃败以及随后的士气低落大大扰乱了鄂皖边界。[1]

太平军乘胜涌入江西，大批部队出现在景德镇城下，该省当局根本无法应付。[2] 他们的分遣队也出现在该省南部。湖南巡抚骆秉章担心太平军从安徽方向朝湖北运动，然后有可能进入他主管的省份，他请求朝廷把曾国藩派往安徽，在那里集中兵力。于是三河惨败的后果有可能在某种程度上减轻了。

曾国藩接到上谕之后，在奏复时指出了婺源与景德镇的战略价值。他说，太平军占据了这两座城市，就能顺利地奔袭江西的饶州和广信、皖南的徽州与浙江的衢州 4 府。如果不采取措施保卫，将有 3 个区域会使官军陷入困境。其中之一是景德镇，占领这个区域是控制鄱阳湖区与湖口的关键。另一区域是巢湖以北的庐州、凤阳与淮河地区，太平军与捻军可以在那里会合，其重要性居于首位。第 3 个战略区域是巢湖以南，太平军在这里占据了几个要点。由于曾国藩无法分出兵力，那么在他看来，最好有 3 万兵力部署在安徽的江北地区，由都兴阿、李续宜与鲍超指挥；另有两万人在他指挥之下驻扎江南，还有 1 万人由杨载福与彭玉麟指挥。[3] 曾国藩认为，这样一来，他就能够控制江西北部，让巡抚照顾当时尚未出现太平军的该省南部。他进一步奉劝皇帝将大约 3000 名蒙古骑兵派往皖北，以便对付捻军。

由于新的作战方案将景德镇作为第 1 目标，曾国藩将张运兰从福建召回，该部已于 1859 年 1 月前往景德镇。官军在几次战斗中获胜，但在数量上还不足以攻占该城，他们被迫等待平江勇的到来。[4] 经过萧启江的努力，石达开在赣南的最后一支部队也被赶出了该省，萧启江于 2 月与 3 月在南康县与

[1] 《忠王自述》，第 22 页及以下；《年谱》：卷五，第 20 页；《发贼乱志》，第 55 页及以下。后者说太平军的人数为 18 万。《平定粤匪纪略》说官军的人数约为太平军总人数的 1/20。

[2] 《年谱》：卷五，第 21 页下栏；《奏议》：卷十，第 32 页及以下。

[3] 1859 年 2 月 13 日的奏疏；《奏议》：卷十，第 41~44 页。

[4] 《年谱》：卷五，第 22 页下栏；《奏议》：卷十，第 61~64 页。

李鸿章

南安击败了入侵者。然而，石达开部跨入湖南，于是该省巡抚不得不将萧启江部召回本省防御。[1]

由于进入福建的作战方案已经被断然放弃，曾国藩便将其大营迁往抚州，派人去湖南招募新兵，5月有4000人抵达抚州，稍后曾国荃部也过来了。接着，这位将军率领所有可用的兵力，计约5800人，前往景德镇，李鸿章随同他前往。这支部队的到达，使官军有足够的力量攻克该城，但还必须经过艰苦的战斗。官军于1859年7月13日攻占景德镇，太平军撤退到安徽。[2]

石达开在湖南穿过了几个县，于4月11日攻克了永州府，然后前去围

[1]　《年谱》：卷六，第3页；《奏议》，卷十：第57~60页，第69~71页。

[2]　《奏议》：卷十一，第1、2页。

攻宝庆，他在湖南的存在使该省官员大为惊慌。官员们担心长沙本身不久便会遭到攻击，于是在绅士们的协助下做好抵御攻击的准备。谣传石达开率领几十万大军，连营百里。[1]远在鄂皖边界和江西的湘军奉召火速增援宝庆，正规军、勇队与团丁全部加入了这个行列。[2]连日数战，临时集结的部队配合城内被围的守军，共同向曾经的翼王发起攻击，于 7 月 26 日将其击败。石达开对进兵的方向犹豫了一阵儿，然后撤往广西。[3]

湖南告急也影响到了曾国藩的部队。他的很多官兵来自石达开正在行动的地区，或者来自附近的地方，他们自然渴望回家。请求离队的人太多了，曾国藩不得不采取很多措施来防止湘军完全解散。该省的官员也很不安：石达开做出了退入四川的态势，企图把那里经营成自己的王国，独立于中国的其他部分，他们担心这位劲敌真的采取这一对策。他们的北面有捻军，而东部的省份则有太平军，他们担心，如果石达开到了四川，湖广总督的辖地就被包围起来了。于是，总督官文上奏皇帝，请求派曾国藩前往三峡入口处的夔州府，防止石达开进入四川。[4]

当曾国藩接到命令他前往四川的上谕时，他认为这并非是合理的安排。他奏答说，四川这样一个富裕的大省应该能够建立自己的防御力量，保卫自己的边界，他还请朝廷注意：他的部队人数太少。然而，上谕一道又一道送来，接连来了 4 道，使曾国藩不得不有所行动。于是他部分地服从反复到来的命令，去与官文与胡林翼商议，为此他去了湖北，但没有将部队从江西带走。[5]

在前往武昌的路上（在黄州停留与胡林翼商议），他接到了另一道上谕，

---

[1] 《发贼乱志》，第 59 页；《平定粤匪纪略》：卷八，第 11 页下栏。

[2] 《年谱》：卷六，第 4 页下栏；《平定粤匪纪略》：卷八，第 6 页及以下。估计为 3 万人对付 30 万人，但是令人怀疑。

[3] 《平定粤匪纪略》：卷八，第 11~13 页、第 15 页、第 17 页下栏、第 18 页；《发贼乱志》：第 60 页。当地百姓中流传着一个故事（具有许多这类故事的特点），在攻城期间，一个巨神坐在城墙上，把双脚放在河水中清洗，结果吓得太平军撤走了。那个巨神就是张飞，战神关帝的弟弟。后来当地建了一座庙来纪念他。

[4] 《年谱》：卷六，第 6 页下栏。

[5] 7 月 28 日、7 月 31 日、8 月 2 日与 8 月 10 日接到的上谕。《奏议》卷六第 16~19 页。

取消了让他前往四川的命令。但他仍然将此事拿去与总督商讨，得出一个结论：石达开不会从贵州直接前往四川。因为在山区很难为如此大的部队提供给养，而且那样一来，他会与其他太平军部队离得太远。[1]万一他们想错了，石达开确实翻山越岭进入了四川，他造成的危险也不比官军在安徽面临的危险更加紧迫，从他们的角度来看，这里的情况已经恶化到无以复加的地步。该省的大部分地区已经荒废，百姓失业，田地不是干裂就是水涝，翁同龢与胜保指挥的两支官军相隔甚远，无法会师。唯一可行的作战是按照李续宾一年前制定的计划，从湖北的边界进攻该省。李续宾当年之所以失败是因为他的兵力太少。

他在从武昌返回的途中，与胡林翼商讨了计划的细节：南面分两路沿江推进，一路由曾国藩指挥，通过宿松与石牌抵达安庆；另一路由多隆阿与鲍超指挥，通过太湖与潜山向桐城推进；北面也分两路，一路由胡林翼指挥，通过英山与霍山向舒城推进；另一路由李续宜指挥，通过商城与六安向庐州推进。只有在已经返回湖南的萧启江与张运兰两部重上前线之后，这个计划才能执行。[2]

胡林翼与曾国藩的两路兵力按时达到了他们的目标。太湖与潜山地区的多隆阿与鲍超遭到英王的攻击，后者与两位捻军首领张乐行与龚得树结成了联盟，麾下有了 10 万人。曾国藩与胡林翼连忙派兵增援，经过 2 月 16 日与 17 日两天在湖北小池驿的战斗，将太平军击败。官军随后前去攻打太湖与潜山，最终达到了目标。[3]

在该省北部，已被任命为钦差大臣并奉命镇压淮河沿岸捻军的袁甲三，针对捻军打了一个胜仗，夺取了临淮关与凤阳县。[4]来自江西的一支湘军于 2 月 14 日攻取了皖南的太平军老根据地建德（原文为“建州”，恐系笔误。——译注）。这些胜利令朝廷备受鼓舞，期待着进一步的征服。

[1] 《年谱》：卷十一，第 10 页上栏；《奏议》，卷六，第 22~24 页。
[2] 《奏议》：卷十一，第 22 页。曾国藩也以健康状况为由请求离开。
[3] 《年谱》：卷六，第 13 页；《平定粤匪纪略》卷九，第 1、2 页。
[4] 《平定粤匪纪略》：卷九，第 3 页。

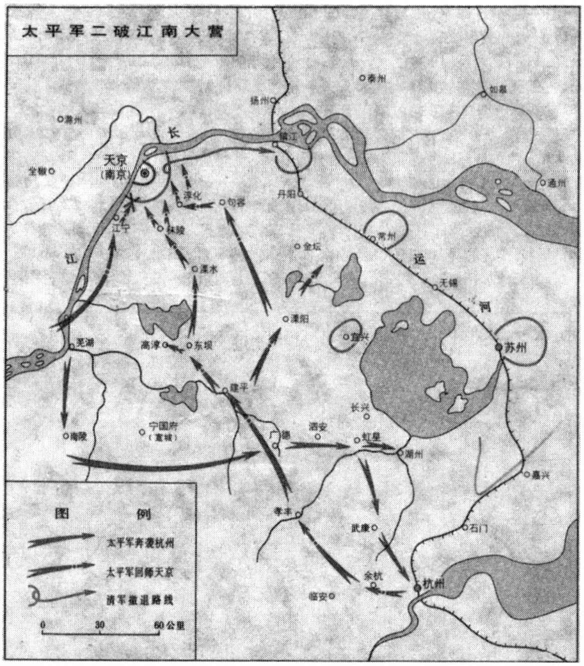

太平军二破江南大营

但是湖南的援兵没有到来。曾国藩望眼欲穿的萧启江接到一份上谕，令他率领所部5000人前往四川，因为安徽的压力已经减轻了。在这个关键时刻，如此急需的一支援兵被派往了西部，可见皇帝的顾问们都是只顾眼前事，奉行临时有效的政策。这再一次有助于我们理解为什么镇压太平军需要这么长的时间。[1]

到了2月底，舍不得派遣援兵的结果显露出来了。皖南一系列的败仗使宁国与徽州的6县落入了太平军手中。[2] 于是太平军打开了从金陵至浙江的一条道路，可以从此前往杭州。忠王于3月19日攻陷了那座富庶的城市，不过满城仍在抵抗。从金陵派来的救兵于24日抵达城门外，第2天克复了

[1] 《年谱》：卷六，第14页上栏。从各种资料中获得的总体印象是：石达开仍在湖南与广东地区，但《发贼乱志》第62页声称他已进入四川。这更加符合逻辑。

[2] 《年谱》：卷六，第14页；《平定粤匪纪略》：卷九，第4~10页，各处可见。

该城，但是一场大火烧毁了大半个杭州，夺走了上万条人命。[1] 与此同时，忠王火速赶回天京，与其他将领会商之后，于 3 月 28 日包围并攻击和春与张国梁，迫使他们退到丹阳，再一次缓解了金陵的压力。[2]

这是一个出色的谋略。忠王把官军的一支大部队调到杭州，然后与天京的所有太平军大将联合发起攻击，让大家尝到了甜头。如果曾国藩足够强大，放弃了唯有在将面前之敌全部赶跑时才向前进的谨慎策略；如果金陵的官军将领们没有落入忠王通过佯攻杭州而巧妙布下的陷阱，那么太平军将领们本来是无法尝到这个甜头的。不过，官军在发现有可能丢失浙江时感到的恐慌是很自然的，因为他们的大多数给养都要依赖于那个富庶的省份，还要依赖江苏省。何况，他们对于集结起来对付他们的在人数上占压倒多数的敌军，一直都缺乏了解。

这一来，北京下达了愤怒的指令，要求曾国藩立即前往金陵。然而曾国藩拒绝执行这个指令，因为他兵力不足，他不愿在攻克安庆、让官军控制安徽之前再向前推进。他推荐左宗棠来担负这一任务。[3] 左宗棠当时与曾国藩待在一起。在曾国藩 1854 年第一次落败后那段饱受屈辱的日子里，左宗棠为了帮助王鑫，在曾国藩圈阅了给皇帝的一份奏疏的草稿以后，对奏稿做了“编辑”，令曾国藩大为恼火。但是，根据一般的说法，通过胡林翼的调停，曾国藩已将左宗棠当成最有潜力的人才之一，认为此人头脑非常清醒，富有才干，性格坚强，于是他在此时举荐左宗棠担任一支重要部队的司令官。还没等到皇帝的意旨到来，曾国藩便与左宗棠商量，一致同意由左宗棠返回湖南组建一支新军。此后不久，左宗棠得到任命，在活跃分子的名单上有了一席之地，开始投入功勋卓著的事业。

天王将忠王的家人当作人质，向他下达不可违拗的命令，忠王不得不向

[1] 《平定粤匪纪略》：卷九，第 10 页上栏；《发贼乱志》：第 63 页；《忠王自述》：第 29 页。最后这份资料说攻占杭州纯粹出于偶然，目的只是为了将官军从天京引开。当张玉良率领大部队赶来时，他在故意炫耀武力之后便带着他的 1250 人撤走了。

[2] 《忠王自述》：第 31 页及以下；《平定粤匪纪略》：卷九，第 14 页。

[3] 《年谱》：卷六，第 16 页；《奏议》：卷十一，第 37 页及以下（日期为 6 月 2 日）。

无锡水战以及清军炮艇（哈利）

东进军，攻取常州与苏州。[1]他的进军所向无敌。首先，他攻击了丹阳的官军军营，成功地将对手逼入完全不可能逃脱的困境。张国梁淹死了，他的1万部众被歼。和春听到这个坏消息，自尽而亡，把部队留给了下级将领。官军退到常州，然后在忠王于5月26日出现在常州城下时，又毫不知耻地放弃该城。太平军于5月30日攻占了无锡，于6月2日攻占了苏州。[2]忠王转向杭州，然后攻占了吴江与嘉兴（6月5日）。[3]张玉良在该处围攻忠王，但是未能取胜。[4]总督的部队逃亡到上海，总督因此而被革职。巡抚在保卫苏州时阵亡。

朝廷任命曾国藩为代理两江总督，赏加兵部尚书衔，催促他首先收复丢

[1] 《忠王自述》：第32页及以下。

[2] 《忠王自述》：第33页及以下；《平定粤匪纪略》：卷九，第16页及以下。后者没有提到攻克无锡，有关此事的记述见《奏议》：卷十一，第44页上栏。

[3] 《忠王自述》：第35页；《平定粤匪纪略》：卷九，第20页上栏。

[4] 《忠王自述》：第35页。张玉良已被挡在杭州以外，无法将之用作基地，因为他的部队于3月份在此抢掠，只得停留于旷野之中。

失的城市。[1]此前的上谕责成他派部队前往湖北，倘若英王从安庆攻入该省，便将其从湖北逐出。然而，曾国藩认为催促他向上海进军的建议是不能接受的。他在6月21日签署的一份奏疏[2]中概述了他对合理战略的看法，虽然听上去根本算不上豪言壮语，但展示了永久性的前景。第一，如果没有攻克安庆，金陵显然无法攻克。[3]若要攻克安庆，现在集结于该地的部队必须原地不动。第二，应有三路兵力攻打皖南，第一路沿江直下芜湖，由彭玉麟与杨载福的水师配合；第二路从祁门进兵；第三路从广信进兵。为了在执行这些行动时不损害安徽北部的作战，需要抽调胡林翼的1万兵力，以及从湖南添募新兵，同时需要江西、湖南与湖北的支持。第三，安徽、江西与湖北三省容易受到进一步的攻击，需要兵力来防御。为了获得这些部队所需的资金，曾国藩在全江西建立厘金征收站，像以前一样，留下李瀚章负责供给。[4]

这些计划需要在皖南增加1万兵力。如果张运兰与左宗棠率领1万人抵达皖南，曾国藩便会将大营从宿松迁往祁门。他还请求朝廷批准在淮河与大运河边的淮安增加战船，并且增援长江与江南的湖区，并分别在桐城与宁国建立基地。需要一支淮扬舰队在那一地区保证粮食与盐的供应，皖南也需要一支舰队，因为太湖周边的平地上水网纵横。[5]

曾国藩按照自己的计划向祁门转移，于1860年7月28日抵达该城。他忙于履行民事和军事方面五花八门的职责，而江苏与浙江继续由忠王麾下的

[1] 《年谱》：卷六，第17页。这些命令全在6月17日以前送达。

[2] 《奏议》：卷十一，第43页至第46页上栏。

[3] 请注意，另一方面，太平军也因同样的理由得到坚守安庆的指令。忠王在天京自己宫中召开的军官会议上说道："今收得苏、常，下无再困，上困而来，利害难当。前困是六困，乃和、张之帅，七困定是曾帅，利害而来，此军有中堂之善算愿为，统下将言之用命，湖南军能受苦坚心，此军常胜，未见败过，若来困者必严。若皖省可保尚未为忧，如皖省不固，京城不保，各速买粮。"（《忠王自述》，第37页。）干王也有同样的看法。为了警告忠王不要把东部看得太高，他说："夫长江者古号为长蛇，湖北为头，安省为中，而江南为尾，今湖北未得，倘安徽有失，则蛇既中折，其尾虽生不久，而殿下之言，非吾所敢共闻也。"（《洪仁玕自述》第7页）。

[4] 《奏议》：卷十一，第50页及以下；《年谱》：卷六，第18页。

[5] 《年谱》：卷六，第10页上栏；《奏议》：卷十一第58~61页。

太平军所控制，福建也有太平军攻入的报告。[1] 金陵南面的宁国是最关键的前哨之一，虽然仍在官军手中，但分分钟都可能陷落。张玉良因失利而被革职，曾国藩奉令出任江南的钦差大臣，并着手解救浙江。[2]

曾国藩在对皇帝的奏复中指出一个明显的事实，即他在收复安庆之前，无法把该城丢在身后。尽管杭州与浙江省危在旦夕，他也不可能亲自援救。实际上，他的兵力还不足以守住皖南与江西。他的首要职责自然是在其当时控制的地区。由于他此时不能放弃祁门，他推荐李鸿章出任江苏巡抚（同时控制淮扬水师），此人当时的官衔为道台，表现得颇有能力，头脑冷静，才堪大用。在等待圣裁的时候，曾国藩任命他暂时上任。[3] 到这时为止，李鸿章还只是这场大戏中的一个配角，但他从此站到了聚光灯下。他所在的省份是个长久引人注目的地方，而且长期要跟上海的外国人交往，这使他比京城之外的所有高官都更能吸引眼球。何况他此后能 40 年一直身居高位，经历了许多耸人听闻的事件，这使他在那个时代的许多大人物已经谢幕之后，仍然没有脱离人们的视线，而且令人永难忘怀。

军机处急切地催促曾国藩将左宗棠和其他大员从浙江派往江苏，以收复苏州与常州，因为太平军向北推进并控制这些沿海省份的道路已经打开。在 8 月 31 日和 9 月 8 日之间，曾国藩收到不少于 4 份的上谕，催促他前往江浙。为了解释这些上谕的急迫性，我们必须记住，这一年英法联军正在打通前往北京的道路。他们于 1860 年 8 月 2 日登陆，于 8 月 12 日击败了僧格林沁麾下的蒙古部队，缓慢但稳步地向北京推进，于 10 月份抵达京城。在僧格林沁落败后那些焦虑恐惧的日子里，曾国藩接到了这些上谕，因为朝廷担心太平军趁着对外战争的时机向北挺进，而且这并非是没有事实依据的虚惊。事实上，忠王已经接到天王有关北进的命令，叫他将满族人一扫而光，但他没有执行，因为他有自己的算盘，要去江西增募大量的新兵。

---

[1] 《年谱》：卷六，第 10 页上栏。

[2] 8 月 10 日收到的上谕。《年谱》：卷六，第 24 页。

[3] 李翁兵《中国史纲》错误地声称曾国藩在攻取安庆之后才首次想到李鸿章。

结果他遭到了申斥。[1]

另一方面，曾国藩无法匆忙赶去浙江省。在他的部队与浙江之间，隔着宁国与广德这两座重要的府城，二者对金陵的防御都具有战略意义，曾国藩没有足够的兵力将其攻占，更不用说开进东面的两大滨海省份了。[2] 此时他充其量只能派出张运兰、宋国永与李元度指挥的 12000 人去援救岌岌可危的宁国。左宗棠本来可以跟他们一起前往，但他接到一道上谕，令他前往四川，于是耽搁了行程。曾国藩最终成功地改变了皇帝的旨意，于是左宗棠能够跟他一起待在安徽。[3]

宁国在曾国藩的援兵赶到之前便已陷落（1860 年 9 月 2 日）。接着，英王和侍王在徽州攻击了李元度，于 10 月 9 日攻占了徽州。这样一来，他们几乎可以把势力扩展到曾国藩所在的祁门基地。当时上海、松江与镇江都遭到攻击，又有一道十万火急的上谕令曾国藩前去救援。这给曾国藩提供了新的机会，思考并奏报他的处境与应急之策。[4] 他在长江以南拥有三路兵力。第一路由左宗棠指挥，位于乐平，奉令根据太平军出现的方位北进或东进；第二路和第三路由鲍超与张运兰指挥，位于休宁。只要这几路兵力彼此接近，兵力就是足够的，但若分开，就有可能失利。在安徽平定之前，他无法放弃目前的位置而前往海滨。我们在此再次看到了曾国藩在其整个军事生涯中始终坚持的稳健之道。从他首次出兵解救金陵以来，已经过去了将近 8 个年头，他的目标仍在远处，因为他在身后的地区尚未安全的时候，不会离开现在的位置。在江西被太平军控制的时候，这种策略使他在南昌度过了许多危险而难熬的日子，但结果是他得到了所需数量的新兵。现在这种策略又让他待在祁门，处境同样危险，尽管他手下的兵力在大江南北都增多了，但部队不再能像从前一样，在危险时刻分解为若干个小单位，为了应急而疲于奔命。因为，

[1] 这个忠告非常正确，令人想不通究竟是谁煽动了天王，为什么忠王如此精明，竟会拒绝这个忠告。也许他担心向北进兵，曾国藩会立即向天京挺进，夺取该城，使他没有立足之地。

[2] 《奏议》：卷十二，第 9~12 页；《年谱》：卷六，第 27 页。

[3] 《奏议》：卷十二，第 18—20 页；《年谱》：卷六，第 28 页。

[4] 《年谱》：卷六，第 31 页下栏；《奏议》：卷十二，第 40~43 页。

如果部队被分派到太平军已经出现或将要出现的地方，那么太平军便会畅行无阻地迂回到他们的后方，攻占并坚守江西、湖北、湖南 3 省，而这 3 个省份如今已构成国家军事与经济的核心。官军必须不惜一切代价保住这 3 个省份，因为根据干王的想象，它们是蛇头，而富庶的沿海省份则是蛇尾，无论蛇尾的命运如何，蛇头都必须保住。如果曾国藩从安庆上游挺进海滨，他觉得无异于是在邀请太平军从金陵溯江而上，驻扎在官军的上游，从而占据国家最具战略意义的部分。

清政府认为曾国藩的意见可靠，每次都接受了他的说理，这一次也是如此。不过，他们对其策略给予的支持，还要经受磨难的考验，才能最终证实它的正确性，因为太平军在 12 月 1 日攻占了黟县。鲍超与张运兰在第 2 天将太平军赶出了黟县，但胜利只是暂时性的。[1]12 月 15 日，建德与东流落入敌手，[2] 太平军渐渐地包围了祁门，尽管湘军将领们同心协力，做出了诚实的努力，部队极力防御，也未能阻止太平军的逼近。

到了月底，祁门已经孤立了。在西面，太平军占领了远至景德镇的地区；在南面，忠王亲自攻下了婺源，并从那里向南扩展到了玉山；在北面，他们越过群山，几乎抵达曾国藩的大营。[3] 在两周的时间内，祁门、曾国藩与帝国大业受到最严重的威胁。交通线实际上已被切断，不过，左宗棠与鲍超联手，做了很大的努力，维护着一条从景德镇到祁门的道路，通过它运输补给。这两位将军一点一点地赢取战略要点，直到缓解了祁门的压力，拯救了这位地位显赫的总司令。[4] 在这个危险的时期，人们劝说曾国藩回扎江西，他坚决不从，唯恐使部队士气低落。他在这个危急关头的沉着，以及在面对几乎必不可免被俘和被处死时的冷静，确实成了具有很大价值的真实教材。[5]

祁门不是唯一一个情势恶化之地。从广东开来的造反军队正在进入赣南，

[1] 《年谱》：卷六，第 32 页上栏。

[2] 《年谱》：卷六，第 32 页下栏。

[3] 《年谱》：卷六，第 34 页上栏；《奏议》：卷十二，第 75 页。

[4] 《年谱》：卷六，第 34~36 页，见各处。

[5] 《年谱》：卷六，第 35 页下栏。

1860 年，第二次鸦片战争时期，英国《The Illustrated London News》画报刊载的铜版画，描绘南京城内的太平天国军队向长江上的英国舰队发炮

长江上由彭玉麟守卫的湖口有险。其他地方不是已被攻克，便是遭到威胁。因此不仅是安徽，连江西也成了战争的舞台。太平军最终拼死地援助安庆，忠王严厉地要求安庆守军一定要不惜一切代价守住该城。[1] 但是，如果他们指望通过这些四面八方的出击迫使曾国藩从围攻安庆的部队中调兵救援，他们肯定是失望了。曾国藩没有从安庆调取援兵，他宁愿用小股的部队来守卫自己的地盘，而让对安庆的围攻继续下去。曾国荃已到安庆出任司令官，他成功地击退了前来解围的太平军。

于是在 1860 年年底和第二年的阴历一月，清政府陷入了严重的危局。太平军在 12 个月前有过同样的危险，但是忠王的辉煌业绩为他们重新打开

[1]　《忠王自述》：第 37 页。曾国藩在其奏疏（卷十二第 69 页）中暗示，援救安庆是忠王及其他向他施加压力的太平军首领的目的。

了一些地区。由于曾国藩及其在湖北与江西的伙伴们稳步推进，太平军一度从这些地区被驱逐出来，现在他们又杀回来了。此外，他们还打通了一些道路，可以进入江苏、浙江、福建这3个几乎未经开发的省份。不过，由于在上海的外国人进行干预，当忠王抵达该地时，他们被阻挡在那个繁荣的港口城市之外。

当曾国藩被封锁在祁门的时候，他收到了有关外国干预的最初提议。俄国使节伊格拉基耶夫的提议秘密地转到了曾国藩手中，以征求他的意见。这些提议的内容是，俄国将三四百人的海军交给清政府支配，与中国军队合作攻取金陵；还有使用悬挂美国与俄国旗帜的船只，与在上海的美国商人和中国商人合作，将漕米运往北京，因为通常运送漕米的大运河路线已经受到太平军的袭扰。

曾国藩对咨询的答复没有直接反对这个方案，但他指出，现在陆军兵力如此缺乏，而既存的水师兵力实际上已很充足，在这种时候考虑这件事情为时太早。在浙江、安徽与江苏已被太平军占领的地区都被官军收复之后，才可以考虑将外国人用于对金陵的最后攻击。但是，在从事这样一种改革之前，每件事都要针对细枝末节深思熟虑，例如需要多少舰船与人员，必须支付多少报酬，提供多少供应。至于通过海上用外国船只运输漕米，曾国藩觉得更加可行，但在这种情况下，也要跟美国人签订明确无误的合同。[1]

这个答复令我们能够略略探知曾国藩著名的排外情结。促使曾国藩明显不愿利用外国人而宁愿注重中国名誉的想法，并非是不合理的偏见。关于这一点，我们在后面的事件中还有机会加以证实。尽管曾国藩至此为止并未直接与外国人打过交道，但他根据其他官员的陈述，已对外国人形成了若干成见。他把英国看作所有西方国家中最无诚信的国度，法国则居其次。俄国号称欧洲国家中最为强大的国度，英国不敢与之争执。美国对中国一直彬彬有礼，这是在鸦片战争和其他时候得到了证实的事实。不管是谁给曾国藩提供了这样的信息，它都表明那时的中国管理者不再将西方人一概视为“蛮夷”，

---

[1] 《奏议》：卷十二，第55~58页。

而是至少做了一些研究，试图了解他们不同的秉性。

顺带指出，我们可以做一个有趣的推测：俄国人主动提出帮助中国（虽然提供的帮助并不大），究竟是否与前线的变化有关呢？英法联军几乎是刚在战争中获胜之后立刻来了一个大转弯，给清政府提供积极而公开的帮助，改变了他们一直保持的审慎的中立。[1] 通常的解释是，仅仅或主要出于商业动机，英法两国改变了策略，急于保证通过新条约开通的沿江贸易。由于这无疑是重要的因素之一，如果英国代表也知道了俄国的提议，那么这个提议有可能给英国人提供了更有力的政治动机，即打算防止俄国人获得长江贸易，因为大不列颠将之当作自己的特权。无论如何，从现在起，对于在上海附近的内地帮助官军的外国冒险家们，英国人很少或不再提出反对意见。忠王首先在青浦遭遇了一些外国冒险家，显然是在他刚刚攻占苏州之后，而此后他经常与这些人交手。[2]

[1] 这在1853年强调得很厉害，那时英国人曾访问金陵。密迪乐：《中国人及其反叛》，第265页，插入了文咸的一封信，向太平军担保英国人是禁止破坏中立的。

[2] 《忠王自述》：第35页以及各处。但在此之前，华尔已经通过率领少数勇士于1860年7月17日攻占松江而建立了名声。莫尔斯：《国际关系》，第2卷，第70页。

第十一章

攻克安庆及战争的重组

1861年初，太平军处于有利的态势。他们在战场上有4支大军，还没算上石达开的部众。英王在湖北，忠王在皖南，侍王则在徽州与他连成了一片，两人对安庆的官军构成了威胁。干王已经前往湖南去招募那些从广东、广西与贵州前来加入太平天国运动的新兵。[1]他们控制着江苏的大部分地区，并已经踏上或准备进入浙江与福建两省境内。

官军实际上处于守势。曾国藩在祁门，其弟曾国荃在安庆的城墙之外。胡林翼与湖北清军的江北支队在鄂皖边界与英王对峙，左宗棠与鲍超在离景德镇不远的地方。[2]

在此年的前期，上述将领能够再次解放赣北，尤其是饶州与九江二府。但在安徽西部，官军在霍山被英王击败，英王打通了进入湖北的道路，占领了蕲水、黄州、德安与随州几座城市。同样，在赣南，许多太平军仍然来往自由。因此，曾国藩不批准鲍超前往湖北，而是将他调往南昌，希望他能解除太平军对抚州与建昌的威胁。[3]

左宗棠离开他的基地景德镇向乐平开进，太平军追了过来，于4月9日攻占了景德镇。曾国藩还不知道这个消息，于4月10日从祁门转移到休宁，

---

[1] 呤唎:《太平天国》，第326页。呤唎此时与太平军待在一起，了解他们的大致位置。见《奏议》第十二卷第69页及以下。

[2] 《年谱》：卷六，最后几页及卷七第1页。

[3] 《年谱》：卷七，第1页；《奏议》：卷十三，第31页，5月3日。

他的部队于 4 月 16 日对徽州发起攻击，以失败告终。曾国藩陷入了绝境，他手中只有祁门、黟县与休宁 3 座县城，供给线已被切断。4 月 22 日，他再次进行了一次徒劳无功的进军。[1] 但是左宗棠立刻设法击走了侍王，再次打通了粮道。[2] 太平军在广泛分布的要点四处出击，显然是想将围攻安庆的湘军调开，他们的想法是恐吓敌军，结果却是激怒了湘军。

英王此时放弃了对湖北的奔袭，回头杀来，打算攻击围攻安庆的官军，[3] 但是尽管 4 王（加上石达开，如果还把他算作太平军成员的话）做了种种努力为安庆解围，攻打安庆的湘军仍未动摇。曾国藩在这些困境中显示出特殊的天赋。他没有漂亮的战略来对抗忠王，但他保持着头脑的冷静，拒绝从安庆调开围攻部队，他可以看出，安庆的防守正在不断削弱，因为太平军拼命想把围攻的敌军调走。他必须占领这座城市，因为太平军害怕失去它。他同样意识到，他必须保卫江西，以及他身后的湖北湖南二省，那里是他的人力、金钱与军火的来源。如果我们有意于抱怨他顽固地执着于几个固定不变的想法而造成了严重的拖延，指责他采用了比较僵化的策略，那么我们必须记住一个事实，即他并不能掌控一个强大中央政府的资源，而是权力分散以及成为官员们对他的发明采取冷漠或抗拒态度的牺牲品。我们不能用其他国度或时代的标准来评判他，只能把他放在他所处的环境中来考察。按照这样的标准，不论在清政府还是在太平天国的阵营里，他在他那个时代的人们当中都

[1] 《年谱》：卷七，第 3 页下栏。

[2] 《年谱》：卷七，第 3 页下栏及第 4 页上栏；《奏议》：卷十三，第 36~44 页，5 月 3 日。

[3] 哈利·帕克斯爵士认为是他促使英王放弃了攻打武汉三镇的计划。在英王刚于 2 月 18 日攻下黄州以后，他在该城会见了英王，得知英王认为自己既可将官军调离安庆（他写的是“南京”，但也许是误印或笔误），也可以进兵汉口。他补充说，英王自称对于攻打一个英国人刚刚开通的地方有所犹豫。帕克斯就此写道：“我称赞了他在这方面的谨慎，劝他不要向汉口进军，因为太平军在占领任何我们已经涉足的商业中心之后，都不可能不严重干扰我们的商业，所以他们的行动安排，不能与我们相冲突。他欣然赞同这一原则，并说他的两名将领已经越过黄州，他将命令他们向北面或西北面推进，挺进麻城或天安，而不要进军汉口。”不管英王的赞同是出于礼貌还是出自一种策略，这一点都值得讨论。帕克斯补充说，英王建议联合占领，他攻取汉阳，而英国人攻取汉口与武昌。汉阳有高山，至少在现代战争中可以控制其他两城，我们很难相信这里有多少对英国商业的关心，不过却有对英国人本身的担心。《哈利·帕克斯爵士的一生》第 430 页及以下（取材自他给妻子的一封信）。

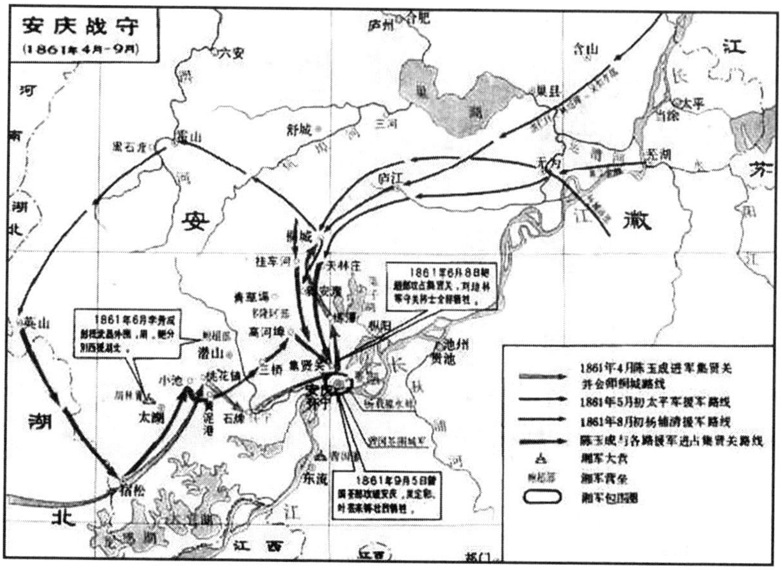

1861 年 4 月—9 月安庆战役图

是首屈一指的，他有能力承担责任，以毫不退缩的果毅与执着的意志走向最后的胜利。

4 月底，曾国藩命令鲍超火速救援安庆前哨桐城及怀宁地区的多隆阿，这样一来，他甚至加深了自己处境的危险。5 月初，他带领几百名卫士出发，前往安庆郊外，留下张运兰攻打休宁，还有朱品隆保卫祁门。当他与鲍超所部待在东流时，英王对安庆外围的官军发起了攻击，但是江上的杨载福、前哨的多隆阿与安庆城墙外面的曾国荃联手将之击退了。

与此同时，左宗棠从景德镇出发，已将侍王麾下的太平军通过广信逐入浙江。侍王攻占了几乎在杭州正南面的重要府城金华。为了扳回侍王的失利，忠王于 6 月初从他在瑞州的基地出发，攻击了江西的许多县份，前往边界，进入湖北，袭扰兴国、大冶、通山、崇阳各县的农村，湖北巡抚胡林翼被迫派兵迎敌。[1] 太平军的其他活动被轻易地阻止了。

[1] 《年谱》：卷七，第 6 页上栏；《奏议》：卷十三，第 68 页。

太平军各王为了从安庆调开攻城官军而进行的所有努力都失败了，曾国荃不断向他们施加巨大的压力。他通过截获的信件得知守军的情况不妙。他们几乎断绝了供应，最后的决战一定很快就会发生，除非他们能够很快得救。[1] 如果不是如今按时溯江而上的外国轮船帮助了太平军，攻城战应该早就结束了。[2] 到了 7 月 8 日，安庆的外部防线已经全被突破，而左宗棠在江西，鲍超在南面，胡林翼在西面，正在封锁侍王、忠王与英王进兵的道路。[3]

为了答复浙江的请求，一道上谕命令左宗棠前往浙江，但是曾国藩斗胆抗旨，声称浙江的太平军已经回到江西的鄱阳地区，只有左将军独自迎战该敌。在围攻安庆的这个关键时刻，左宗棠的转移将破坏防御结构的要点。左宗棠抽不出兵力，因为只有他和张运兰留在那里负责从饶州向东穿过安徽祁门直达徽州以及向东南直达广信的整个地区。在这个时刻，曾国藩从原本就很稀缺的兵力中调走任何一点兵力，都会使他缺乏力量防卫这个至关重要的战略区域。在同一天，出于同样的原因，他拒绝执行将彭玉麟调任广东按察使的另一份上谕。[4]

忠王以最后一次拼死的努力来救援安庆，他推进到南昌，指望官军担心失去江西的省会，将兵力从安庆调走。一名扬扬自得的御使跳出来为忠王“帮忙”，列举江西处在实际危险中或受到威胁的各处要点，力请朝廷逼迫曾国藩采取适当的步骤保卫该省。曾国藩必须上疏抗辩，详细陈述太平军在各处的攻击，以及他采取的对抗措施。监察制度很有益处，但在如此微妙而凶险的局势下，他们的天真无知与误解就是弊多于利了。[5] 幸好忠王于 8 月份抵达瑞州时，遭到了鲍超的攻击。忠王被远驱至丰城，于 8 月 29 日在那里吃了败仗，不得不退到抚州，然后退出江西。[6]

这是救援安庆的最后努力，因为安庆城在历经近两年的围攻之后，于

---

[1] 《奏议》：卷十三，第 68 页。

[2] 《家书》，1861 年 6 月 2 日及 4 日。

[3] 《年谱》：卷七，第 7 页下栏及第 8 页上栏。

[4] 《年谱》：卷七，第 8 页；《奏议》：卷十三，第 72~75 页。

[5] 《奏议》：卷十四，第 1~4 页。

[6] 《年谱》：卷七，第 9 页下栏及第 11 页上栏。

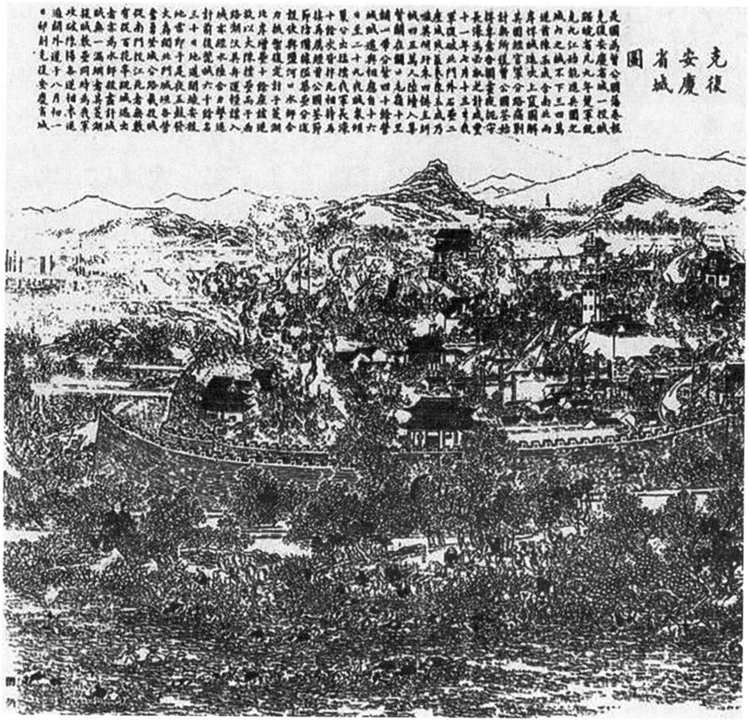

《克服安庆省城图》表现了清军攻克安庆场景

1861 年 9 月 5 日被官军克复。当晚曾国藩给弟弟写信说：[1]

郭弁到，接喜信，知本日卯刻克复安庆。是时恰值日月合璧、五星连珠。钦天监于五日具奏，以为非常祥瑞。今皖城按时应验，国家中兴，庶有冀乎！大界之事，王二王三之话均算得矣。余于初二三日坐长龙赴安庆。惟（唯）此间银不满六千金，欲凑万金犒赏将士，弟处可设法办得四千金否？

[1] 《家书》，1861 年 9 月 5 日。中国人总是将日、月、五星的组合看作命运的预兆，并在年鉴与历史中记载这类现象。

两天后，多隆阿攻占桐城。9 月 9 日，杨载福的水师攻克蕲州。[1] 湖北与江西迅速平定，撤退的太平军被赶回了他们控制的 3 个省份，即安徽、江苏与浙江。在安庆与桐城被俘的太平军遭到了屠杀，在安庆杀了大约 2 万人，在桐城杀了 1 万左右。[2]

安庆的取得令曾国藩满心大悦，但湖北巡抚胡林翼的死讯冲走了他心中的喜悦。在过去 7 年的考验中，他是曾国藩的挚友与有力的支柱。曾国藩在很大程度上依赖于这位能人的大力帮助和明智的顾问，他在所有方面都不比曾国藩逊色。在同一个月，皇帝也驾崩了。

在安庆作战的将领们得到了很大的荣誉。李续宜取代胡林翼，被任命为湖北巡抚，彭玉麟则成了安徽巡抚。出身行伍的鲍超现在当上了大将。张运兰被任命为福建按察使，但后来获准留在曾国藩麾下，因为曾离不开他。曾国藩本人得到了"太子太保"的头衔。曾国荃成了布政使衔的按察使，并得到赏穿黄马褂的荣誉。他们的弟弟免试成为知府衔的直隶州知州，并赏戴单眼花翎。在三河阵亡的那位兄弟曾国华得到了年轻人罕见的殊荣，朝廷予谥"忠烈"（应为"愍烈"。——译注）。[3]

安庆现在成了官军的行动基地与曾国藩的司令部。太平军手中仍有 5 大战略中心：长江沿岸有芜湖与天京；安庆以北的皖中有庐州；天京以南有宁国，它不但是天京的锁钥，还是浙江省的关隘；此外还有江苏的省会苏州。[4]

攻取安庆以后不久，曾国荃率领大约 2 万人开始沿江而下，向金陵进发，但他觉得自己的兵力还不足以荡平太平天国的那个最大的基地，他又返回安庆，征得曾国藩的同意，回到湖南增募 6000 兵力。当他脱离战场去办这份差事的时候，勇敢的忠王于 10 月份再次奔袭浙江，攻占了重镇绍兴与衢州，设法扩展了太平天国的势力。官军失去杭州的危险又迫在眉睫。的确，整个这片地区都是官军不能丢失的粮食供应源，曾国藩立刻采取行动，把左宗棠

---

[1] 《年谱》：卷七，第 10 页；《奏议》：卷十四，第 18 页及以下。

[2] 《大事记》：卷二，第 6 页上栏。

[3] 《年谱》：卷七，第 11 页下栏及第 12 页。

[4] 《奏议》：卷十四，第 9~11 页，1861 年 8 月 23 日。

派往浙江。[1]

忠王横行无忌的袭击令浙江与江苏的百姓十分紧张，一个由官绅组成的代表团乘坐汽轮于1861年11月18日从上海抵达安庆，“哭求”总督给他们派援兵。他们指出，江苏的民团有丰富的人力资源，也有武器船只，无数水道组成的内陆交通十分方便。官军眼看就要失去这一切了，因为当时该地区只有3个重镇还在官军手中，即江苏的镇江与上海，以及浙江北部的湖州。

曾国藩告诉他们，在那里立即开展作战是不可能的，但在1862年春季，已被举荐为江苏巡抚的李鸿章将会整理好他在安徽招募训练的部队，有可能前去援助他们。[2]由于这些新问题，曾国藩终于采取了建立3个军事区的方案，其目的是为了从四面八方包围太平军，逐步向金陵逼近，而其弟曾国荃则将对金陵进行围攻。[3]这3个军事区是左宗棠负责的浙江、李鸿章负责的江苏，以及他自己负责的赣东与安徽。左宗棠已经向浙江进发了。

与此同时，在11月20日，曾国藩接到一份上谕，赋予他江苏、安徽、江西、浙江4省的最高军事指挥权，这几个省份的巡抚与其他官员都必须服从他的命令。左宗棠必须加速前往浙江。曾国藩遵照礼节谦逊地辞谢任命，指出他在安庆取得的胜利在很大程度上得益于胡林翼与多隆阿的援助，现在他还远不能将必需的兵力派往上海，没有资格接受4省军事行动的指挥权。他请求朝廷让左宗棠全权办理浙江事务。[4]

当曾国藩正在拟写奏疏的时候，上述4省的情况进一步恶化了。[5]忠王与侍王都在这个地区，有理由相信他们雇用了外国军官，这些外国人与太平军取得的显著胜利不无关系，因为他们可能让忠王在下一年采用了外国枪炮，在金陵给曾将军的军队造成了很大的伤亡。[6]他们攻占了台州，直奔省会杭

[1] 《年谱》：卷七，第14页下栏。

[2] 《年谱》：卷七，第15页上栏。

[3] 曾国荃曾有机会前往上海，但他宁愿驻扎金陵。

[4] 《奏议》：卷十四，第59~63页。

[5] 《太平天国野史》：卷十三，第13页。

[6] 曾国藩于1861年6月5日写给弟弟的一封信中叙述了一件事：罗大纲身边有3个“洋鬼子”，而现在忠王与侍王的身边都有“洋鬼子”。他要曾国荃调查这些人究竟是否可靠，他们是在什么情况下被雇用的。

州，于 1861 年 12 月 29 日将其攻占。他们的军队也到了重镇宁国，他们将该城控制了一段时间，直到 1862 年初被逐回浙江。左宗棠被明确任命为浙江巡抚，但是皇帝仍然坚持要曾国藩节制 4 个省份，不过曾国藩很不愿意接受这个任命，因为如此地违反惯例无疑会导致别人对他的妒忌。[1]

在民政方面，曾国藩给自己规定了愉快的任务，即修建省级的学院与恢复考试。他还重新评估田赋，划分瘠田，对肥沃的土地征收每亩 400 钱的战争税，以此来振兴省级的财政。他还建立了一所生产军火的工厂。[2]

上海的官绅正在考虑雇用外国士兵协助收复内地要点。人们想知道曾国藩的意见，先是绅士们征求意见，接着是朝廷垂询。他指出，在上海与宁波雇用外国人是可以找到理由的，因为这两个地方是依照条约对外开放的港口城市，那里的外国人在某种意义上可以视为他们在保卫自己的利益。在苏州、常州与金陵这些内地城市，情况就不同了。如果在这些地方官军得到外国的援助，却被击败了，他们将成为世界的笑柄；如果相反，官军打胜了，那就不知会出现何种复杂的情况和争执。即便在依照条约对外开放的港口城市雇用外国人，也要事先详加思虑。

1862 年 2 月，曾国藩听说上海当局已经与英法两国筹划防御上海，外国军人有可能稍后被用于攻夺苏州，这件事再次引起了他的注意。这个既成事实没有消除他心中的不安，因为他怀有已向皇帝阐明的顾虑，担心那些外国军人秉性不良，可能成为国内的危险因素，战后不满足于拿着他们救助的人们给予的酬谢和平地解散，而坚持要夺取一份中国的遗产。[3]

江浙的士绅派出一个代表团进京，要求朝廷批准接受英国人和法国人主动提供的援助，于是这个问题被再次提上议事日程。外国的公使们同样收到其国民的请愿，要求放弃至今为止所守的中立，采取直接干预的策略。朝廷的想法摇摆不定，既怀疑外国的动机，又打算批准被困省份绅士们的请愿。

[1]　《年谱》：卷七，第 19 页下栏；卷八，第 1 页。浙江省在闽浙总督的管辖之下，这位总督还管辖福建。从军事角度来看，曾国藩控制该省无疑是明智的，但这样一来，他就比历史上的任何总督拥有更大的权力。

[2]　《年谱》：卷七，第 20 页。

[3]　《年谱》：卷八，第 3 页下栏及第 4 页；《奏议》：卷十五，第 19、20 页，3 月 11 日。

《伦敦新闻画报》1861年1月5日刊，北京街景，一大群天朝子民在围观“蛮夷”。在城楼前的一个十字街口密密麻麻地站着一大群惊讶不已的北京居民，张口结舌，瞪大眼睛注视着站在城门前的欧洲士兵

朝廷要求曾国藩与多隆阿对情况调查核实之后提出建议。

曾国藩第三次采取与从前完全相同的立场。他说，如果外国军人在中国官军相对轻度的协助下，要将太平军从那些省份赶出去，客军兵力超过主军，那么他们就能在这块国土上为所欲为。多隆阿、鲍超与曾国荃的部队在金陵上游，李鸿章新募的部队正打算派往上海，他们都无法抽出必需的人手组建足够强大的中国武装来与外国人合作，直接攻击苏州、常州与金陵。于是官军就被置于一种窘境，犹如人家子弟应试科场，稍能成文，而请人润色，这还说得过去。如果既不能文，又不入场，只是请枪手顶替，则无论是否能够考中，都会贻笑远近。由于敌人那方面也对是否雇用外国人犹疑不决，而洪秀全据说还憎恨外国人，所以朝廷也应审慎从事，暂缓答复，既不拒绝也不接受外国的援助，而是在他们施加压力时继续对话。在这个时候，总理衙门可以向外国人暗示，曾国藩目前没有足够的兵力派去与外国人会剿，但在针对芜湖与东西梁山的作战结束之后，也许会请求他们援助。[1]

这几封信很难掩饰曾国藩反对雇用外国人的立场，但我们无论如何不能由此而断言他对江苏省不感兴趣,或者断言他没有充分认识到上海的重要性。在许多封家书中，他谈到了这个地区，表明了他急于保住该地，使之不会落入敌人之手。早在1861年11月4日，他就提到过此事。大约在12月中旬，他声称考虑到上海通过与苏州、杭州和外国的贸易，具有重大的战略与经济价值，他有可能派其弟曾国荃前往。虽然没有明确的记载，但有迹象表明，他的确提出将该地交给其弟，但后者宁愿前往金陵。无论如何，在接下来的10周之内，曾国藩已征得李鸿章的同意，派他前往上海，并且承诺拿从太平军投降过来的程学启将军的1000人来补充他的安徽新兵，同时还给他补充5000人的湘军水师。

2月22日，李鸿章带着他新募的淮军来到安庆。他开始按照湘军的模式、遵照同样的规则来组建部队。曾国藩派出自己麾下的数营部队帮助他训练新兵。到了3月底，8000人的淮军已经准备好向长江下游进兵。由于对淮军的召唤过于急迫，曾国藩放弃了让曾国荃与李鸿章向下游作战前进的原定计划，用上海绅士们花了18万两银子租来的7艘轮船运送淮军。在4月份，全军分3批下行。[2]4月25日，李鸿章得到正式的任命，出任代理江苏巡抚。[3]

主要军事活动的要点现在位于安庆下游的长江沿岸，曾国荃率两万兵力缓慢推进，其弟曾贞干率大约5000兵力一同上进，还有彭玉麟的舰队在江上配合。在浙江，左宗棠正在开始行动。在安徽中部的庐州附近，多隆阿与李续宜艰难地阻止太平军与捻军会师。在金陵以南，鲍超正在攻打宁国，皖南由张运兰的部队控制，他占领了徽州，扼住了通往浙江的道路。[4] 此外还有独立于曾国藩但有心与之合作的部队，其中有都兴阿率领的江北正规军，袁甲三与李世忠在安徽沿淮河上游部署的兵力，以及镇江的一支独立的官军。[5]33

[1] 东西梁山是金陵上游长江两岸的两座重要的山峰。

[2] 《年谱》：卷八，第8页及以下；《家书》，1862年4月1日与2日。

[3] 《家书》，1862年5月9日。

[4] 《年谱》：卷八，第4~8页各处。

[5] 《年谱》：卷八，第10页下栏。

1862 年 5 月 13 日，多隆阿攻占了英王顽强坚守了很长时间的庐州。太平军逃亡寿州，多隆阿随后追击。寿州随后投降了，苗沛霖背叛了英王，将他献给了胜保，多隆阿将英王在军前处死。[1] 这次胜利大大简化了将兵力集中于主要目标即金陵与皖南、江浙各城的任务。不过，当战争因此而明显地局部化时，从遥远的陕西传来了求援的声音，使东部的官军失去了多隆阿有价值的合作。他设法留下 5000 人留守庐州。[2]

除浙江北部的湖州以外，官军在各个要点都占有优势。曾国荃继续沿江而下，攻占了沿途的所有城镇，于 5 月 31 日抵达金陵城下，开始在雨花台挖壕扎营。[3] 都兴阿攻占了大运河之畔的扬州，平定了江苏北部。[4] 在浙江，官军克复了台州。在外国人的帮助下，又克复了宁波。[5]

看来战争极可能会迅速结束。但是曾国藩由于缓慢而极为费力地将这些部队集结于金陵，不愿冒丝毫的风险。如果他把全部兵力派到金陵城下，那么金陵城外的太平军有可能再一次分散到各处，使他不得不重复一遍过去的工作。于是他采取了“长蛇策略”，如同上述，从 3 个方向缓慢地向太平军逼近，而让他的弟弟在金陵慢慢地绞杀那座城市。

[1] 《年谱》：卷七，第 13 页下栏；《忠王自述》：第 49 页。

[2] 《年谱》：卷八，第 12 页下栏。

[3] 《年谱》：卷八，第 11 页上栏；《奏议》：卷十六，第 9~12 页。

[4] 《年谱》：卷八，第 12 页上栏。

[5] 《年谱》：卷八，第 12 页。

第十二章

外国人与太平军

在考察太平天国运动最后阶段之前，为了更全面地了解外国人所起的作

英国画家仿绘太平天国事件中清军战报的《剿灭粤匪图》，1860年，铜版画，第二次鸦片战争时期英国《The Illustrated London News》画报刊载

用，我们有必要考察他们在镇压这场运动中所扮演的角色。[1] 就外国政府而言，在 1853 年年初太平军以攻占金陵而结束其漫长而胜利的进军，并在金陵建国时，自然会对此产生极大的兴趣。太平天国的新的信仰建立在基督教的基础上，更是令他们好奇不已。大不列颠、法兰西与美利坚合众国派出远

[1] 这样做仅仅是为了弄明白曾国藩在这场战争中扮演了何种性质的角色。我们需要根据报纸、官方报告、新闻报道、罗马天主教与基督教传教士的报告，以及可以找到的中文文献，仔细地研究在 1853 年至 1863 年的 10 年之间外国政策和观点的发展。莫尔斯已经做了这项工作，但主要的依据是上述前两类的资料。中国官员及其政府的官方报道，只要能够找到，会对一些难题做出解释。传教士社团的档案中有些记载，未必会编入他们的报告之中。

不过，我们仍然可以看到一个清晰的总轮廓，即严格中立的政策逐步转变成了武装干涉。所以我在本章中的叙述并无新的贡献，只是复述莫尔斯与安德鲁·威尔逊的《常胜军》、黑克的《太平天国运动事件》、蒙塔尔多·德·耶稣的《上海往事》、威廉斯的《中央王国》与麦克勒兰的《上海旧事》等书中已经讲得更为详细的故事。

有关导致武装干涉的政策转变，必须注意的是，对官军的援助遭到了广泛的反对。这种对立有时是支持中立政策的延续，有时则几乎是要求承认代表太平天国进行干预。这种力挺太平天国或倒清的情绪，不限于“呤唎”（A.F. 林德利）这样著名的雇佣军人，而且也由远离战场的一些国会议员所表达出来，例如希克斯上校，他曾写信给各种报纸，大肆反对清政府。在 1863 年出版的希克斯书信集《中国的太平运动》中，收入了勒吉博士与格里菲特·约翰的书信，二者都是著名的传教士，抗议干涉政策。中国学者众所周知的著名美国教育家马丁博士迟至 1903 年，还在其著作《中国史诗》第 141 页中声称他一贯认为干涉政策是错误的，并将之归咎于法国公使的影响，因为他受到罗马天主教传教士的控制，后者反对太平天国传播的基督教形式的宗教。他本人并非不知道太平天国人士所犯的错误，但他认为，他们愿意接受一种外国的宗教，就是中国未来希望的种子，所以他在 1857 年 6 月 13 日与 20 日的《北华捷报》上热情地倡导承认太平天国。我们不可能对包括这 3 位大人物的群体嗤之以鼻。在这个群体中，我们还能找到英国领事馆的 T.T. 密迪乐和司令官林德赛·布莱恩，至少在他们的政府采取支持力挺清政府的政策之前。在对立的方面同样可以提出一组姓名，他们的观点经过大量的争论之后最终被采纳了。如果说在一个阵营里可以找到雇佣军人，那么其对立的阵营中也有这样的人士。华尔将军非法的“常胜军”，首先由于它破坏中立而遭到反对，此后不久被称为一件得到承认的工具，赢得了英国官方的认可，并接纳了英国上校戈登为司令官。仅仅是由于这个原因，整个组织才没有如同给太平军一方提供武器、出售装备的那些人一样受到同样的惩处。事实上，华尔的确声称他加入了中国国籍，以便摆脱领事的干扰。

以上是仔细研究该时期外国关系的理由，这样做可以使我们的结论具有更牢实的基础。

征军溯长江而上，想弄清楚太平天国权势的范围及其教义的性质。[1]

1853 年 4 月乘坐皇家海军军舰“汉密斯”号前往金陵的队员中有一位名叫 T.T. 密迪乐的秘书，他对太平天国的印象非常深刻，但是他的上司乔治·文咸爵士研究过太平天国图书的译本，态度却较为保守。他宣布对太平天国政府采取严格中立的政策。在对英国政府的报告中，他表示怀疑太平天国的宗教教义主要是一架“政治发动机，使其首领们能够控制热心于参与这一事业的人们的头脑”。[2] 其中文秘书 W.H. 麦都思博士在给乔治爵士的报告中，几乎发现了这场运动的真正起源。[3] 谈到这种宗教空话与政治睿智的奇妙混合体时，他写道：

> 对于这种差异的唯一解释是，假设有两种头脑，或两种不同类型的人，一起从事这项事业，其中的一类人的动力是侍奉上帝并通过赞美唯一的救星来寻求保护的真诚而谦卑的愿望，另一类人则是为了得到无知大众的信任，以便自己登上权力的高位。

如果这场运动取得了胜利，他认为将会获得对基督教的信仰自由，贸易交往也许会得到鼓励，但是鸦片会被严厉地禁止。太平军有可能赞成自由主义，但他觉得清政府一方在获胜的情况下肯定会比以前更加排外和傲慢，因为他们会记住对自己不利的事实：太平天国宗教在思想上跟西方大有瓜葛。不过，他还是赞成采取中立政策。[4]

法国公使在 1853 年年底访问了金陵，未能会见新政府的高层官员，带

---

[1] 关于这些远征军的记述有：第一，乔治·文咸，1853 年 4—5 月，英国全权大使，与费希本舰长一起，由 T.T. 密迪乐陪同，乘坐皇家海军军舰“汉密斯”号，见《英国与外国文件》第 54 卷（1853—1854）及 T.T. 密迪乐《中国人及其反叛》第 17 章；第二，罗伯特·麦克兰对“塞斯克汉纳”号的访问，马歇尔舰长，见《第 32 届国会第 2 次参议会执行文件》第 22 卷第 1 部分；第三，法国公使波尔比隆访问“卡西比”号，见同书第 92 页。

[2] 《英国与外国文件》：第 54 卷，第 508 页。

[3] 见第三章。

[4] 《英国与外国文件》：第 54 卷，第 531 页及以下。

着同样的观点返回，觉得这场运动还远未到达值得承认的程度。

美国传教士罗伯特·麦克兰于 1854 年 5 月抵达金陵。那时候宗教荒唐剧闹得更加厉害，杨秀清被封为圣灵，太平天国的政治态度更加傲慢与排外。如果说他们在一年前与乔治·文咸爵士的沟通显得有些趾高气扬，那么等待着麦克兰先生的那封公函就是不可能进行沟通了。麦克兰的公函声称两国是平等的关系，[1] 并且没有附带“珍贵礼品”，所以遭到了他们的驳斥，还陈述了无法将公函交付东王的顾虑。接着，他们写道：

> 尔等若真心敬拜天国，承认上帝，我天朝视天下为一家，将各国联为一体，容尔等得遂所愿，年年进贡，岁岁来朝，成为天国臣民，永沐天朝恩典，安居乐土，和平度日，永享荣耀。此为吾大臣真诚所愿。望立即遵从，不得有违此诏。

这项声明，加上其宗教妄想，导致麦克兰先生没有承认太平天国，虽然他已得到授权，在发现他们能够成为一个真正的政府时，可以给予承认。[2] 在考察了他们的宗教放纵之后，他针对其提议如此写道：[3]

> 当我们以更实际的态度来看待他们的行动时，你所考察的情况会跟他们的民事组织与宗教组织一样令你失望。他们的成分几乎全部是内地无知而愚昧的人口，人数有限，不会超过 5 到 10 万，分布在大清帝国被他们控制或实际占领的那部分国土上，驻扎在农村和被围攻的城镇里；而官军却没有能力与之对抗，更无望立即收复已经陷落的重地……无论地球上开化文明的国家曾对这个运动寄予

[1] 《第 35 届国会第 2 次参议会执行文件》：第 22 卷，第 1 部分，第 62 页及以下。

[2] 佛斯特：《美国在东方的外交》，第 211 页。

[3] 《第 35 届国会第 2 次参议会执行文件》，第 22 卷，第 1 部分。整份报告非常值得一读。麦克兰的推理与其英国同事一样清晰，其观察也跟其同事一样敏锐。尽管这一时期美国驻国外的代表们业余性较强，但他们在整体上表现得非常能干，较之他们通常受到的待遇而言，值得更多的关注与尊敬。

> 什么样的希望，现在可以看出，他们既没有皈依也没有理解基督教，不论对他们政治权力的形成做出的真实判断是怎样的，我们不再怀疑，我们无法与之在平等的基础上建立或维持交往。

太平天国人士对待外国人的态度没有显示出任何引人注目的敌意，密迪乐在其著作中传达了这样一种明晰的印象：他发现太平天国人士的态度是友好的，只是未能充分理解外国的观念，以至于无法以平等的姿态接受外来人。他们对外贸事务也缺乏兴趣，当三合会在上海城内成功地举事占领这座城市的时候，上海实际上已经属于他们，但他们却没有伸手接收这座城市。[1]

三合会于1853—1856年占领上海，引起了几个问题，其中有两个问题直到现在都具有重大的意义。其一是在合法当局缺失的情况下如何处理关税，这个问题后来的解决办法是设立了由外国控制的关税局，当中国人意识到这种临时的方案是多么有效的时候，就从之产生了现在的体制。第二个问题是如何对待为外国人保留的区域中的难民，这终究导致了外国控制市区的扩展，即便在管理中国居民时也拒绝中国的法则，除非作为一个混合法庭保留中国法则的理论。第三个问题是中国军人过于接近外国租界而引起的，以致发生了泥城之战（1854年），几年后为上海作为中立地区的主张提供了先例。[2]

1856年的鸦片战争与后来在北方进行的条约谈判（1858年）改变了外国的处境。在此之前，外国人只在5个港口享有条约规定的权利，现在长江开放航行，沿岸的一些城市成为门户港口。这份条约的批准，拖延到英法两国于1859年与1860年在北方重新发动对华战争，遭遇并击败蒙古骑兵将领僧格林沁，接着向北京攻击前进之后。[3]清廷逃往热河，留下恭亲王进行必

---

[1] 莫尔斯：《中华帝国的国际关系》，第2卷，第13页及以下。

[2] 这些主题在莫尔斯著作的第2卷第1章与第2章都有阐述；又见蒙塔尔多·德·耶稣的《上海往事》与麦克勒兰的《上海旧事》。

[3] 许多图书中都能看到有关这场战争的清楚记述，可见威廉斯的《中央王国》与莫尔斯著作的第1卷。

要的谈判。[1]

在某种意义上，英法的入侵导致了太平天国在 1858 年与 1860 年的再次活跃。僧格林沁撤退以迎战英法联军有可能刺激了捻军重新攻打河南与山东的欲望。我们还知道，曾国藩为了进行作战行动，在资金上受到了更大的压力。另一方面，对外战争对于双方的命运极可能都没有任何影响。至少我们可以看到，对于在中部省份对抗太平军的曾国藩与更靠近金陵的将领们而言，并没有减少一名士兵。英法在广州与对北京的侵略，一般而言被视为地方事务。

捻军在皖北地区的活跃性增强可以更加清楚地归因于僧格林沁的撤退，并且可能又作用于安徽的太平军。我们已经并将再次看到，太平军拼死杀开血路，要向金陵挺进，但各路兵力都被官文与曾国藩挫败。当英法联军于 1860 年夏季在北京附近击败清军并抵达京城时，太平军在那个方向获胜的危险略有增加，而随着赔款的支付，清政府完全可以欢迎外国人援助他们对付国内的敌人。在此之前，我们没有多少根据认为 1856 年至 1860 年的对外战争大大削弱了清政府对抗太平军的力量。若说由于这种对立而导致金陵解围是没有根据的，因为没有任何军人从华中向北方转移。事实上，英法联军在北方的作战直到 1860 年 8 月才开始打响，而忠王早在 5 月 5 日就打垮了金陵城外的清军大营，此后他开始进军江苏与浙江。[2] 僧格林沁于 8 月份迎战英法联军，人们认为他有胜算。在他吃了败仗之后，曾国藩自告奋勇北上，但未得到朝廷的批准。于是我们完全可以消除鸦片战争在那一时期导致太平军活跃起来的想法。

6 月 10 日，曾国藩被任命为代理两江总督，奉命缓解江苏的压力。[3] 由于他不能离开安庆，该省必须由巡抚打理公务。从这时开始，有两个事件最终导致了外国的干涉。其一是中国人雇用了弗雷德里克·汤森·华尔，雇主有可能是上海的商人。在忠王于 1860 年攻下松江以后不久，这些商人许诺

[1] 威廉斯的《中央王国》与莫尔斯著作的第 1 卷。

[2] 《平定粤匪纪略》：卷九，第 14 页下栏。

[3] 《奏议》：卷十一，第 41 页及以下。

给华尔 3 万两银子，叫他克复该城。[1] 华尔在一度失败之后，雇用了 100 名马尼拉人和白人军官法尔思德与白齐文，于 7 月 17 日攻克松江。现在松江成了华尔的司令部，他从这里率部攻打青浦。他发现该城有太平军雇用的冒险家驻守，攻击失利（1860 年 8 月）。他最终被迫放弃攻击，返回松江，在这里用接下来的几个月时间训练了一支中国部队，他的费用间接地由上海海关的财政开支。[2]

忠王在江苏的出现使上海陷入恐慌，因为内地有几千名难民涌入此地。忠王本人于 8 月 18 日抵达上海郊区。驻该城的领事们决定严守中立，派人给忠王捎话，让他不要攻占上海，最终他被英法官方的联合武装赶走了。[3] 忠王声称他去征战上海，是受到住在上海的一些“夷人”和与太平军有通信往来的清政府官员的邀请。由于狂风暴雨的天气，忠王的部队未能迅速地开进城内，面对的情况是：“薛抚台是夜悉知有通情，复即加银和于洋鬼，请得一二千鬼子而守此城。清军通我未成，此事未举，这班人马概被抚台杀之。”忠王被迫撤退。[4]

外国人的这个行动，将中立的主张扩展到包括外国租界周边行走能够到达的纯粹的中国领土，实际上已经放弃了中立，而偏向于清政府一方。他们就在自家门口都能看到荒凉痛苦的可怜景象，更重要的是，他们对于上海日

---

[1] 莫尔斯:《中华帝国的国际关系》, 第 2 卷, 第 69 页及以下; A. 威尔逊:《常胜军》, 第 63 页及以下。

[2] 在这一点上，外国作者一致声称是一家名叫“塔基”的公司雇用了华尔（只有威廉斯在《中央王国》中说雇用他的人是道台），并说是由中国商人提供资金。与此相反，忠王说是巡抚雇用了洋鬼子（《自述》第 35 页），一位小有名气的中国人在记述江苏的作战时（《吴中兵戈记》卷一第 1 页上栏）则称是代理布政使与吴道台雇用了他们。由于当时强制推行严格的中立，我认为两种说法都是既对又错——政府确实雇用了这些人，并且从关税收入中提供了资金，但因担心外国的干涉，可能是通过商人们来操作的，这样就与官方没有牵扯。

[3] 麦克勒兰：《上海旧事》，第 49 页。

[4] 《忠王自述》：第 35 页及以下。A. 威尔逊著作第 66 页，卜鲁斯说太平军是对他们发起突袭，将他的说法与这里的记述相印证，可以相信上海只是出于偶然才没有落入太平军之手。作为一个既成事实，还存在一个问题，即干涉政策究竟会不会继之而起。保有上海是官军主要的优势之一，因为其贸易量很大。太平军为何没在 1853 年占领上海是一个谜，也许可以在太平王与三合会在广西的早期经验中找到线索。只要太平军伸出双手，得到这里的财政收入，官军肯定会遇到大得多的财政困难，并可能在这场战争中失败。

益增多的人口将会导致供应匮乏的担忧，导致他们将这个反太平天国的中立进一步推广到上海的方圆百里之内。詹姆斯·何伯上将从北京返回，于1861年2月溯江而上，和哈里·帕克斯一起安排于1860年承认的条约港口的开放事宜。他们在金陵停留，会见了太平天国的一些首脑，得到天王的承诺：上海将有1年平安无事。[1]他们在针对内地和金陵所做的情况报道中对双方不偏不倚，但特别谴责了太平天国一方，因为在他们占领的城市里发现了极度悲惨的状况，而官军占领的城市里情况要好一些。[2]不论是何种因素对外国人决定援助清政府起了作用，这次溯江而上汉口的旅行肯定是最重要的一个因素。

在天王1年前所做的承诺过期以后，太平军于1862年再次决定争取攻占上海。在占领杭州之后，他们宣布接下来要向上海进军，在上海城内和租界内都发现了帮助他们的密谋者。外国人也通过走私武器弹药和鸦片援助他们。正如西方列强的领事们一直无法制止华尔及其同类的冒险家们帮助官军一样，他们现在也无法防止外国的援助到达太平军手中。[3]太平军于1月13日通过了吴淞，兵力多达3万人，另一支部队则在松江攻击华尔。[4]华尔在松江击败了太平军之后，率领他的700名中国官兵来到上海，向何伯上将伸出援手，后者率领同等数量的法英水手与陆战队，在高桥击败了太平军，在上海与吴淞之间越过江面。[5]在上海周边的这次和其他的作战中，华尔的小部队因其武技与士气获得了嘉奖。

英国人现在公开颠覆了中立的政策，在北京与法国人和中国人谈判之后，采纳了首先由何伯上将接着由卜罗德上将提出的建议，要把太平军阻止在上海方圆百里之外。[6]华尔的武装现在受到高度的赞扬，但在几个月前，这支部队还遭到严厉的谴责。[7]英法联军和“常胜军”攻击并占领了上述区域内

[1] A. 威尔逊：《常胜军》，第71页。

[2] 见S. 雷恩·普尔：《哈里·帕克斯爵士的一生》，第1卷，第419页及以下的描写。

[3] 蒙塔尔多·德·耶稣：《上海往事》，第116页及以下。

[4] 莫尔斯：《中华帝国的国际关系》，第2卷，第73页。

[5] 同上。（自《北华捷报》1862年2月7日号）

[6] 蒙塔尔多·德·耶稣：《上海往事》，第136页及以下。

[7] 卜鲁斯与何伯之间的通信，以及米歇尔将军写给卜鲁斯的信。《与中国造反有关的更多文件》：1862年版，第8、10、21页。

被太平军进攻时的上海西门城墙

的许多小镇与村庄。大约在 5 月 1 日，他们攻打嘉定获胜；5 月 12 日，青浦落入华尔的小部队之手。然而，后来他们无法防御这两座城市，因为忠王占领了嘉定，包围了青浦，华尔只有靠着何伯上将的帮助，才能从青浦逃出去。这些部队全部撤回上海（6 月 14 日）。[1] 华尔将军现在得到授权，最多可将部队增至 6000 人。[2] 他于 8 月份从松江克复了青浦，但是上海的酷暑与流行病使外国军队无法十分活跃。

我们已经知道曾国藩对于使用外国援助持怎样的看法。在外国联军于 5 月份从嘉定与青浦撤退以后，谣言四起，风传印度军队会开到上海，北京垂询曾国藩对这个动向的态度。曾国藩的回复值得全部照录。他说他已写信给左宗棠，后者不希望有大批外国军人介入，完全不希望有印度军队开来；他还写信给李鸿章，李给了一个含糊其辞的答复，说他与何伯上将讨论了此事，何伯上将告诉他增援部队正在赶来，但未提到来自印度的部队。接着，曾国藩写道：

[1]　蒙塔尔多·德·耶稣：《上海往事》，第 136 页及以下。

[2]　莫尔斯：《中华帝国的国际关系》，第 2 卷，第 77 页。

臣查西人天性好胜，睚眦小忿，不肯甘休。青浦、嘉定之挫，既羞见侮于发逆，尤虑见轻于天朝。其兴兵前来报复，实属意中之事。惟（唯）英、法旧例，兵谋会议于众国，兵费征敛于众商，非一人所能为主。青、嘉一退之羞，不至遽触大众之怒。国主未必因此而大举，商贾未必因此而加征。其兵数必不甚多，亦可悬揣而知。

崇厚既有所闻，似宜由总理衙门与驻京公使查询确实。然后申大义以谢之，陈利害以劝之。

中国之盗寇，其初本中国之赤子。中国之精兵，自足平中国之小丑。姑无论本年春夏连克二十余城，长江上下肃清三千余里，发逆无能久之理，吴、越有可复之机。即使事机未顺，贼焰未衰，而中华之难，中华当之。在皇上有自强之道，不因艰虞而求助于海邦；在臣等有当尽之职，岂轻借兵而诒讥于后世。此所谓申大义以谢之也。

粤匪行径，本属无赖之贼。青、嘉两城，尤属至微之事。英国若征印度之兵，为报仇之役。多调则胜之不武，少调则不胜为笑。徒使印度军士，支领英国之饷银，蹂躏中国之土地。上不利于国主，下不利于英商，不如早议息兵，俾松、沪免无穷之忧，即英法省无穷之费，此所谓陈利害以劝之也。斯二者，总理衙门与驻京公使委曲商榷，如俱不见听，则亦别无阻止之法。仍当先与议定，西兵进攻内地，臣处无会剿之师。若克城池，臣处无派防之卒。区区鄙见，不得不重言申明。

至于设法防范，殊乏良策。洋人语言不通，风俗迥异。彼以助我而来，我若猜忌太深，则无以导迎善气。若推诚相与，又恐其包藏祸心。观于汉口焚船等案，片言不合，戎事立兴。嫌衅一开，全局瓦裂。臣始终不愿与之会剿者，盖亦筹之至熟。与其合而复离，不若量而后入。倘我军屯驻之处，彼亦不约而来，实逼处此。臣当谆饬部曲，平日则言必忠信，行必笃敬；临阵则胜必相让，败必相

救。但有谦退之义，更无防范之方。吾方以全力与粤匪相持，不宜再树大敌，另生枝节。……[1]

与此同时，在宁波，在呫乐德克上尉与肯尼中尉指挥下的英法战舰轰击该城，然后将其攻占，将其交给官军（5月6日）。[2]这就导致在宁波采取了类似于在上海那样的政策，外国军队为克服宁波周边的一些小城镇提供了援助。华尔率部来到这个地区，于9月21日在攻击慈溪时受了致命的重伤。不仅是“常胜军”，就连来自英法战舰的部队，以及另一支由法国人训练的1500人的中国部队，也参与了这次攻击。[3]华尔的残部在松江被接收了，获得了很高的荣誉。华尔被埋葬在这里，至今还有一座祠堂标志着他的墓址。他是一位能人，虽然有许多人认为他胸怀大志，想在中国为他自己划出一个帝国，[4]但无人妒忌他头上的桂冠。没有华尔，戈登不可能完成他的工作，也不可能存在我们刚才提到的法中部队。这支部队的兵力最终达到了2500人，最先由勒伯勒东与日意格指挥。他们在左宗棠克复上虞时（11月28日）给予了帮助，[5]呫乐德克也参与了战斗，又在官军克复绍兴时（1863年年初）给予了帮助，太平军因其在城外的作战而放弃了这座城市。[6]勒伯勒东在攻占上虞时阵亡了，指挥权由买忒勒接掌，他在不久后也阵亡了，其职务由德克碑取代。[7]

“常胜军”失去其第一位司令官之后，暂时由美国人爱德华·法尔思德

---

[1] 《年谱》：卷八，第16页上栏；《奏议》：第27~30页，1862年7月18日。在这份奏复中看不出他是否厌恶印度军人。

[2] 莫尔斯：《中华帝国的国际关系》，第2卷，第78页。

[3] 同上。又见海克《太平运动》第220页及以下。

[4] 威尔逊:《常胜军》,第91页。又见上述咨询莫尔斯的看法,第2卷,第56页及以下、第79页注释。

[5] 莫尔斯：《中华帝国的国际关系》，第2卷，第79页。

[6] 威尔逊：《常胜军》，第114~116页；莫尔斯：《中华帝国的国际关系》，第79页；科尔迪埃：《中国与西方列强的关系》，第215~218页。科尔迪埃的记述部分取材自P. 吉克尔在《第二世界杂志》（*Revue des Deux Mondex*）1864年6月15日号中的文章。

[7] 科尔迪埃：《中国与西方列强的关系》。

领导。他拒绝担任永久的司令官，将指挥权交给了另一位名叫亨利·白齐文的美国人。

几乎就在此时，太平军对曾国荃长达46天的可怕攻击开始了，接着军营里发生了流行病，这使湘军的防御倍加艰难。可能应召来援助曾将军的各位将领都因战略上的考虑而未能前来，只有程学启可以前来。但是，程将军的离开会使江苏的作战不利，于是曾国荃将军拒绝了程将军的援助，不过批评他的人怀疑他是为了维护自己的威望。这个拒绝令曾国藩颇为难堪，因为他已经向程将军提出了要求。但他仍然对此善加利用，写信给李鸿章，叫他不要把程将军派来，如果已经派过来了，就让他打一两仗，然后返回。[1]

李鸿章接着提议派出白齐文及其以“常胜军”闻名的小部队。曾国藩起初拒绝它的援助，但最终同意接受它，但有两个条件。其一，这支部队不能太靠近清军驻扎，而应该首战金陵城下游的下关或九洑洲，或者驻扎在上游某处；其二，如果攻占了金陵，白齐文的部队不得随便抢掠，所有战利品都要上缴集中，一半送往北京，一半在各部队分配。白齐文所部可以分到双份。在任何情况下，都必须订立明确的协议，以免将来军中发生纷争与误会。[2]在给曾国荃的一封信中，曾国藩劝他在常胜军到来时，充分利用这些军人，但不要允许他们与其他部队发生密切的接触。“白齐文部下名为洋兵，实皆广东、宁波之人，骄侈成俗，额饷极贵，弟军断不宜与之共处。凡长濠以内，总须主兵强于客兵，一切皆由弟做主，号令归一，而后不至偾事。至嘱至嘱。弟若有信至沪，亦须先与说明。”[3]

与白齐文的谈判拖延下来了。11月17日，曾国藩写信说，他收到了与白齐文所谈协定的要点，但开始有点怀疑他是否真的会来。与此同时，官军遭到了可怕的惩罚，但在11月26日，曾将军打了一场胜仗，解除了包围，将太平军赶到了江北。但这并未解除曾国藩的焦虑，他担心弟弟会被引诱离开

[1] 《书札》：卷二十，第7页下栏、第8页下栏。

[2] 《书札》：卷二十，第8页下栏、第9页上栏。

[3] 1862年11月8日的信函。

基地。正好在赶走忠王的那次攻击之前，曾国藩就已催促其弟从金陵撤退——在宁国的一次小挫使他认为官军在长江上游陷入了危境。如果宁国陷落了，那么向芜湖或金柱关的总撤退几乎是不可避免的；鲍超的部队已经遭到削弱，曾国荃刚刚脱险，如果两者都被击败了，那么整个大业都会崩溃毁灭。12 月 4 日、5 日、6 日和 7 日的加急信，请求曾国荃不要留在如此地方，以致危害整个大业。[1] 其弟虽然受到很大的压力，但他对自己的力量非常自信，没有理睬兄长的要求，而撤退的必要性也逐渐地消失了。到了 11 月底，围攻本身已经结束了，但是直到 12 月中旬以后，才能确信忠王的攻击不会重新开始。

有关白齐文未能在此最危急的关头前往金陵的原因，有各种不同的说法，其中之一是拖欠了薪饷。从他后来的生涯来看，我们无法确信他的诚实性。从上面的记述来看，清军显然希望他去增援，特别是在 11 月份帝国大业岌岌可危的时候。他以各种借口一再拖延，未在必要时给予救援，而在白齐文实际上打算出发时，轮船却撤走未返了，这并非是清政府一方不讲信用的行为，而是对援助的需要已经过去时人们自然会做的事情。

上面摘录的曾国藩的信文表明，“常胜军”在中国人当中非常不受欢迎，看到外国列强断然地放弃了中立，他们也希望改变自己的性质。中国人觉得它花费太多，痛恨其对松江民政的干预，及其士兵爱寻衅闹事，对其他中国人作威作福。

1863 年 1 月 2 日，这些部队因拖欠薪饷而哗变。上海有消息传来：两天内便有款子送到，白齐文靠着这个消息安抚了士兵。但是，到了约定的时间，款子还是没有送到，白齐文亲自前往上海领取。那里的人告诉他并未承诺在那个日子付款。于是他前往“塔基”家里，在受辱之后，将那位老板揍了一顿，拿着钱回到了松江。这导致他被解除了职务，指挥权交给了弗雷德里克·布鲁斯爵士，以前的荷兰上尉及后来的戈登上尉，他在平息了一系列哗变之后，将这支部队转变成一支纪律严明的武装，主要由痛恨指挥官更替的冒险家们担任指挥官。[2] 曾国藩对白齐文的这个行为十分生气，他在一封

[1] 11 月 17 日至 12 月 7 日的信函。

[2] 海克：《太平天国运动》，第 226~234 页。

信函中建议李鸿章和他联衔上奏，要求皇上因白齐文殴伤欧阳道台而将之处死。[1]

曾国藩对这个事件的叙述与上述外国资料中的记载有所不同。他写道：

> 查洋将白齐文常胜军，于九月中旬定议来援金陵，屡次愆期。厥后奏明十月十九日启程，吴煦先带轮船两只赴镇江齐队。乃白齐文索饷迁延，迄未入江。十一月十四日，[2]在松江闭城滋闹；十五日，带洋枪队数十人至上海毒殴杨坊，刃伤其戚属，抢夺洋银四万余两而去。如此跋扈横行，毫无纪律，不特中国不能资其力以剿贼，亦为外国之所公恶。应由李鸿章奏明知会驻京公使，严行惩办。[3]

我们现在可以理解李鸿章对此人难以平息的憎恨，执意不肯让他恢复原职，即便白齐文在去了北京之后得到了英法公使的支持。[4]同时不难理解，为什么在白齐文实际上已经准备前往金陵时撤走了汽船，为什么不肯给一支如此难以控制的部队发饷。

由查尔斯·乔治·戈登上校指挥常胜军的协议，在得到英国政府的批准后，立刻就在斯特夫利将军的帮助下生效了，规定兵力最多可达3000人。[5]在等候英国政府批准时，华尔旧部因希望白齐文继续担任司令官而闹事，而荷兰于2月15日攻击太仓失利惹来了麻烦。布瑞南少校在福山的另一次失败使李鸿章的支持变成了不满，致使李鸿章差一点将这支部队一起镇压。[6]

幸好所需的批准终于下达了，戈登于1863年3月25日接掌了指挥权。

---

[1] 《书札》：卷二十，第34页下栏。

[2] 这里的日期不一致，外国的记述给出的日期是第2个。

[3] 《奏议》：卷十七，第52页上栏。

[4] 白齐文的情况由海克提供，见第230页及以下。他在这里清楚地揭示了不愿在巡抚手下干活的想法。更难理解的是，他无法指望当局有效对付一支不听命令的独立武装。威尔逊认为争执的起因是中国人在1862年11月与慕王的战斗中争功。

[5] 但是遭到这位英国将军的强烈抗议。裁军没有立刻生效。

[6] 莫尔斯：《中华帝国的国际关系》，第2卷，第92页及以下；威尔逊：《常胜军》，第127页。

乔治·戈登名片照及橱窗照

这件事标志着英国政府采取了完全支持清政府的方案，因为戈登不仅在方圆百里之外作战，还是英国派遣军的一名军官，而英国政府批准了他的使命。

戈登的作战以解救常熟拉开了帷幕。他的2250人援助一支6000人的官军，于4月7日一起击退了敌军。接着他赶赴太仓援救巡抚的长兄李瀚章，因为后者中了太平军的诡计，太平军假装投降，诱他进城。尽管他只能以区区2800人对抗1万名敌军，但他于4月30日和5月1日攻下了该城。[1]由于部队中白齐文党羽离心背德，戈登不得不率部返回松江，改组部队，换掉了许多军官。戈登带着重组的部队前去围攻昆山，于5月27日抵达城下。他的部队现在增加到了600名炮兵和2300名步兵。[2]他使用"水陆两用汽

[1] 莫尔斯：《中华帝国的国际关系》，第2卷，第94页及以下；威尔逊：《常胜军》，第150页及以下。作者在这次太仓事件中发现了李鸿章在苏州下令杀降的原因和理由。

[2] 莫尔斯：《中华帝国的国际关系》，第2卷，第95页；威尔逊：《常胜军》，第158页。

天津戈登堂，梁时泰 1880 年代作

常胜军纪念碑，1866 年竖立于上海

船”“熙春”号，大大加速了攻城的进度。在程学启将军的配合下，戈登于6月1日攻克该城。[1] 程学启声称这主要是他的功劳，事实上戈登没有采取程学启提出的战法，而程学启则对“熙春”号与戈登的战法在攻城战中获得的成功心怀妒意，致使他们之间产生了严重的摩擦，裂痕极深，以至于李巡抚和马格里爵士不得不出面干预。由于戈登决定撤出松江，以昆山为基地，又导致事端发生，他不得不以铁腕手段镇压一场哗变。[2] 从这时开始，部队中执行了空前正规的军队纪律。但是直到戈登以和解的态度解决第三次哗变之后，部队纪律才得以健全。[3]

现在有许多因素一起导致戈登辞职：与部属的摩擦，与程学启的龃龉，合理的要求得不到及时处理，[4] 以及朋友的忠告。当他正要动身前往上海时（8月8日），他得知白齐文已经领着300人去苏州加入了太平军，希望迟早为他自己赢得一个帝国。[5] 上海的一般舆论认为，昆山的部队会去投靠他们喜欢的白齐文，使局势恶化。于是戈登决定继续他的工作。

与此同时，这支小部队已从昆山向苏州逼近。7月29日，他协助清军克复了苏州防御的前哨城市吴江，[6] 接着于8月25日克复了位于伸入太湖的半岛前端的太湖县。[7] 一支分遣队于9月30日攻占了江阴，现在联军已经准备进兵苏州。

这个重要的基地由忠王的爱将慕王谭绍光和其他几名王爷与将领把守。忠王现在在天京，努力劝说天王逃出天京，另找地方扎根。从《忠王自述》中可以看出，他期待苏州守将投向敌军，但他知道自己无法参与这样的行动，因

---

[1] 威尔逊：《常胜军》，第159~182页。汉文资料记载的日期为5月31日。

[2] 海克：《太平天国运动》，第260~282页；威尔逊：《常胜军》，第164页及以下。

[3] 威尔逊：《常胜军》，第166页及以下。

[4] 这里需要研究巡抚的财政状况。根据曾国藩及他的下属所做的说明，是否冷漠与贫困导致他拖延时间？海克声称戈登实际上在7月25日就退休了，并公布了他写给李鸿章的信。

[5] 威尔逊：《常胜军》，第170页及以下。

[6] 威尔逊：《常胜军》，第172页及以下。

[7] 《年谱》：卷九，第11页下栏；皇家亚洲协会北华分会会志，1864年12月号，第119页。

为他是广西老兵，官军对他这样的人格外严厉。所以他在分手时说："现今之势，我亦不能留尔。"他们的回答否认了怀有二心，但他们言行不一。忠王没有预见到，他们计划中的一个部分是谋杀慕王。[1]于是他们开始与程学启将军沟通，谋划交出苏州城，协议的一部分是清除慕王，但拒绝亲手结果忠王。苏州城于1863年12月6日易手。执行谈判的纳王被许以二品武官。[2]

当王爷们出城迎接李鸿章时，所有的约定都不作数了，官军背信弃义，将他们处死。由于戈登是投降谈判的证人，他认为处死投诚的各王是不义之举，对巡抚十分气愤，于是带上"熙春"号与一些部队，要捕杀李鸿章。幸亏他未能找到李鸿章，戈登在思考了几个星期以后，继续在部队中服役。[3]

戈登在退隐期间的不作为，导致"常胜军"的道德和纪律水平有所下滑，但他回到部队以后，情况立即复原了。在1864年的整个春季，它跟中国军队待在一起，从苏州向常州推进，于5月11日攻占常州，戈登及其部众在战斗中起了主要作用。与此同时，法国人在浙江给予了有价值的援助，他们及左宗棠的部队于3月31日攻克了杭州，在曾军攻克金陵以后，又于8月18日攻占了湖州。[4]但是，在法中部队进行这次最后作战的时候，"常胜军"已不存在了，因为它已于1864年5月31日解散。[5]

---

[1] 《忠王自述》：第59页及以下。

[2] 《太平天国野史》：卷十九，第6页及以下。

[3] 这在戈登一生的经历中是得到最高庆贺的事件。曾国藩完全赞同李鸿章的行为，他在日记中写道："见李少荃杀苏州降王八人一信稿一片稿，殊为眼明手辣。"摘自《日记》卷二第38页。威尔逊认为这是出于八王在太仓叛变的考虑，因为其兄弟在那里被捕。威尔逊的看法可见于上面的注释（第172页注释1）。波尔格在《哈利戴·马卡特纳爵士的一生》第92~122页做了详细的记述。海克在其著作第393页说，李鸿章与程学启杀降的理由是叛变。由于投降过来的太平军人数太多，李鸿章被吓坏了，而且他的部队已经拖欠薪饷，他担心哗变，只好容许部众去抢掠。程学启将军担心纳王在李鸿章跟前抢过他的风头。莫尔斯：《中华帝国的国际关系》，第2卷，第100页及以下，他实际上同意波尔格的看法，其依据是《北华捷报》的文件与李鸿章于1864年2月14日的声明。这件事表明戈登是一个高尚的人，也表明有人排除很大的困难将他从一项致命的行动中救了出来，这个行动将会意味着其部队的毁灭，并将他置于罪犯的地位。我在中外文献中都未发现戈登本人发誓要将八王救出的声明，不过投降的条件肯定意味着程将军有过这样的誓言。

[4] 皇家亚洲协会北华分会会志，1864年12月号，第120页。

[5] 莫尔斯：《中华帝国的国际关系》，第2卷，年表第25页。

为了评价这支部队在镇压太平天国运动中所处的地位，我们必须记住，由于美、英、法3国军官杰出的谋略，清廷一方攻占了许多重镇。没有他们的援助，战争无疑将会拖延下去，而清廷将会面对因早日结束战争而避免了的许多困难，甚至陷入险境。这支部队的官兵肯定比与其合作的纯粹的中国军队装备更好，训练更加有素。他们的干预增强了外国士兵与水手使上海免遭太平军占领的能力，而这又使李鸿章有了支付军饷的财政收入。考虑到所有这些事实，我们无法否认，他们的援助是非常有效的，甚至可能是生死攸关的。

然而，如果我们就此断言或假定“中国人”戈登镇压了太平天国运动，还是有点儿草率了。此人从未指挥过一支超过3000人的部队，他总是得到清军大部队的增援，那些部队应该分享战功，如果没有那些清军，结果可能是失败。最重要的是，由曾国藩及其将领们部署在安徽、江西和天京周边的众多部队进行的作战，虽然没有常胜军的作战那么精彩，却是同等的重要，这些作战行动令太平军一天比一天焦虑不安；而在更远的地方，在湖北与河南，还有其他部队防止捻军与太平军联手作战。

因此，如果我们原原本本地接受研究这支军队的首席历史学家所做的评价，也许可以做到公平不倚。[1]这位历史学家在引用了一些褒奖甚至阿谀戈登的著作之后，写道：

> 我已经说了很多违反戈登上校本人意愿的话，因为在这个问题上已经说得太多，而在此还必须重复，以便解释最近在中国发生的诸多事件的实际进程。但是，当我们仔细地考察一下那个占压倒多数的说法，即结束太平天国运动的人是戈登上校，那么事实就会迫使我中止发言。也许李抚台在上面引用的奏疏中过多地把江苏作战的功劳揽到了自己身上，但无可怀疑的是，戈登及其部队如果得不到援助，是不可能肃清该省的。当他在战斗中首当其冲时，他会要

[1]　威尔逊：《常胜军》，第257页及以下。

> 求清军守住他夺占的地方；在程将军和其他将领们指挥下的清军和他并肩作战时，为他的胜利做出了重大的贡献。更重要的是，必须记住，太平军之所以被驱赶到江浙的沿海地区，是因为清廷一方的曾国藩及其将领们所取得的胜利。清廷似乎指望英法联军为他们保住上海、宁波这些城市。如果他们没有这么做，他们或许会采用不同的办法。我们的同胞在太平军逼近他们的富有的贸易殖民地时感到了惊慌，他们似乎认为这预示着太平天国事业将在中国取得总体上的胜利，但实际情况并没有那么严重。可以肯定的是，如果容许太平军占领上海与宁波，几乎无止境地获取外国的汽船、武器与兵员，他们给外国人带来的麻烦，就会比带给中国政府的麻烦大得多。而且，如果容许他们这么做，我们就放弃了根据条约对中国政府所承担的义务。因此，清廷有双重的理由不费很大的力气去防止太平军进取这两个驻有外国领事的港口城市。他们料想我们的利益和义务会引导我们阻挡太平军对这两个港口的进攻，而他们的推算没有落空。他们在其他情况下会怎么做，我们只能推测，但是，如果根据形势和结果来做判断，可以肯定的是，清军放任太平军的进兵，并不能证明他们没有能力按照他们缓慢而按部就班的方式来镇压太平天国运动。

不过，从另一个角度而言，西方列强的态度是一个决定性的因素，因为他们在 1853 年和 1854 年坚定不移地拒绝承认太平天国政府，对清政府是有利的。如果金陵城中有一个天德或冯云山，太平天国政府可能就会得到承认。那么，反过来说，我们可以承认，只要外国人不援助太平军，而是让中国独立地镇压太平天国运动，清廷一方也有可能获胜，而直到战争结束时所提供的积极援助则提供了双重的保证。

第十三章

金陵争夺战及太平军的崩溃

炎热及其导致的瘟疫在1862年的夏季严重干扰了清军的进程。在安徽、浙江与金陵，大批官兵死亡，还有无数的官兵病倒，身体虚弱。于是，在太平天国周边的作战实际上被搁置起来。[1]

然而，在北方，分散的造反部队，主要是捻军，却是非同寻常的活跃。已经动身回家为双亲守丧的李续宜被任命为钦差大臣（奉令在守丧期间以代理巡抚的职衔服务），而山东、河南、直隶与山西的军事当局奉命与他协商如何联合行动，以对付太平军和捻军。胜保也被任命为钦差大臣派往陕西。这么多的钦差大臣分布在各地，表明清政府认为形势十分严峻。由于采取了谨慎的措施，来自北方的危险大大降低了。

瘟疫延续了很长时间。到了10月份，它造成的破坏在宁国一带格外严重，金陵、湖州与池州的情况几乎同样严重。将领中有鲍超与张运兰得了重病。曾国藩对前景悲观，催促北京另派一名高级官员来分担他的责任，但北京拒绝了他的请求，并对曾国藩在华中的作战安排表示满意。[2]

曾国藩得到情报：太平军打算利用敌军的困境。他们将部队分成3支大军，其中之一由侍王指挥，将要在金陵城外的雨花台攻击曾国荃。但实际情况比传言更糟。10月13日，忠王本人率部攻击曾国荃，而其他将领在新河庄击

---

[1] 《年谱》：卷八，第17页下栏；《奏议》：卷十六，第53页以下（8月16日），以及卷十六第75页及以下（9月22日），曾国藩在其中报告几位将领病倒了，左宗棠所部大半官兵失去战斗力，他弟弟在金陵的军营中有1万人病倒。

[2] 《年谱》：卷八，第21页；《奏议》：卷十六，第81页以下（10月5日）。

太平军和清军水师在南京城外长江中作战

败鲍超，攻占了宁国县（10 月 28 日）。鉴于这些失利与危险，曾国藩于 11 月 3 日上奏北京，列数他面临的困难：[1]（1）其弟在雨花台遭到激烈的反复攻击；（2）担心太平军从宁国开进江西，威胁他的后方；（3）小丹阳的太平军有可能开往长江，与他争夺对长江的控制权；（4）据报，捻军将从河南通过湖北杀到安徽，与太平军合作，为金陵解围。他还报告说，由于江西厘金财政收入减少，他缺乏资金，不得不采取紧急措施来满足职责所求。[2]他在奏疏结尾时请求朝廷派多隆阿驻扎在安庆以北，防卫鄂皖边界地区。

就连曾国藩也开始动摇了。但是，他和孔夫子时代的远古祖先一样，具有哲人的头脑，他撰写了题为《三字箴》的劝诫性对偶句，以清、慎、勤三字自勉：[3]

清字箴：名利两淡，寡欲清心，一介不苟，鬼伏神钦。

慎字箴：战战兢兢，死而后已，行有不得，反求诸己。

勤字箴：手眼具到，心力交瘁，困知勉行，夜以继日。

---

[1] 《年谱》：卷八，第 22 页下栏；《奏议》：卷十七，第 7 页及第 9~12 页。

[2] 《奏议》：卷十七，第 9~12、14~17 页。

[3] 《年谱》：卷八，第 24 页下栏。

曾国藩在他那份悲观奏疏中概述的最担心的事情其实并没有发生。小丹阳的太平军的确试图突围而出，但于 11 月 9 日在金柱关被曾国藩的舰队在陆军协助下击败了。长江上仍然没有敌军的踪迹。

曾国荃在雨花台遭到了46天几乎连续不断的攻击，受到了可怕的折磨，而忠王和从城内增援的其他 13 位王爷企图将他粉碎。他们不再满足于使用到那时为止一直流行的老式武器，而是用迫击炮发射外国炮弹。它们在清军中爆炸，发出雷鸣般的轰响。他们在湘军的胸墙下埋雷，将之炸垮。尽管如此，曾国荃岿然不动，他的兄长则维持着粮路的畅通。

在那些危急的日子里，曾国藩急得快发疯了。他急得放弃了原则，同意白齐文及其"常胜军"代替程学启将军赶来援助，后者是他借给李鸿章的将领，当时李鸿章需要他留在江苏战场，无法将他抽调出去。由于种种原因，白齐文未能赶来。[1] 于是，曾国藩为了避免湘军的溃败，避免全部努力付诸东流，催促曾国荃撤到芜湖，因为他认为胜败的可能性相等，清廷的整个大业危如累卵。但是曾国荃决定冒险，而且打赢了。[2] 在 46 天紧张的战事结束时，双方血战一场，伤亡数千人，他终于在 11 月 26 日将太平军击退了。忠王随即撤到了江北。[3]

这场持久战的胜利者获得了赏穿“黄马褂”及赐予其他殊荣的重奖，其弟曾贞干被赐予知府官衔，这是他未能活着享受的荣誉，因为就在奖赏的消息送达的那一天，他便离开了人世。于是他得到了身后的荣衔，被授予按察使衔，还得到了一个谥号。[4]

太平军对雨花台的攻击停止以后，曾国藩觉得他有了足够的力量，决定派出一些部队去庐州，到那里抵抗太平军的攻击，或在必要时打击苗沛霖。

[1] 见第十二章。

[2] 在这个焦虑的时期，曾国藩几乎每天给他写信，以资鼓励，然后提醒他警惕危险，最后恳求他撤退。

[3] 《年谱》：卷八，第 24 页及以下；《奏议》：卷十七，第 27、33 页。

[4] 《年谱》：卷八，第 28 页上栏、第 30 页下栏。这些名号通常是皇帝对有功高级官员的赏赐。对于曾贞干而言，接受这样的名号是一种殊荣，因为他刚刚升到知府的级别。

这个姓苗的官员先前是一名捻军，后来跟太平军混了一段时间，接着叛变，出卖了骁勇的英王，将之交给清军。此后他的行为令人怀疑，曾国藩认为对他要小心戒备，提防他造反。[1] 曾国藩还派安徽新兵与湖南老兵驻防金陵对面和上游的各个要点。在金陵城以南，太平军的势力仍然强大。他们于1862 年 12 月 27 日向西渗透，远达祁门，只是无法守住该城。[2] 在东南面，左宗棠于 1863 年年初攻占了严州，而李鸿章则占领了常熟。

远在四川的翼王石达开于 1863 年 1 月 31 日在蜀州吃了败仗，做了俘虏。有一段时间，他任意游走于这个大省，在许多次遭遇战中击败了官军。后来官军动员了将近 10 万兵力来对付他，其中主要是民兵（兵力几乎与他的部众相等），他被击败了，撤入了云南。他出现在云南内地的许多地方，甚至到过贵州的若干地区。1863 年 1 月 9 日，据报他率五六千人的亲兵出现在松林。官军迅速地将他包围，发起攻击。石达开负伤了，最终被俘。清军凯旋，将他押到四川省会成都，他在这里撰写了"日记"，一个月后与两千名部众一起被官府处死。于是，跟随天王从广西杀出的最后一个元勋王爷也消亡了。他脱离太平军主体已有几年，成了一个流浪的冒险家，但在那个时代的英雄人物中，他的名字犹如鹤立鸡群，围绕着这位游侠骑士涌现出大量的故事与传奇。[3]

1863 年年初，清廷一方的形势略有改善。江西、安徽与湖北的各支部队都在防止太平军退向华中，同时隔离捻军与北上的太平军；"常胜军"正在戈登将军指挥下进行重组，使之成为平定江苏的一个因素。在这一时期，稍微逊色的英法联军正在浙江援助左宗棠。通商口岸的外国观察家们每周都能收到这两支部队其中特别是"常胜军"的捷报。他们追踪着这支军队在整个江苏顺利进展的行动，得到的印象是：戈登及其部队承担着积极对敌作战的主要任务。然而，我们不能抹杀坐镇安庆的那位总司令应得的荣誉，他的目光注视着战场,动用其一切权力来排除我们现在已经能够评估的严重障碍。西方的著作家们从他头上摘走了桂冠，他们对曾国藩克服的巨大困难知之甚

---

[1] 《年谱》：卷八，第 26 页。

[2] 《年谱》：卷八，第 27 页；《奏议》：卷十八，第 39~42 页、第 46 页上栏。

[3] 《年谱》：卷八，第 32 页。《发贼乱志》：第 101~106 页多处。最近有一本书出版，声称是石达开的日记，但其中存在大量现代用语，致使人们怀疑它是伪造品，至少被随意地"编辑"过。

少，而只了解江浙的作战记录。[1]

1863 年 3 月，曾国藩决定从安庆出发，去巡视金陵城外的战场，尽管太平军的活动使他的此行要冒风险。[2] 他在 17 日离开安庆，在芜湖对彭玉麟进行了短暂的拜访，于 24 日抵达雨花台。他在这里待到 29 日。

在这次巡视中，曾国藩既看到了失望，也看到了希望，他在报告中记述了其中的理由。一方面：（1）江边可怜的村民们已被迫到岛上逃生，许多人在岛上死去；（2）浙江与江苏的田地荒芜处处可见，太平军面临着供给短缺，这使他们考虑向江西大撤退，如果此事成真，将是非常严重的情况；[3]（3）安徽与浙江已克复的地区仍然遭到太平军游击部队的侵扰（如果流行的报道是正确的，那么太平军对这些地区的控制甚至超过了官军），还不能进行耕种；（4）李世忠打了败仗——浦口与其他小地方刚刚陷落，他落败的原因有可能是叛变，必须将他革职。

另一方面，有希望的因素是：（1）农业的缺乏虽然带来了太平军向内地大撤退的危险，也削弱了太平军的力量，使他们无法长久支撑下去；（2）金陵以东和以南的大多数堡垒及战略要点都在政府手中；（3）尽管有许多令人失望之处，尽管存在许多困难，但军队的士气仍然高昂。他未听到任何离心离德的牢骚。[4]

曾国藩巡视期间，几股太平军被赶进了江西的鄱阳地区，另有一些太平军进入徽州与祁门地区。这时候，左宗棠已经攻占了金华（3 月 1 日）和绍兴（3 月 13 日），以及浙江东部的其他几个地区，[5] 觉得自己有足够的力量抽调兵力增援徽州。在农历三月（4 月 18 日—5 月 17 日），他被任命为闽浙总督，代理浙江巡抚。在稍后的一份上谕中，曾国荃被委任为挂名的浙江

---

[1] H.B. 莫尔斯的《中华帝国的国际关系》第 2 卷、第 4 章和第 5 章中，有关于“常胜军”及其征战的最近记述。它几乎完全取材于英语资料。

[2] 《奏议》：卷十八，第 23~25 页。

[3] 忠王极力推进此事，但天王否决了。

[4] 《年谱》：卷九，第 3 页；《奏议》：卷十八，第 23~25 页。

[5] 《年谱》：卷九，第 1 页下栏、第 2 页上栏；《平定粤匪纪略》，卷十五，第 1 页下栏至第 3 页上栏。《发贼乱志》略去了这些内容，因为这些城镇实际上是由于难以防御都被放弃了，并未被占领。

巡抚。鲍超的部队与左宗棠供饷的部队向徽州城外的官军提供了足够的力量，他们于5月12日在那里赶走了太平军。

在靠近浙江的徽州与休宁的辖区内也传来了捷报。但在北面又出了麻烦，已经投降的前造反派苗沛霖似乎通过交出英王之举证明了他的忠诚，但他在寿州再次反水。曾国藩对他观察了一段，现在开始围攻这一地区，他在寿州与池州都有强大的兵力。尽管官军保持着警觉，但捻军还是与太平军开始联手，于5月11日到达了安庆以北的庐州城下，加重了那边的危险与混乱。[1]

在相隔很远的各个地区进行的这些活动，很像忠王与英王在安庆遭到围攻的那些危急的日子里所采取的策略，曾国藩相信太平军又在试图引诱他将围攻金陵的部队调走。[2] 和上次一样，他意识到了这些边远重镇中有些地方可能受到严重的威胁，但是也跟上次一样，他不愿将部队撤下来用于湖北，以免使他自己过于虚弱，无法达成全部努力的主要目标，并拖垮他的整个作战。他认为，聪明的办法是守住这些地方，防止太平军在左宗棠攻取富阳、取得攻克杭州的有利态势之前获胜，同时保证李鸿章能够夺取昆山，以确保拿下苏州。他的目标是让金陵、杭州、苏州成为三角形的3个顶点，将太平军限制在这个三角之内，直到将他们彻底粉碎。这个战略是明智的。由于他的麾下缺乏兵力，这个战略目标不可能迅速达到。

不过，在江苏取得的进展是看得到的，李鸿章的部队联合戈登将军所部攻下了太仓（5月2日），[3] 由此打通了前往昆山的道路，于是在5月31日攻占了昆山。[4] 现在可以集中兵力攻打苏州了。在曾国藩直接管辖的区域内，鲍超在其他将领援助下，于5月18日解了六安州之围，接着前往苗沛霖正

[1] 《年谱》：卷九，第5页。

[2] 《奏议》：卷十八，第44页（1863年5月14日）。

[3] 这个日期可见于《平定粤匪纪略》第15卷第10页下栏，以及皇家亚洲学会北华分会《学报》1864年12月号第119页。莫尔斯的《中华帝国的国际关系》第2卷第95页给出的日期为5月1日，但没有注明出处。莫尔斯没说中国人参与其中，但中国的记述列出了驻扎在那里的几位司令官的姓名。中国的记述对戈登比莫尔斯的记述对中国人更为公正。

[4] 莫尔斯著作中在这里又有所不同，把日期记述为6月1日。有关这次攻击的细节请阅莫尔斯著作第2卷第95页及以下，以及黑克著作第260页及以下。

曾国荃湘军克复金陵图

在围攻的寿州解围。鲍超在行进中从安徽北部驱走了所有流动的太平军，[1] 但他与其他将领遭到捻军阻击，当他们抵达寿州城下时，该城已被苗沛霖攻占（1863 年 7 月 19 日）。清军被赶回六安州与三河尖。[2]

在金陵，湘军于 6 月 13 日攻下了太平军的雨花台堑壕。下关的壁垒由杨载福（从此改名为杨岳斌）与彭玉麟合力攻下，最终于 7 月 18 日攻占了长千桥。[3] 忠王针对这些损失写道：

> 雨花台又失，京内惊慌。那时天王差官捧诏召我回京……那时和州又败，江浦失守，官兵纷乱。……自此回来，九帅克我雨花台，营垒扎坚，不能再复，兵又无粮，扎脚不住，自散下苏州、浙江，此举前后失去战士数万余人，因我一人之失锐，而国之危也。[4]

[1] 《年谱》：卷九，第 6 页下栏、第 7 页下栏；《奏议》：卷十七，第 47~50 页。

[2] 《年谱》：卷九，第 10 页下栏。

[3] 《年谱》：卷九，第 8 页以下；《奏议》：卷十八，第 67~69 页。

[4] 《忠王自述》：第 55 页。

在这种情况下，忠王力主放弃金陵，因为看情势已难守住该城。他指出，他无法摆脱曾将军，湘军正从南、东、西三面逼近天京。天京城外很长一段距离的粮路也已被清军阻断。但是天王更加生气了，严厉地斥责这位忠实的副官不该提出这样的建议，因为上帝已将帝国的控制权交到他的手中，一定会始终保护他的儿子。[1]

就这样，曾国荃慢慢地包围了金陵城，鲍超奉命返回宁国地区，江忠义的作战将太平军全部赶出了江西（8 月 16 日）。[2] 这些被击败的太平军沿江而下，然后停下攻打青阳城，朱品隆在该城守卫了 38 天。38 天结束时，他得到了增援，还能发起反击，重创太平军，将他们赶到石埭与太平。[3]

苗沛霖依然在安徽北部逍遥法外，控制着淮河，阻截了盐道，危及支持部分军队的财政收入。由于湖北、湖南与江西的食盐供应都被分派给安徽的盐场，而交通沿线造反军队的存在阻断了运输，这些省份在一段时间内被迫从四川、广东与浙江获取食盐。曾国藩作为总督，试图恢复往日的秩序，以便重新获得这一财政收入的源头。但苗沛霖居然能够阻挠他的努力，令他倍加恼火，尤其是考虑到为了剿灭苗沛霖动用了 4 路兵力。于是曾国藩建议 4 支分散部队联合起来，由金国琛统一指挥。[4] 直到 12 月份，清军才最后击败苗沛霖，并夺占怀远。

在浙江，清军向杭州合围的谋略由于中法联军 9 月 20 日攻占了富阳而获得了巨大的动力。由于富阳是杭州的关键，所以忠王非常痛苦地讲述它的陷落：[5]

> 自此之后，金华、龙游、严郡、温、台等处陆续退守，兵屯富阳。左抚台全军发下，逼到富阳，与我军连敌数月，亦未攻下，然

[1] 《忠王自述》：第 55 页以下。

[2] 《年谱》：卷九，第 9~11 页。

[3] 《年谱》：卷九，第 12 页下栏、第 14 页上栏。

[4] 《奏议》：卷十九，第 36 页以下（10 月 9 日）。

[5] 《忠王自述》：第 58 页。见皇家亚洲学会北华分会《学报》，1864 年 12 月号，第 120 页；《平定粤匪纪略》：卷十六，第 8 页下栏至第 10 页上栏。

后仍请鬼兵由水路而来，用炮攻崩富阳城池，连战数十仗，鬼败，然后再调鬼兵多来，复再与战，左抚台亦队伍交争，是以富阳之失。那时鬼兵攻了富阳，得银之后，仍回宁郡。绍兴之失，萧山之失，兵退到余杭，屯营落寨，左抚台之兵亦到，两下交争，日日连战，我力据余杭，以坚杭州之防。……左抚台之兵分水旱而下杭州。

他的战线从余杭延伸到西湖，长达 50 公里。

11 月份，皖南的太平军由于指挥员古隆贤在石台叛变而遭到削弱。这使他们不得不撤出该地区。[1] 在江苏，如同我们所见，“常胜军”与程将军已经稳步向金陵推进，攻占了苏州，将忠王赶回了常州与丹阳。[2] 侍王李世贤驻扎在金陵东南约 100 公里处的溧阳县，试图让其堂兄也到那里，希望他能脱离天王的事业。[3]

一切都表明清军很快就会占领这座被包围的城市。在整个秋季，城墙外的封锁线日益紧密。12 月 18 日，一处地雷终于在城墙下爆炸，但太平军还有足够的力量阻止敌军从缺口冲入城内。针对这次战斗，忠王写道：[4]

去年十一月之间，九帅放倒南门城墙，此时城内官兵尚可足食，而各力全，又有城河之隔，九帅之兵不能踊进者，此之来由也。

自此之后，京事日变不同。城外九帅之兵日日逼紧，城内格外惊慌，守营守城，无人可靠。凡是城外文书，有人拾到，不报天王处，私开敌人之文者，抄斩全家。

自九帅兵近城边时，天王即早降严诏，阖城不敢违逆。若不遵天王旨命，私开敌人之文，通奸引诱，有人报信者，官封王位，知情不报，与奸同罪。命王次兄拿获，椿砂剥皮法治，何人不畏死乎？

---

[1] 《年谱》：卷九，第 16 页；《奏议》：卷十九，第 68~70 页、第 72 页、第 77 页。

[2] 见第十二章。

[3] 《忠王自述》：第 60 页。他与天王意见不合，事实上很快就要动身前往江西，这两件事暗示了这一点。

[4] 《忠王自述》：第 68 页。

尽管有如此严酷的惩罚，如果不是害怕落到清军手中被折磨致死的话，背离天王的人数可能仍然很多。这种恐惧由于苏州处死投降的太平军王爷而增强了。“献城未及三日，被李抚台杀害，是以至今为头子不敢投者，因此之举。”[1]

12 月 20 日，忠王进入天京，向天王挑明绝望的形势，以争取他的同意，迁往江西或别处。天王仍然高傲地坚持天赋神权的主张，嘲笑他的提议。忠王不知是因为出于纯粹的忠心，还是因为其母在天王控制之下而他身边都是暗探，决定留在难逃一死的主子身边。12 月 23 日的突击被曾将军的部队打退了。强大的兵力守卫着通往浙江与江苏东北面的所有重镇。[2]

不过，由于李鸿章与左宗棠在其“鬼兵”援助下所施加的压力，守卫苏州以西各地的太平军军心大为动摇,他们的部队不可避免地不断向江西渗透。侍王李世贤没法让其堂兄与他会合，于 1864 年 2 月 14 日独立地穿过宁国县前往江西。清军没有足够的兵力挡住他的去路，却能够防止他的部队在前进时造成损害。现在，曾国藩最大的忧虑是担心湖州与江浙其他城镇的几万名太平军在其驻地守不住的时候有可能突然涌进江西。几位王爷在苏州被处死的事件显然令太平军深信他们唯一的出路是分散开来，然后到某个遥远的地点集结。

为了保险起见，席宝田奉命前往抚州与建昌二府（江西），而鲍超则向湖州挺进，直接从苏州过湖，并请求皇帝饬令福建、广东、广西、湖北、湖南等省设法自保。[3] 但是曾国藩未从金陵调走一兵一卒，有将近 5 万人对这座大城构成周长约为百里的包围圈，城内的攻击正在迅速消耗殆尽。城内守军随时都有可能突围。[4]

大约在 4 月 1 日，城内放出了 4000 名妇女，指望她们能从官军那里得

[1] 《忠王自述》：第 60 页。

[2] 《年谱》：卷九，第 17 页下栏；《奏议》：卷十九，第 85、91 页及以下。

[3] 《年谱》：卷九，第 21 页。

[4] 《年谱》：卷九，第 21 页下栏。城墙本身周长约有 70 里。

到食物，由忠王施舍出来的供给已经用完了。在此危急时刻，天王遭到部众的蔑视。大家将实情摆在他的面前时，他却建议饥饿的人们吃“甜露”为生，所谓甜露就是指土地的自然产物。忠王记载道：“我等朝臣奏云，‘此物不能食得。’天王云曰，‘取来做好，朕先食之。’所言如此，众又无法不取其食。我天王在其宫中阔地自寻，将百草之类制作一团，送出宫来，要合朝依行毋违，降诏饬众遵行，各而备食。”[1]

金陵守军就这样日益虚弱。这时程将军于3月20日攻占了嘉兴，但他本人在此战中负伤，不久在苏州去世。左宗棠的法中联合部队于3月31日克复杭州，守军逃亡湖州。大批的太平军尽管遭到激烈的阻击，还是按照计划成功地撤到了江西。清军把援兵派往鄱阳地区和九江。[2]大约在同时，清军在湖北樊城击败了捻军与太平军，把他们赶回了河南。

太平军向江西的撤退立刻对曾国藩赖以为支柱的厘金财政产生了影响。根据他请求援助的奏疏，我们可以得知他的部队主要靠什么支撑。湖南尽了一切力量支援曾国藩，其贡献是常规性的，通过一个特殊的机构，转让其厘金税收的一半。此年广东只送来了9万两银子，来自江苏的厘金收入下跌至3万两，四川与湖北一无所供（湖北承诺每月提供5万两银子，湖南25000两，四川5万两，江西3万两，另两个省份承诺提供不定的数额）。[3]他们未能提供款子令曾国藩大为困窘。

在江苏，“常胜军”于8月11日援助清军攻占常州，光荣地结束了它的使命。于是太平军守不住丹阳，于5月18日弃城而去，在李鸿章与金陵之间已无任何障碍。败退的太平军逃入江西。[4]在6月份，杨岳斌与鲍超这样的将领指挥着强大的军队在该省作战，主要在瑞州地区活动，以防所有撤退的太平军在那里合为一体。[5]

曾国荃看到李鸿章与左宗棠在整个冬季与春季取得了引人注目的胜利，

[1] 《忠王自述》：第67页以下、第62页以下。

[2] 《年谱》：卷九，第22~24页。

[3] 《年谱》：卷九，第25页以下；《奏议》：卷二十，第49~51页。

[4] 《年谱》：卷九，第25页以下。

[5] 《奏议》：卷二十，第70页下栏、第71页。

相形之下，他自己在金陵显得缺乏成果，此事折磨着他的心。其长兄也处于难堪的境地。一方面，曾将军似乎妒忌别人的成果，担心自己失去攻克金陵的荣耀；另一方面，曾国藩担心，如果他不把李鸿章与左宗棠的部队调往金陵，以加速攻占该城，他自己及其家庭的荣誉将会蒙羞。他对此事忧心忡忡，早在2月份，他就通知其弟：他已把程学启将军调过来了，如果有必要的话，他还会邀请李鸿章本人前往金陵。[1]

探子们报告，金陵城内一片恐慌，但这也没有改善曾国藩尴尬的处境。探子们说，天王在自己身边堆起了木柴，打算在天京陷落时将自己烧死。[2]3月底，曾国藩写信回家，说快要瓜熟蒂落了。[3]5月初，另一封信中说，许多太平军正在剃头，不再杀人放火，因为他们准备分散出去，混入百姓之中。[4]他既担心推延会有损家庭的声誉，又害怕其弟过于热切，操之过急，而错过了对手突然提供的机会。他在信中提醒道："自苏杭克复，人人皆望金陵之速克。吾独不期其速，而期其稳，故发信数十次，总戒弟之欲速。盖深知洪逆非诸贼可比，金陵非他城可比也。……吾所虑者，一恐弟求速效而焦灼生病，一恐各营猛攻地道，多损精锐而无以御援贼耳。"[5]他给在老家的弟弟写道："常州于初六日克复，丹阳于初八日克复，江苏全省只剩金陵一城未克耳。沅弟忧灼殊深，肝疾颇深，余常常以信解之。"[6]

日子一天天过去，曾国藩的处境极为艰难，四面八方都有人暗示：如果将空置的李鸿章淮军调到金陵，就能攻下该城。上谕也令淮军前往金陵。曾国藩在本年早些时候已有几次命令李鸿章调兵前往金陵，现在他要求这位巡抚将全军开往金陵。他还要求有抵触情绪的弟弟认清时务，跟他一起邀请李鸿章。6月15日，他告诉曾国荃，他已经写信给李鸿章。如果李鸿章来了，金陵的攻克就意味着分享荣誉；若未能攻克，也意味着要分担责任。他给在

[1] 给曾国荃的信，1864年2月3日。

[2] 《家书》：1864年3月21日。

[3] 《家书》，1864年3月31日。

[4] 《家书》，1864年5月8日。

[5] 《家书》，1864年5月11日。

[6] 《家书》，1864年5月19日。

老家的弟弟写了同样意思的信，还说尽管弟弟比他年轻10岁，却已头发半白，而曾国藩自己则精神日衰，看来他的两位弟弟都无法指望长寿。当他终于劝动曾国荃勉强和他一起邀请李鸿章时，他用下面的几句话表达了自己的赞许：“少泉意在助吾兄弟成功，而又不敢直言，其意可敬。弟复信盼他早来，甚是甚是。戈登今日来此畅谈，亦甚服弟之营垒坚固、号令严肃……”

李鸿章善解人意，理解身在安庆的那位上司的难处，于是提出一个明显的借口，说他要去增援浙江，以此来推脱——其实左宗棠在浙江根本就不需要帮助。曾国藩对于这个使他能够“保住脸面”的决定没有表示半点不快。在7月13日的信中，他嘉许地写道：“少泉信阅过，其片稿则已抄寄余处矣。观少泉屡次奏咨信函，似始终不欲来攻金陵。若深知弟军之千辛万苦，不欲分此垂成之功者。诚能如此存心，则过人远矣。”不管李鸿章这个放弃增援的行为有多么复杂的动机，他使曾国荃赢得了攻克造反堡垒的令人垂涎的荣誉，并使曾国藩因他的好意与练达而欠了他一份情。他这样做也许是为了报答曾国藩曾经提携过他，他才得以如此迅速地升任巡抚；部分是出于谨慎，不想得罪曾氏兄弟这样有权势的人物和湘军集团，作为一个安徽人，他在这个集团里多少会被视为一个外来者。

的确，曾氏兄弟的权势如今已是炙手可热了，他们本人也意识到了这一点。早在5月1日，曾国藩就在给弟弟的信中写道：“余昨日具疏告病，一则以用事太久，恐中外疑我兵权太重，利权太大，不能不缩手以释群疑。一则金陵幸克，兄弟皆当引退……”[1]

如果李鸿章不想置身于有关金陵问题的任何会引起不愉快的事件里，那么他的态度中没有任何不忠的痕迹，同时他也没有对曾国藩的求助置之不理，至少在财政上如此。他拿出了238000两银子帮助曾国藩支付巨大的开支。这笔款子中，5万两发给了江西的鲍超，4万两留在安庆的军需部门，13万两分给金陵，供给围攻该城的部队。但是，这笔款子还是不足。[2]

1864年7月3日，湘军攻占了龙脖子山，这样一来，曾国荃就能够不

[1]　又参见5月18日的信，可见同样的意思。

[2]　《年谱》：卷九，第28页下栏、第29页上栏；《奏议》：卷二十，第70页。

顾城墙内太平军的抵抗开挖地道埋设地雷了。地雷在19日埋好了，它的爆炸在城墙上开了一个20多丈的口子，官军从此处涌进缺口，冲入城内，立刻包围了城内的王城，当晚便将其占领。捷报以每天700里的速度送到了北京。[1]

三天三夜，官军大肆追杀战败的太平军，杀了10万人方才停手。[2]忠王与天王之弟（应为天王之兄。——译者注）洪仁达在企图逃亡江西时被捕，但是官军抓不到天王了，因为他在意识到大势已去时，已于6月1日自尽。由于百姓已经人心惶惶，天王自尽一事一直对外保密，这位故去的领袖被葬在深宫之内，其子洪福瑱继位，被拥戴为天王。[3]

有一段时间，幼天王逃脱了官军的追捕。城破之时他骑着一匹劣马，忠王把自己的良马换给他，使他能够逃走，而比他能干却不如他幸运的忠王则成了官军的俘虏。忠王留下了关于他的记载："主又幼小，提政无决断之才人。""我由太平门败转，直到朝门，幼主已先走到朝门，及天王两个小子并到，向前问计。斯时我亦无法处，独带幼主一人，其余不能提理。幼主又无马坐，将我战骑交与其坐，我骑不力之骑……虽天王气满蒙尘，误国失邦，我受过其恩，不得不忠，尽心而救天王这点骨血，是尽我愚忠而为。"幼天王几经挫折，于一天早晨突出了重围。尽管他们成功地穿越了官军的封锁线，但遭到通缉和追捕。他们分散逃跑，而忠王再也无法得知他不愿抛弃的主子下落如何。[4]

曾国藩抵达金陵（7月28日）以后，当即详询该城的情况。忠王李秀成与已故天王之兄洪仁达被带到曾氏兄弟和其他几位将领跟前。尽管上谕要

---

[1] 《年谱》：卷九，第30页；《奏议》：卷二十，第77~83页。有关金陵陷落奏稿的译文，可见于《忠王自述》的附录之中。

[2] 《奏议》：卷二十，第83页。英国人后来对被杀人数的估计少于这里给出的数字。曾国藩所说的人数，可能包括金陵城内被杀的人数和郊外被捕杀的人数。

[3] 《年谱》：卷九，第27页；《忠王自述》：第70页。译者将自杀的日期误写为6月30日，《年谱》与中文版的《忠王自述》都记为6月1日。关于这位幼天王，1860年8月发布的一份诏书称他为上帝之孙。见布莱恩《中国的太平叛乱》第266页及以下。有关攻陷金陵的记述说天王不是躺在棺木中下葬，而是穿着王袍躺在土里。

[4] 《忠王自述》：第70页及以下。

求将这两人押送进京，曾氏兄弟还是将他们处决了。《忠王自述》就是在此时写就的，后来翻译出版的是经过修改的版本。修改者删除了对湘军的谄媚之语，以及有关以保证人数仍然庞大的太平军向官军投诚为条件换取忠王性命的提议，还有他对天王大业衰败之原因的分析。[1]

曾国藩失望地发现，太平天国国都内并无珍宝库藏。审讯结果表明，根本就不存在一座宝库，所谓的“圣库”不过是天王私产的贮藏室。如果这里曾经有过财宝，那么逃走的太平军已将其带走。曾国荃想让自己的部队交出从太平军官兵身上和民宅缴得的战利品，但是曾国藩反对，其理由是：“勇丁所得贼赃，多寡不齐，按名勒缴，弱者刑求而不得，强者抗令而遁逃，所抵之饷无几，徒损政体而失士心。”[2] 于是他下令，只有敌军窖藏的财宝，才须报官充公。

论功行赏时，曾国荃将军被赐封为一等伯爵，赏戴双眼花翎。杨岳斌已被任命为陕甘总督，被赐封为男爵和太子少保，彭玉麟得到同样的赏赐，鲍超被封为男爵。其他将领在这次大封赏中也得到了相应的奖赏。李鸿章成为一等伯爵，赏戴双眼花翎。有关曾国藩的上谕如此写道：

> 钦差大臣协办大学士两江总督曾国藩，自咸丰三年（原文为“咸丰四年〈1854年〉”，此处依据岳麓书社出版的《曾国藩全集》照录。——译注）在湖南首倡团练，创立舟师，与塔齐布、罗泽南等屡建殊功，保全湖南郡县，克复武汉等城，肃清江西全境。东征以来，由宿松克潜山、太湖，进驻祁门，迭复徽州郡县，遂拔安庆省城，以为根本；分檄水陆将士，规复下游州郡。兹幸大功告成，逆首诛锄，实由该大臣筹策无遗，谋勇兼备，知人善任，调度得宜。曾国藩着加恩赏加太子太保衔，赐封一等侯爵，世袭罔替，并赏戴双眼花翎。[3]

[1]　《忠王自述》：第73页。

[2]　《奏议》：卷二十，第33页下栏、第34页上栏。《忠王自述》，附录中的译文。

[3]　《忠王自述》：附录，第91页及以下。（拼写与英文译本相同。）

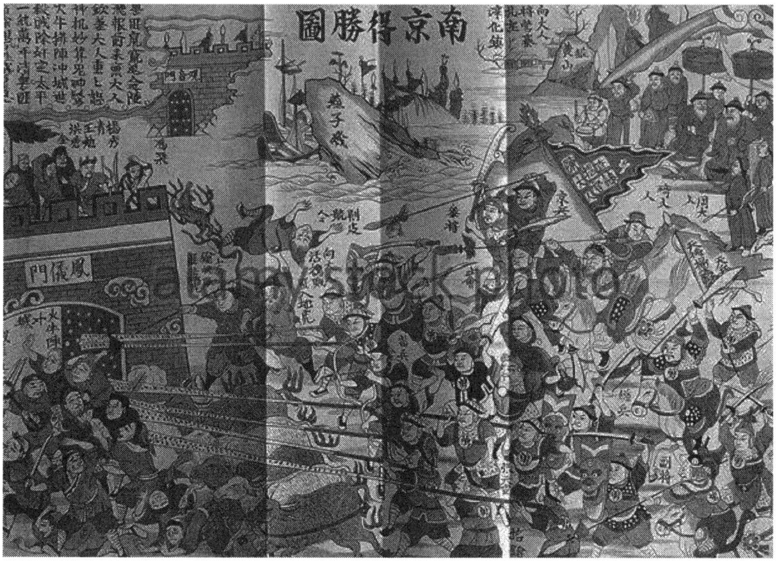

《南京得胜图》描绘了清军攻克南京场景

金陵的陷落把太平天国的领袖们引向了毁灭，但天国的残余在各位将领或王爷的指挥下，集结于其他基地，其中以江西、浙江最为显著，而在鄂皖边界，捻军与太平军的联合袭击使那里的农村不得安宁。江西的太平军在抚州府的许湾被击败（8 月 7 日），损失了 4 万人。在接下来的几天里，官军攻占了几座县城，接受了数万名太平军的投降。大批无家可归的太平军向该省的南部边界奔去，赣南各府及相邻的福建、广东两省进入警戒状态。[1]

在浙江，左宗棠在李鸿章与法国部队的援助下，于 8 月 28 日攻占了太平军的最后一个大堡垒湖州，于第二天又克复了安吉县，将该省完全平定。[2]

幼天王在天京陷落时借助忠王的帮助逃过了官军的警戒，于 8 月 8 日抵

[1] 《年谱》：卷九，第 39 页下栏。

[2] 《年谱》：卷九，第 39 页下栏。皇家亚洲学会北华分会《学报》在第 120 页中说，法国小部队于 1864 年 12 月单独攻占了该城。

达安徽的广德，受到部众的盛大欢迎。[1] 随着该城于 8 月 30 日陷落，他被迫逃亡宁国的山中。9 月 1 日，从湖州与广德逃出的太平军抵达皖南的徽州府，会师之后，被刘松山击败。左宗棠也于 9 月 3 日在昌化县与淳安县击败了一股太平军，其余各支太平军在同一个月都遭到了类似的命运。太平军的各股败兵，包括他们的幼天王，在广信府遭到江西与浙江官军的联合打击，再遭重创。幼天王从战场中逃出，被席宝田追赶，于 10 月 25 日被捕，然后被送往南昌，在那里被官府斩首。[2] 截至 10 月底，江西的所有太平军都被赶到了福建与广东。

到此为止，我们可以认为太平天国运动实际上已被镇压下去了。不过，的确还有一些太平军转战于广东与福建。他们占领了广东的嘉应州，从那里出发，与进入福建的友军联络，继续劫掠，蹂躏汀州府与漳州府。这种形势迫使左宗棠返回处州（浙江），从那里派遣部队进入福建，与之对抗。这些太平军显然接受忠王之弟侍王李世贤的指挥。1865 年初，左宗棠亲自率部作战，于 5 月 25 日攻占漳州。[3] 侍王这次虽然从左宗棠的掌中逃进了山区，但他很快就再次出山，然后自杀。[4] 在去与侍王会合的路上，白齐文也走到了生命的终点。[5]

漳州的这次胜利，以及不远处的另一胜仗，在福建肃清了太平军。残余的两广人越过边界，逃入了广东。[6]

---

[1]　《年谱》：卷九，第 34 页上栏。

[2]　《年谱》：卷九，第 36~39 页各处。《奏议》：卷二十一，第 12 页及以下完整地记述了幼天王逃跑的过程，解释了当时的情况和为了逮捕他所采取的措施。同一卷第 30 页及以下记述了这里记载的多数战斗。

[3]　《年谱》：卷九，第 42 页下栏、第 44 页下栏。

[4]　《太平天国野史》：卷十三，第 23 页。

[5]　《太平天国野史》：卷十八，第 6 页。莫尔斯著作第二卷第 88 页，声称白齐文是在该城陷落时被逮捕的。

[6]　《年谱》：卷十，第 10 页下栏。牟尔《太平天国运动个人回忆录》第 1 页说，大约有 10 万人被安置在中国的西南部，他们在那里安居乐业，似乎无忧无虑，但若有人来犯，便会奋起战斗。他补充说，这些最后的残余终于被驱逐到越南的东京，在那里成为黑旗军的主力。曾国藩的一个孙儿告诉作者，他们当中的许多人移民到了美国，在那里修筑铁路。

第十四章

两江总督任上与剿捻

溃散的太平军一部分到了华南的偏远地方，另一部分越过大洋到了美国。[1]我们且把此事放下，来看看曾国藩的情况。他现在志得意满地在昔日敌人的国都里履行总督的职责。上一章已经说过，他没有找到谣传在金陵储藏的财宝，感到非常失望。然而，尽管没有财宝，他还是设法对总督衙门进行了必要的修缮，在这座被军法统治了多年的城市里建立文官政府。他最关心的事情之一是愉快地恢复已经荒废多年的科考。[2]他的湖南官兵解散了一部分，余部也分散开来，由一些独立的指挥官分别统率，这无疑是出于他曾多次对弟弟陈述的想法：在攻占金陵之后，他们必须低调一点，以免权势过大，成为阴谋者与敌对者的靶子。[3]

虽然太平军的威胁已经消除了，捻军的声势却是空前壮大。他们吸收了分散于北方与西部的太平军残股，对黄河以南、鄂北与皖北、从陕西边界到大运河直至山东的各个地区构成严重的威胁。许多年来，他们令清廷不得安宁，担心他们与太平军联手反清。他们如何兴起，其目的是什么，都无法弄清。他们的作战方式令人认为他们只是纯粹的匪帮，他们趁着全国的大混乱，羽翼已经十分丰满。如果他们打算建立一个对立的政权，或者有高于抢掠的什

[1] 这是曾国藩的一位孙儿给我的信息。

[2] 《大事记》：卷三，第16页下栏、第17页。

[3] 《年谱》：卷十，第7页上栏。参见1864年的书信。

勇营、清军洋枪队、捻军骑兵

么目标，那么他们就成功地掩盖了真相。此时他们集结于[1]4 位首领的麾下，这 4 人是张宗禹、任柱、牛洪与赖文光，而最后的这个赖文光，就是从太平军过来的。他们人数虽众，却不确定。

他们四处行走，带着家眷、牲口这些拖累，完全没有火器，这使他们很难甚至无法攻占四面围墙的设防城市。他们不带帐篷，没有长久的根据地，在夜幕降临的时候，他们会分散到附近的村落，或者在机会到来时攻占其部队所需的地方。他们能以惊人的速度行军，一天推进百里以上，可以连续多日行军。当他们的敌人——官军逼近到令人不安的距离时，他们会绕圈子行

[1] 《年谱》：卷十，第 11 页上栏。《家书》：1866 年 6 月 4 日与 1867 年 1 月 27 日。

军，像蚁群一样左冲右突，设法把敌军拖垮。他们通常避免与被派来攻剿的官军作战，绝对不会主动攻击。但是，在陷入困境时，他们会异常骁勇地反抗。四支捻军中每一支有几千名骑兵，以大刀与长棍为武器，杀伤力很强。遇到危险时，这些骑兵将其他人圈围起来，以抵御攻击，或护卫其步兵的两翼。其步兵则挥舞长矛，给敌人以致命的打击。[1]

许多年来，曾国藩及其将领们一直担心捻军在湖北和安徽与太平军会合，使太平军有足够的力量击败官军。僧格林沁于1860年被英法联军击败以后，那位蒙古王子被派去驱剿捻军，却于1865年5月18日遭到伏击阵亡。这个转折使捻军直接威胁到清廷，上谕急召曾国藩前往山东，指挥剿捻的作战。[2]

曾国藩经历了多年艰苦动荡的战争，好不容易取得了胜利，已经安顿下来，在一个安宁的都市里进行和平的治理。这道上谕的到来，对他是一个打击。他很清楚摆在他面前的是一个什么样的任务。他手中兵力不多，无论是湘军还是淮军，人数都不够。捻军骑兵强盛，而他没有骑兵。他需要几个月的时间做准备，以增强兵力，组建骑兵。准备就绪以后，他还要占领13个作战基地，战线长达500公里。他在第一份奏疏（5月29日）中提出了这些问题，并说他精力日衰，不愿担此重任。[3]这道奏疏只是礼仪所要求的谦辞。同一天，他写信回家说，他打算在夏历月底率领8000名湘军和14000名淮军启程，但在10天以后，他计划率领9000名湘军和21000名淮军。[4]上谕批准了他的安排，授予他在山东、直隶、河南3省的最高指挥权，于是他于6月18日启程，于9月23日抵达他在徐州的大营。

现在他把部队分布到4个大基地。济宁成为山东的作战基地，由潘鼎新指挥；徐州则是江苏的基地，由张树声指挥。[5]河南的基地是周家口，安徽

---

[1] 《年谱》：卷十，第5页下栏。他们现在可能得到了许多战败太平军与不满者的增援。

[2] 《年谱》：卷十，第6页下栏。

[3] 《年谱》：卷十，第7、8页。宁愿要安徽人而不愿要湖南人的原因之一是他们较能适应寒冷，能够吃惯小麦。见《家书》，1859年10月29日。

[4] 《家书》：1865年5月29日与6月8日。

[5] 《大事记》：卷四，各处；《年谱》：卷十，第14页上栏；《奏议》，1865年7月23日。

两江总督、一等毅勇侯曾国藩

的基地是临淮，分别由刘铭全与刘松山指挥。曾国藩花了整整一年的时间来编织一张大网，足以将逃窜的捻军包围起来。那些在镇压太平天国运动时建立了声望的将领被召回他的身边，其中有鲍超与郭松林，都带来了他们的旧部。1866 年，曾国荃应召出山，首先出任陕西巡抚，后来调任湖北巡抚。于是曾氏兄弟与江苏巡抚及在曾国藩不在时代理两江总督的李鸿章，有了再一次携手合作的机会。[1] 然而，尽管他们尽力，捻军仍然继续逃出了官军的包围，任意地流动于大运河与陕西边界之间。4 名首领汇聚于湖北，又分为两支，在东西两线作战。1867 年初，曾国藩写信给弟弟说：“淮、霆各军将近五万，幼泉（李鸿章之兄）万人尚不在内，不能与之一为交手，可恨之至！岂天心果不欲灭此贼耶？抑吾辈办贼之法实有未善耶？”在另一封信中，

[1]　1867 年 1 月 25 日的书信。

他写道："捻匪忽来忽往，晌息百里，探报最难的确。余于不确之信，向不转行各处，反不如听各统领自探自主，自进自止，尤为活着。"[1]

曾国藩的沮丧令御史们高兴了，他们关注着他的失利，打算弹劾他，并可能让他革职。人们指责他无能，还有人说他刚愎自用，鲁莽从事，希望皇帝将他罢免。朝廷没有听从他们的意见，但是人们敢于攻击不久前刚刚获得崇高荣誉的勋臣这一事实，表明曾国藩的命运已经越过了巅峰。曾国藩此前至少一度考虑过急流勇退，但是他现在听从李鸿章的劝告，决定把自己的机关设在正当敌锋之处，以免在休息一段时间以后，又被召去担任不合口味的军事任务。[2]

尽管如此，他还是递交了辞职书，但朝廷不但没有批准，反而批准他休假，并将他调回在金陵的原位，留下已经与他会合的李鸿章执掌钦差大臣的印信，指挥实际的作战。曾国藩返回金陵时，受到民众的热烈欢迎。但他返回这个文官职位对李鸿章更为有利，因为李鸿章现在已经成为事实上的总司令，摘下了曾国藩花了差不多两年时间准备才结出的果实。曾国藩动身前往金陵以后不久，正在全力以赴追剿西捻的鲍超在湖北襄阳附近打了一场大胜仗，不久又在丰乐河获胜。捻军遭到重创，损失了 1 万人，赶紧逃往河南。[3]李鸿章如今是名义上的湖广总督（由其兄代理），将其大营迁往周家口。

左宗棠前一年秋季被任命为陕甘总督，于 1867 年 5 月抵达陕西，将太平天国时期的重要将领再次召集起来对付捻军。[4]曾国藩坐镇金陵，李鸿章置身于战场，李瀚章与曾国荃坐镇武昌，官文（前任湖广总督）待在直隶，左宗棠履任于陕甘，他们相互呼应，有了速胜的保证。现在李鸿章进行的战争有了 8 省财政的支持，而曾国藩在前一年只有现在一半多一点的财政支持。6 月份，张宗禹和任柱的部队向东开进了山东，李鸿章调动 4 省的全部军力追剿。到了 11 月份，任柱所部遭到惩创。1868 年 1 月 4 日，捻军首领赖文

[1] 1867 年 1 月 23 日与 25 日的书信。
[2] 《年谱》：卷十一，第 14 页下栏、第 15 页上栏；1867 年 3 月 8—10 日的书信。
[3] 《年谱》：卷十一，第 16 页上栏。
[4] 《年谱》：卷十一，第 18 页上栏。

光被斩首，东部地区全部肃清，只有张宗禹所部于 1868 年初进入直隶，京城为之震惊。李鸿章与左宗棠都进入该省追剿。[1] 他们穿过直隶，于夏历四月（4 月 23 日—5 月 19 日）进入山东，暴涨的河水挡住了追剿的官军，直到夏历七月份。接着，其首领张宗禹被捕，捻军遭到镇压。曾国藩的奏疏宣称捻军的彻底覆灭是在 1867 年 9 月 8 日。[2]

曾国藩兄弟现在都不如 4 年前引人注目了，只有曾国藩由于作为两江总督支持了李鸿章，可以分享荣誉和奖赏。但曾国荃不再担任官职，他为在湖北巡抚任上遇到的困难灰心丧气，他的自尊令他无法容忍针对他缺乏战绩所发起的尖锐批评。于是他于 1867 年 10 月退休回到湖南。这件事鲜明地反映了曾氏兄弟的性格差异。兄长遭遇失败丢脸，但他一直坚持到反败为胜，他在声望遭受损害的那些日子里所写的书信中，充满了对年轻人的鼓励。于是在 1867 年 4 月，当曾国荃正准备辞职的时候，他告诉弟弟，前景无望是他本人忍受过多次的经历，但这些历练会使人变得更加强大。他写道："安知此两番之大败，非天之磨炼英雄，使弟大有长进乎？谚云吃一堑长一智，吾生平长进全在受挫受辱之时。务须咬牙励志，蓄其气而长其智，切不可苶然自馁也。"[3] 他以自己遭受羞辱并忍受下来为例子，也未能说服他的弟弟。[4] 他徒然地提醒弟弟，他们兄弟俩得到的殊荣，使他们成为中国家庭中的佼佼者，这种荣誉要求他们忠诚与奉献。[5] 无论是证明勇气的要求，还是位高责重的理念，都无法让曾国荃面对考验。他回家去了，后来升居高位，但没有得到其更为英雄的兄长在今天所得到的荣誉。

我们在这里不介绍金陵民政统治者的日常管理事务。曾国藩所做的意义最为深远的贡献，以及他与中国未来战争的关联，在于他在上海建立的铁厂，后来伟大的江南制造局就是从这里诞生的。当太平天国运动尚未扑灭之时，在 1863 年年末，在外国接受教育的第一个现代中国人容闳来到安庆的总督

[1] 《年谱》：卷十一，第 21 页下栏。

[2] 《年谱》：卷十一，第 22~24 页。

[3] 《家书》：1867 年 4 月 3 日。

[4] 《家书》，4 月 6 日、4 月 11 日、4 月 16 日、5 月 15 日、5 月 23 日。

[5] 《家书》，6 月 23 日。那一年的书信在 7 月初突然结束了。

江南制造局炮厂炮房

江南制造局炼钢厂 15 吨钢炉

衙门，劝说曾国藩在中国建厂，生产汽船和各种机器。曾国藩的表现是思想开放，支持新鲜事物，容闳得以从他那里得到财政上的支持。1866 年，他从国外带着“百数十种”机器归来，于 1867 年 1 月底安装完毕。[1]1868 年，这座新铁厂已经在中国制造出大小不论的第一艘汽船。这个事业的成功使曾国藩相信，到那时为止他在军事作战中使用过的船只注定马上就会过时，被汽船所取代，作为整体而言的中国水师，特别是海上的那一部分，应该进行现代化建设。[2] 汽船造好之后，送往金陵观摩，曾国藩给它取名“恬吉”。[3] 尽管其长度只有 62 米左右，但其建成在中国的进步史上是一个里程碑。建造它的铁厂当时占有 73 亩土地，包括蒸汽机制造、机器制造、炼矿、造枪、木工、铜铁铸造与火箭及其他发射体制造诸部门。那里有许多仓库与办公室。他们缺乏一座修船的船坞，曾国藩还意识到迫切需要从外文翻译过来的技术书籍。[4]

同一年，即 1868 年，发生了扬州教案。8 月 22 日，在传教士 J. 哈德森·泰勒（即戴德生。——译注）向知府提出充分的警告与要求之后，一群人攻击了中国内地传教会所在的建筑，该处由一批男女传教士租用不久。他们被控犯下了常见的罪行——绑架并处死儿童，将其尸体的某部分用作药物。由于之前尽管传教士们一再要求，当局却未能提供保护，至少未能保护其财产，在华的外国侨民普遍认为该城的士绅们是此案的真正策动者。在此案的处理中，当地官员们似乎不愿采取行动，有可能是担心遭到报复。曾国藩指派布政使李宗羲和另两名职务较低的官员处理此案。北京的中央政府许诺给予适当的赔偿，但谈判的进程过于缓慢，英国人把炮船派到金陵，向曾国藩发出最后通牒，并扣押了他的一艘汽船——有可能就是“恬吉”号。于是曾总督立即审理该案，满足了英国代表的要求。但是曾国藩的声誉在外国人眼中降

[1]　《年谱》：卷十一，14 页上栏；《奏议》：卷二十五，第 43 页上栏。

[2]　《年谱》：卷十一，第 22 页下栏；《奏议》：卷二十五，第 56 页（4 月 23 日）。

[3]　这个船名是从“四海波恬、公务安吉”一语中挑出两个字组成的。在此之前，曾国藩于安庆试验过机器，建造了一艘小汽船，但只有中国工匠，未能成功。《奏议》：卷二十七，第 7 页（1868 年 10 月 17 日）。

[4]　《奏议》：卷二十七，第 27 页上栏。曾国藩并未将这个企业的建设完全归功于自己，因为许多准备工作是由李鸿章及其继任者——当时的上海道丁日昌完成的。

低了。遗憾的是，曾国藩就扬州教案呈给朝廷的奏疏未见于出版物中，我们只能见到其书信中顺带地谈及谈判的情况。因此，我们不得不主要依据那些不友好的、起码是片面的外国资料。[1] 根据曾国藩在处理两年后发生的规模更大的天津教案时的态度，可以推断，当他接到最后通牒的时候，他可能只是小心翼翼地摸索前进，而且由于错误是那么的明显，所以他在这时做了正确的事情。

[1] 我的记述主要取材于莫尔斯的《中华帝国的国际关系》第 2 卷第 228 页。

第十五章

直隶总督任上和曾国藩的晚年

大约在 1868 年 9 月中旬，曾国藩接到调任直隶总督的圣旨。他于 12 月 17 日出发，金陵的民众拥塞街头，他在人群中通过，高兴地看到自己拥有那么好的人望。39 天之后，他进入了京城，按照当时可用的运输方式，他在路上走得十分悠闲。他得到了紫禁城骑马的殊荣，并在几天早晨蒙天子召对，并参加了与春节有关的宫廷庆典。[1]

召对在养心殿的东间举行，皇帝面西而坐，两宫皇太后坐在黄幔之后，慈安在南，慈禧在北。问题都是慈禧向曾国藩提出来的，1 月 26 日与 27 日召对的问答如下：[2]

问：汝在江南事都办完了？

答：办完了。

问：勇都撤完了？

答：都撤完了。

问：撤散几多勇？

答：撤的二万人，留的尚三万。

问：何处人多？

[1] 《年谱》：卷十一，第 27~30 页。

[2] 《大事记》：卷四，第 3 页下栏、第 4 页上栏。慈禧是从那时起直到她于 1908 年逝世为止实际统治中国的人。

答：安徽人多，湖南人也有些，不过数千，安徽人极多。

问：撤得安静？

答：安静。

问：汝一路来可安静？

答：路上很安静。先恐有游勇滋事，却倒平安无事。

问：汝出京多少年？

答：臣出京十七年了。

问：汝带兵多少年？

答：从前总是带兵，这两年蒙皇上恩典，在江南做官。

问：汝从前在礼部？

答：臣前在礼部当差。

问：在部几年？

答：四年。道光二十九年到礼部侍郎任，咸丰二年出京。

问：曾国荃是汝胞弟否？

答：是臣胞弟。

问：汝兄弟几个？

答：臣兄弟五个。有两个在军营死的，曾蒙皇上非常天恩。

问：汝从前在京，直隶的事自然知道。

答：直隶的事臣也晓得些。

问：直隶甚是空虚，汝须好好练兵。

答：臣的才力怕办不好。

于是曾国藩叩头退出。下一个月，他又被召到同一个地方，问答如下：

问：汝造了几个轮船？

答：造了一个。第二个现在方造未毕。

问：有洋匠否？

答：洋匠不过六七个，中国匠人甚多。

问：洋匠是哪国的？

答：法国的。英国的也有。

问：汝的病好了？

答：好了些。前年在周家口狠病，去年七八月便好些。

问：汝吃药否？

答：也曾吃药。（退出）

春节以后，曾国藩前往保定府履任，主要处理日常事务。

然而，1870 年发生了一件事，对中国与西方世界之间的关系极为重要，那就是天津教案。与此相比，两年前发生的扬州教案以及各处发生的其他动乱，就其造成破坏的程度及其造成的国内外影响而言，都相形逊色了。外国的著作家一般都断言，当时存在动荡的因素，以及影响广泛的排外宣传，加上官员们的姑息甚至教唆。动乱于是达于顶峰，在天津针对倒霉的传教士们爆发出来。[1]

从表面来看，天津的焦点问题是迷拐与绑架儿童，据说有些儿童被卖给了罗马天主教的孤儿院，加上一条令人发指的指控，即从孩子们身上挖下来的眼珠与心脏被用于制造促成这种迷拐的药物。在 1870 年的整个 6 月份，有关用巫术绑架儿童的传闻导致群情激奋。一个名叫武兰珍的人以此罪名被捕，在其供词中坚称他使用的药物得自法国教会的王三。“由是津民与教民屡有争斗之事。三口通商大臣崇厚约法国领事官丰大业来署提犯人对质，于时伪言四起，人情汹汹，丰大业在崇厚署中施放洋枪，崇厚亟起避之。丰大业愤而走出，遇天津县知县刘杰，复用洋枪击伤其家丁。津民见之者遂殴毙丰大业，烧毁教堂等处，洋人及本地从教之民男妇死者数十名。此五月二十三日（6 月 21 日）事也。”[2] 这个说法与曾国藩于 7 月 21 日的官方报

[1] 这是科迪埃的观点，可见于《中国通史》第 4 卷第 124 页及以下，他列举了在 1868 年与 1869 年对罗马天主教传教会进行攻击的例子作为证据。法国人认为天津知县与知府明知危险降临，却没有维持秩序，在有关他们是否有过错的整个谈判过程中，法国人一直坚持他们的指控。

[2] 这段记述可见于《年谱》卷十二，第 3 页上栏和下栏。

天津教案中被毁的第一代仁慈堂

告略有出入。根据曾国藩的报告，知府与知县都曾去教会审讯王三，领事在那里向他们开枪。[1] 无论如何，这对外交关系是一个严重的打击，因为当时激起愤慨的群众不满足于只找法国领事或罗马天主教会的麻烦，而且还杀害了几个俄国人，并破坏了英国与美国的财产。[2]

清政府采取行动与驻京的外国公使们同样迅速，说明他们认识到了这次暴力事件的严重性。教案发生两天后，曾国藩奉命前往天津与崇厚联合办案。然而，他拖延了几天，直到 7 月 4 日方才启程，不过他委派了两名道台级别的官员先行调查，他自己利用这段时间仔细研读天津官员们的报告，以便在会见外国代表们的时候胸有成竹。曾总督此时有病在身，5 月 22 日他曾请

[1] 《奏议》：卷二十九，第 38 页下栏。

[2] 《奏议》：卷二十九，第 34 页。

天津教案中被毁的第一代仁慈堂

病假一月，在教案发生的前一天他又再次请假。[1]因此，他是从病榻上起身去执行这个新任务的，而他担心这个任务的难度有可能要了他的性命。基于这种担心，他或许是利用手下调查天津教案的这段时间安排自己的事务，唯恐他再也回不了保定府。无论如何，他给儿子们写了一封告别信，内容如下：

余即日前赴天津，查办殴毙洋人焚毁教堂一案。外国性情凶悍，津民习气浮嚣，俱难和叶，将来构怨兴兵，恐致激成大变。余此行反复筹思，殊无良策。余自咸丰三年募勇以来，即自誓效命疆场，今老年病躯，危难之际，断不肯吝于一死，以自负其初心。恐邂逅

[1]　《奏议》：卷二十九，第33页。

及难，而尔等诸事无所禀（秉）承，兹略示一二，以备不虞。[1]

曾国藩于7月8日抵达天津时，他已经决定努力解决俄国、大不列颠及美国提出的程度较轻的诉求，然后再去应对法国方面的难题。[2] 在他看来，教案背后的整个问题在于教会受到有关绑架与挖眼掏心的两个指控纠缠不清，首先必须调查这个问题，因为绑架者的供词指控了教会。王三被捕后，曾国藩主张搞清楚他究竟有没有教会撑腰，他是否参与了武兰珍的绑架犯罪，以及挖眼掏心的指控究竟是否属实。[3] 中方在谈判中的态度很大程度上取决于这些调查的结果。如果这些事情是真实的，那么中方相当有理，不必过于软弱；但如果这些指控不成立，中国就要为严重地冒犯了法国而负责。法国代表罗淑亚坚持说4个问题很严重：侮辱国旗，杀害1名官员，杀害数人，破坏财产。曾国藩就此向恭亲王发表评论，写道："闻外国以毁旗为悖和绝理，其意似欲开启兵端。我中国宣示大信，平情结案，只能酌议赔款以还教堂器物，缉拿凶手以备抵偿各命。彼虽兴波作澜，亦唯忍默处之，不能遽议其他也。"[4]

曾国藩坦言的这种和平与公正的方针无法得到中国民众的赞同。他在天津发现了表面的平静掩盖着沸腾的不满。民众的不满通过"水火会"这个组织表明反对崇厚，因为他采取了谨慎的措施制止进一步的骚乱，禁止集会或散布流言。接着，在曾国藩到达后又反对这位大臣，因为他肯定了崇厚的措施，而没有加以反对。关于如何对付洋人，反对的意见分裂为截然不同的几派。有人希望举行一次大起义，将洋人赶出中国，另一些人主张联合英美，

[1] 《年谱》：卷十二，第4页。又见他1870年7月2日给儿子的信。他认为，他在这里表达的观点，加上他患病的事实——他的眼睛已经完全失去作用，还患有需要休息的肝病（《奏议》卷二十九第33页上栏）——可令科迪埃在其著作第4卷第130页上对曾国藩的嘲讽失效。科迪埃写道："教案发生后，曾国藩奉命（6月23日的上谕）从保定前往天津。他在3天内没有任何动静，然后自称有病（即眼病），而最终在教案发生后的第17天（7月8日）才抵达天津。"
曾国藩《家书》4月17日谈到他腹部和两腿剧痛，妨碍他阅读和写作。我相信他的病是实情，不是托词。

[2] 7月5日的奏疏，见《奏议》：卷二十九，第34页。

[3] 大约在7月4日左右写给崇厚的信函，但日期无法确定。《书札》：卷三十二，第41页下栏。又见大约在同时写给恭亲王的信函。同上，第43页及以下。

[4] 《书札》：卷三十二，第44页。

反对法国。第二派提出只与法国开战，而较为胆小的那一派则满足于看到崇厚被革职。当曾国藩推行和睦政策，下令保护所有外国人的时候，他把各个反对派的敌意都引到了自己身上。

接下来的调查使究竟是否发生过绑架的问题留下了一些疑点，但表明外国人在被控的所有罪名上是无辜的。官方审讯了几百人，其中150人是宗教机构的工作人员，但没有一例发现事实上的绑架，也没有任何挖眼掏心的证据。所有的指控都是基于街谈巷议，与湖南、扬州或直隶其他地方的类似指控一样没有得到证实。曾国藩在其报告中写道：

> 英法各国乃著名大邦，岂肯为此残忍之行？以理决之，必无是事。天主教本系劝人为善，圣祖仁皇帝时久经允行，倘戕害民生若是之惨，岂能容于康熙之世？即仁慈堂之设，其初意亦与育婴堂济院略同，专以收恤穷民为主，每年所费银两甚多，彼以仁慈为名，而反受残酷之谤，宜洋人之忿忿不平也。
>
> 至津民之所以积疑生愤者，则亦有故，盖见外国之堂中年扃闭，过于秘密，莫能窥测底里，教堂、仁慈堂皆有地窖，系从他处募工修造者。臣等亲履被烧堂址细加查勘，其为地窖不过隔去潮湿庋置煤炭，非有他用。而津民未尽目睹，但闻地窖深邃，各幼孩幽闭其中，又不经本地匠人之手，其致疑一也。
>
> 中国人民有至仁堂治病者，往往被留不令复出，即如前任江西进贤县知县魏席珍之女贺魏氏，带女入堂治病，久而不还。其父至堂婉劝回家，坚不肯归，因谓有药迷丧本心，其致疑二也。
>
> 仁慈堂收留无依子女，虽乞丐、穷民及疾病将死者亦皆收入。彼教又有施洗之说。施洗者其人已死，而教主以水沃其额而封其目，谓可升天堂也。百姓见其收及将死之人，闻其亲洗新尸之眼，已堪诧异。又由他处车船致送来津者动辄数十百人，皆但见其入而不见其出，不明何故，其致疑三也。
>
> 堂中院落较多，或念经，或读书，或佣工，或医病，分类而处，

有子在前院而母在后院，母在仁慈堂而子在河楼教堂，往往经年不一相见，其致疑四也。

加以本年四五月间，有拐匪用药迷人之事，适于是时堂中死人过多，其掩埋又多以夜，或有两尸三尸共一棺者。五月初六日河东丛冢有为狗所发者一棺二尸。天津镇中营游击左宝贵等曾经目睹死人皆由内先腐，此独又外先腐，胸腹皆烂，肠肚外露。由是浮言大起，其致疑五也。

平日熟闻各处檄文揭帖之言，信为确据，而又积此五疑于中，各怀恚恨。迨至拐匪牵涉教堂，丛冢洞见胸腹，而众怒已不可遏。迨至府县赴堂查讯王三，丰领事对官放枪，而众怒尤不可遏。是以万口哗躁，同时并举，猝成巨变。其浮嚣固属可恶，而其积疑则非一朝一夕之故矣。[1]

因此，前期调查进展到这个程度，罗马天主教会的嫌疑彻底洗清了。但是，这些结论得出之后，外国公使们的态度发生了改变。他们看到中方对于处理事件的承诺和处罚的要求没有什么明确的措施，从前温和的语调变得充满了火药味儿。曾国藩在抵达天津时曾给法国代表写过一封措辞谨慎的信函，关于这封信，他在给恭亲王的信中写道：

洋人性情躁急，津事既经旬日，尚止空文往复，恐其不耐迁延。先给照会许为速办，以安其心，最为伐谋之要策。照会语意虽极切实，而抵偿、议恤等事仍用虚笔，尤为斟酌尽善。[2]

在大约写于7月14日（据岳麓书社出版的《曾国藩全集》，此信写于夏历七月十三日，西历8月9日。——译注）的一封信中，曾国藩预测不会

[1] 译自曾国藩总体报告之一部，《奏议》：卷二十九，第36~40页上栏。

[2] 致恭亲王的信函，未署日期，有可能写于7月8日或9日。《书札》：卷三十二，第45页。

有什么麻烦，其中写道：

> 昨闻电线来信，法国君王已有复示，大致谓中国修好多年，此次苟能办得公道，仍须保全和局，不必动兵云云，未审是否确实。法人与布国构衅，此间传言已久。若果法、布开兵，或者远交近攻，不欲与中国为难。又闻法主老而厌事，其意主和不主战，似亦事之所有。[1]

外国人专注于惨遭杀害的无辜同胞，即便有关惩罚地方官员的问题没有更多的麻烦出现，要向中方讨回公道仍然比他们所想的更为困难。曾国藩在许多信函中谈到了这一点。[2] 有些罪犯已经消失了，其他人即便在酷刑之下也不会吐实。直到 9 月底，他才只掌握了很少几个参与闹事者的姓名。获取证据以及给闹事者中的打砸杀人者定罪，和其他国家例如美国一样，是一件难事，这就使我们可以理解并在某种程度上同情曾国藩的为难。另一方面，法国人不愿坐等这种调查的迟缓而又不明确的结果。终于有了至少 3 个人可以玩忽职守甚或教唆负责，那就是天津的知府与知县，他们负有维护该城治安的责任，以及该省的提督或将军陈国瑞。法国人坚持说，这 3 人明知四处传播的流言和招贴包含有针对传教士们的可怕指控，他们应当采取适当的措施维护社会秩序。

7 月 19 日，法国代表以动用海军为要挟，要求对这 3 人处以死刑。（此事被曾国藩写于第二天的奏疏所证实。）曾国藩与崇厚会商，决定如下：尽管他们认为这 3 人不该受到如此严厉的惩处，但是法国人似乎怒气冲天，要倾尽全国之力让中国屈从他们的要求。因此，他们建议将知府与知县交刑部问罪，但是考虑到提督与该案关系不大，他们建议将关于此人的谈判转移到北京，而该提督当时就在京城。[3] 这份奏疏标志着谈判的转折点。曾国藩感

[1]　《书札》：卷三十二，第 46 页下栏。

[2]　尤其可见于致李鸿章的一封信函。《书札》：卷三十二，第 52 页下栏至第 54 页上栏。

[3]　《奏议》：卷二十九，第 42 页。

恭亲王奕䜣，约翰·汤姆森摄

到他犯了一个大错，不该提议惩罚这几个人。《年谱》上说，曾国藩违背了自己健全的判断力，对崇厚的意见做了让步，而几乎就在奏疏交出去之后，他便后悔在上面署名了。他在几封信函中试图收回这个提议，在他与恭亲王最后交流时指出，由于外国人的狡猾，跟他们打交道必须留有余地。在惩处这几名官员的问题上，他投赞成票是犯了一个大错，使自己失去了回旋的余地。[1] 牺牲两名官员的决定，激起了官员与士绅的激烈反对。抗议信、给皇帝的奏疏、斥责，从四面八方涌来，因为曾国藩洗白了罗马天主教传教会，并提议惩处地方官员。另一方面，崇厚把他拉向相反的方向，催促他们进一

[1] 《书札》：卷三十二，第 56 页。

步满足法国人有关这些地方官员的要求。曾国藩懊悔自己迈出了错误的步伐，坚决不同意再前进一步，于是崇厚请求朝廷另外派人来取代他。[1]

中国人到处都在谈论战争。但是，曾国藩以他特有的勇气，试图阻止潮流朝那个方向发展。7 月底，他在给皇帝的一份坦率的奏疏中，清楚地分析了中国应对战争的环境条件。他说中国必须制止人们大谈战争，因为国力太弱，不能打仗。他个人并不害怕战死疆场，但事实上中国无法打赢战争，只有选择和平政策。即便经过奋斗，取得了暂时的胜利，洋人在下一年又会跑来，比过去更加强大。天津教案是由无知的乌合之众激发起来的，不能容许它发展为战争。[2] 这就指向于一个有些机会主义色彩的政策——答应法国方面所有合理的要求，同时就官员的处罚尽可能地避重就轻。在 9 月份写给李鸿章的一封信 [3] 中，他告诉对方，赫德曾劝他逮捕凶手，让他们得到应有的惩罚，那么府县官员的事情就容易了结了。中国政府最终采纳了曾国藩的意见，但朝廷首先尝试增派人手参与谈判。江苏巡抚丁日昌奉命北上，而毛昶熙也临时到来，还从北京带来了一帮高官。李鸿章也奉令率部开往天津，于 8 月份抵达。[4] 他建议组成一个联合小组调查针对两位地方官的指控是否属实，双方都应履行其做出的决定。[5] 然而当时龙颜大怒，拒绝考虑处死两位官员，这个提议落空了。[6] 另一批新谈判代表试图让法国人降低他们的要求，但是法方代表态度强硬，结果两名府县官员奉令到天津接受审判。9 月 27 日，曾国藩写出了审判报告，陈述找不到什么对他们不利的证据，建议交给刑部从宽发落，以便缓解全国官民的忧虑。

另一方面，法国人被审判凶手的缓慢进程所激怒，抗议对被控官员的庇护，他们说，这两位官员没有被当作罪犯，而是被奉为上宾。法国海军军官说，

[1] 《年谱》：卷十二，第 8 页上栏至第 9 页下栏。

[2] 同上。

[3] 《书札》：卷三十二，第 54 页、第 55 页上栏。

[4] 《年谱》：卷十二，第 8~9 页下栏。

[5] 《年谱》：卷十二，第 8~9 页下栏。

[6] 《年谱》：卷十二，第 11 页。8 月 8 日与 12 日的上谕坚称法国人只有权要求公正，无权如此羞辱。

如果不在限期内令其满意地将全案审结，他们就会开炮。曾国藩在写给恭亲王的一封信中说，他既不知道要不要认真对待法国人的威胁，也不知道如何审结才能令法国人满意。他写道："若指府县拟抵，中国万难办到；若指查办凶手，中国义无可辞。究竟应正法若干人而后可称切实，能指数目否？中国如数办到之后，和局便可定否？此外除赔堂议恤，无他要求否？"他又说，他已审结 8 名应判死刑的罪犯，还有约 20 名罪犯应予处罚。要在规定的时间内凑足一定人数的真正罪犯，是完全不可能的事情。到了规定期限，他会提供名单，并承诺几天后补交一份名单，如此来避免战争。[1] 他的确按计划提交了第一份罪犯名单（9 月 8 日），[2] 名单上共有 15 人被判处死刑，21 人被判处较轻的刑罚。他于 10 月 7 日提交了最后一份名单。[3] 这令法国人满意了，其余的谈判进展顺利。双方就官员的处罚达成了妥协，提督被释放了，知府与知县被流放到黑龙江。[4]

与此同时，由于马新贻在金陵遇害，总督位置出缺，而曾国藩在京城的高官中实际上已经成为"不受欢迎的人"，但他势力太大，又不能将之降级或革职，于是奉了 1870 年 8 月 30 日的诏书，继任两江总督。当处理教案的总体条件达成了一致时，他奉令迅速前往新的任所。在前往金陵的路上，曾国藩在京停留，于 10 月 20 日与 21 日受到召见。这一次又是慈禧皇太后向他提问：[5]

问：你何日自天津起程？

答：二十三日自天津起程。

问：天津正凶曾已正法否？

答：未行刑，旋闻领事之言，俄国公使即将到津，法国罗使将

[1] 《书札》：卷三十二，第 51、52 页。极可能写于 9 月初。

[2] 《奏议》：卷二十九，第 64 页至第 66 页上栏。

[3] 《年谱》：卷十二，第 15 页下栏、第 16 页。

[4] 同上，第 15 页。有关提督一案的决定于 9 月 25 日送达；关于其他案件的决定于 10 月 5 日送达。

[5] 《大事记》：卷四，第 6 页。

派人来津验看，是以未能遽杀。

问：李鸿章拟于何日将伊等行刑？

答：臣于二十三日夜接李鸿章来信，拟于二十五日将该犯行刑。

问：天津百姓现尚刁难好事否？

答：此时百姓业已安谧，均不好事。

问：府县前逃至顺德等处，是何居心？

答：府县初撤任时，并未拟罪，故渠等放胆出门。厥后遣人谕知，业已革参交部，该员等惶骇，始从顺德、密云次第回津。

问：你右目现尚有光能视否？

答：右目无一隙之光，竟不能视。左目尚属有光。

问：别的病都好了些么？

答：别的病算好了些。

问：我看你起跪等事精神尚好。

答：精神总未复原。

问：马新贻这事岂不甚奇？

答：这事很奇。

问：马新贻办事很好。

答：他办事精细和平。

第二天召对继续：

问：你在直隶练兵若干？

答：臣练新兵三千。前任督臣官文练旧章之兵四千，共为七千。拟再练三千，合成一万。已与李鸿章商明，照臣奏定章程办理。

问：南边练兵也是最要紧的。你们好好地办去。

答：现在海面尚平安，惟（唯）当设法防守。臣拟在江中要紧之处修筑炮台。

问：能防守便是好的。这教堂就常常多事。

答：教堂今年到处滋事，教民好欺不吃教的百姓，教士好庇护教民，领事官好庇护教士。明年法国换约，须将传教一节加以整顿。

……

他在北京一直逗留到皇帝的生日（11月3日）与他自己的生日（11月4日）之后。那是他的60岁诞辰，湖南与湖北的同僚们在会馆为他举办了一个盛大的宴会。然后他起行前往金陵，于12月4日在该城接印。[1]

现在他在京城里很不吃香了，下一年他在从金陵给弟弟的信中写道：[2]

余两次在京，不善应酬，为群公所白眼，加以天津之案物议沸腾，以后大小事件，部中皆有意吹求，微言讽刺。陈由立遣发黑龙江，过通州时，其妻京控，亦言余讯办不公及欠渠薪水四千不发等语。以是余心绪不免悒悒。阅历数十年，岂不知宦途有夷必有险，有兴必有衰？而当前有不能遽释然者，但求不大干咎戾、为宗族乡党之羞足矣。

除了日常事务以及1871年10月和11月的长途视察以外，曾国藩在金陵的第二次任期内只有一件事特别重要。这就是他与李鸿章联合上疏，请求皇帝委派陈兰彬与容闳挑选聪颖的年轻人送往美国及其他西方国家学习工程技术。他们请皇帝注意，过去曾试图将中国人派往海外学习如何组建陆军与海军，但他们认为现在适逢其时，尤其考虑到刚刚与美国谈判条约，那么可以首先把学生送往美国，然后送往其他国家，学习所有技术。这两位总督已经指令上述两位官员为留学生制定章程，并请求总理衙门认可。资金要从海关收入中获得。本书的篇幅不容许追踪这项事业后来的历史，如果按照曾国藩与李鸿章的愿望去做，假设挑选了足够人数的留学生派往海外，那么结果会使中国大大加快进步的步伐。

[1] 《年谱》：卷十二，第17页下栏。

[2] 《家书》：1871年9月24日。

总理衙门

这个计划就其目的而言是很明智的。我们回顾一下大约与此同时日本把石仓大使与学生派往海外所得到的好处，那么完全可以设想，如果像曾国藩这样具备自由精神与无畏性格的人后继有人，这个计划就不可能失败。一个人构想了这个计划，并且直率地向皇帝提出。这个人在青年时代就表达了一种强烈的愿望，希望洋人永远离开中国。这件事情表明，指责曾国藩的顽固透顶是多么没有依据。他明显地走在了他那个时代以及下一代人的官员与国民的前面。他显然抓住了一个想法：中国在行政与技术方面远远落后于西方国家，如果不采取措施弥补这些缺点，她将遭受严重的不利。

大约在这个时候，或者稍早一点，曾国藩上了一份密折，催促朝廷采纳下列纲领，开展政府的现代化：[1]

1. 将国都从北京迁移到中部的某处。

[1] 川崎三郎：《东方的伟人》，第 105~106 页。我无法获得奏稿原文，但它显然写于 1870 年或 1871 年。

2. 废除腐朽的官僚作风，建立正确的行政办法。

3. 改革军事，创建一支现代的陆军与海军，都由中央政府指挥。

4. 改组国库，应该将之完全置于中央政府控制之下。

5. 改革选拔文官的办法，裁革庸官，对干员进行特种培训。

有关这份奏疏中讨论的问题，以上只是一个简单的概括，涉及当时中国所存体制的所有基本弱点，尽管经历了辛亥革命，这些弱点至今犹存（作者作此书时，为1926年）。我们非常怀疑，即便像曾国藩这样重量级的权威人物，是否足以改变当时的中国，让她从极度的保守主义转变为一个进步的国家。这个任务肯定是李鸿章力所不及的，不过此人比曾国藩更具备政治家的素质，显然不大坚持原则，而爱好权宜之计。然而，曾国藩尖锐地指出了弊端，并且开出了药方，这是他的一大功劳，只要他的继任者能够采纳，就能防止中央政府可悲的崩溃。

曾国藩及他那一代的国家级高官打破了中国传统的官僚程序，在比较年轻的时候便升居高位，有很多人没有爬过中间那些台阶，[1] 这个事实进一步说明我们应当将曾国藩放在进步人士之列，而不能将他归于反动一类。曾国藩本人从未正式拥有任何省份的官位，直到他被任命为两江总督。其弟曾国荃尽管拥有低级的名义官职，实际上是以巡抚官职开始其文官生涯的。李鸿章、左宗棠与彭玉麟同样很少或没有做过低级官员就升居高位。这是中国这样保守的国家所采取的破格措施。为了曾国藩及其举荐者如此大胆地破坏程序，中国已经远远摆脱了她的条条框框，在政治和其他方面，曾国藩表明自己是进步的，甚至是激进派，只要变化不会脱离其民族的内在天赋。

他的去世突然发生于1872年3月，他在花园里进行了日常的餐后散步后，当时正在休息。不过这也并非毫无征兆，事前已经有过许多迹象，其中之一发生在去世的几天以前，当时他出门去河边会见一位贵客，途中晕倒在轿子上。金陵人民以及全国重视其功勋的人们深感这是一个巨大的损失。为了悼

[1] 李翁兵在其《中国史纲》中要求读者注意这个事实。

念他，朝廷辍朝3天。针对此事颁发的上谕也许很好地总结了中国人对他的感情，因为其中所写的不仅仅是出于礼仪的陈词滥调：

> 大学士两江总督曾国藩，学问纯粹，器识深宏，秉性忠诚，持躬清正。由翰林蒙宣宗成皇帝特达之知，洊升卿贰。咸丰年间，创立楚军，剿办粤匪，转战数省，迭著勋劳。文宗显皇帝优加擢用，补授两江总督，命为钦差大臣，督办军务。朕御极后，简任纶扉，深资倚任。东南底定，厥功最多，江宁之捷，特加恩赏给一等毅勇侯，世袭罔替，并赏戴双眼花翎。历任兼圻，于地方利病尽心筹画。老成硕望，实为股肱心膂之臣。方冀克享遐龄，长承恩眷，兹闻溘逝，震悼良深！曾国藩著追赠太傅，照大学士例赐恤，赏银三千两治丧，由江宁藩库给发。赐祭一坛，派穆腾阿前往致祭，加恩予谥文正，入祀京师昭忠祠、贤良祠，并于湖南原籍、江宁省城建立专祠。其生平政迹事实，宣付史馆。任内一切处分，悉予开复，应得恤典，该衙门察例具奏。灵柩回籍时，著沿途地方官妥为照料。其一等侯爵，即着伊子曾纪泽承袭，毋庸带领引见。其余子孙几人，著何璟查明具奏，候朕施恩，用示笃念忠良至意。钦此。

曾国藩的衣钵落到了李鸿章手中，李鸿章后来的生涯中有许多时刻跟外国人打交道，以至于在西方人的记忆中几乎掩盖了对于其老上司的记忆，但事实上在中国人眼中，两人是不能相提并论的。李鸿章与左宗棠在曾国藩去世后取得了很大的成就，但是在中国人的眼中，他们并未从曾国藩的花圈上取走一片叶子。曾国藩是忠诚的，死时贫穷；李鸿章以身居高位获利而著称，离世时非常富有。除此以外，李鸿章从未找到曾国藩幕僚群那种类型的助手。有些人说这是因为李鸿章太激进，也有人说他宁愿由庸才辅佐，这样就能彰显他的英明。不论原因何在，直到19世纪80年代末一直由曾国藩那些经历过太平天国时代的老领导们主宰的行政管理，在下一代人手中迅速地滑坡，直到1911年的革命把清朝整个儿地掀下权力的宝座。

第十六章

曾国藩的人生哲学

太平天国运动与为了镇压这场运动而组建的官方武装部队的故事，已将我们从现代世界带入了中世纪式的环境。我们很难相信，克里米亚战争与这场大运动的早期阶段正是处在同一个时期，而美国的南北战争与日本的再生则与这场运动的晚期处于同一时段。然而，事实就是如此。但是，如果我们从那个时代欧洲与美国的精神世界步入曾国藩时代中国人的内心生活，我们便被领进了尼罗河、克里特岛、美索不达米亚峡谷作为文明中心的那些昏暗的古代。要弄清楚曾国藩的精神旅程是如何从童年时代推演到他与李鸿章联合奏请皇帝把聪颖的年轻人派往海外，我们必须想象此人从孔夫子或柏拉图的时代一直生活到维多利亚时代的中期。根据曾国藩的诗文、书信、奏疏与日记中存留的大量资料，为他编辑一份内心生活的传略，一定是非常有趣的研究。仅用一个章节来展示所有可用的好材料，篇幅是太短了，但这至少可以让我们看到那些生动的原则，它们指导着曾国藩的个人及家庭生活，决定着他对家乡的风俗习惯采取何种态度。

曾氏家族的家系表可以回溯到中国历史的发端，并且自孔子的时代就相当清晰了。曾国藩是从著名哲学家曾子算起的第 70 代人，而他的那位远祖是孔大圣人最早的门徒之一。湖南的曾氏家族所衍生的那个支派在元朝定居于衡阳，于 17 世纪移居湘乡，在这里世代务农。[1] 他们当中无人引人注目，

[1] 《大事记》：卷一，第 1 页。

直到其祖父曾玉屏，曾国藩在其文章中通常称呼他的另一个名字——星冈。他对孙儿施加了很大的影响，这种影响随孙儿的年龄与日俱增。这位祖父年轻时好逸恶劳，但他听说外人预言曾家将会毁在他的手上，他便沉下心来，成为热情的模范农民与园丁。他怀着对祖先的深切敬意，首倡建立一座像样的宗祠，他认为，在所有的神灵中，祖先的神灵最值得敬畏，因为他们的兴趣和影响，无论好坏，都在家族之中，比那些更加遥远的神鬼重要得多。[1]

曾国藩在这么一位个性强大的长辈陪伴下成长，有了强烈的家族团结感。他的思想以家族为中心，他为了在兄弟和子侄中维护秩序井然的家庭生活付出了很大的努力。他的一些最著名的书信都与家事有关。其中有一封写于他在京城升居高位时，获悉祖父得了重病，他为自己在京城过着奢华的生活而其双亲却在家辛勤劳作而懊悔，但他为几位弟弟的孝行而高兴。[2] 他写道：

> 诸弟仰观父、叔纯孝之行，能人人竭力尽劳，服事堂上，此我家第一吉祥事。我在京寓，食膏粱而衣锦绣，竟不能效半点孙子之职；妻子皆安坐享用，不能分母亲之劳。每一念及，不觉汗下。
>
> 吾细思凡天下官宦之家，多只一代享用便尽。其子孙始而骄佚，继而流荡，终而沟壑，能庆延一二代者鲜矣。商贾之家，勤俭者能延三四代；耕读之家，谨朴者能延五六代；孝友之家，则可以绵延十代八代。我今赖祖宗之积累，少年早达，深恐其以一身享用殆尽，故教诸弟及儿辈，但愿其为耕读孝友之家，不愿其为仕宦之家。诸弟读书不可不多，用功不可不勤，切不可时时为科第仕宦起见。若能看透此层道理，则我钦佩之至。澄弟（国潢）每以我升官得差，便谓我是肖子贤孙，殊不知此非贤肖也。

曾国藩认为，家庭生活建立在孝敬父母与兄弟和睦的基础上是最重要的，这种团结而纯洁的家庭关系，一旦因仕途上升而失去其单纯，就会遭到威胁。

---

[1]　《大事记》：卷一，第 1 页下栏。

[2]　《家书》，1849 年 5 月 8 日。

曾国藩手书

所以，他时常劝谕弟弟们不要放弃对农业的兴趣，因为家人必须靠此为生。他说：

> 凡家道所以可久者，不恃一时之官爵，而恃长远之家规；不恃一二人之骤发，而恃大众之维持。我若有福罢官回家，当与弟竭力维持。老亲旧眷、贫贱族党不可怠慢，待贫者亦与富者一般，当盛时预作衰时之想，自有深固之基矣。[1]

[1] 1866 年 7 月 16 日的书信，当时曾国藩在总督及钦差大臣任上。

在另一封信中，曾国藩敲响警钟，叫家人不要屈从于好逸恶劳、逃离俭朴生活的诱惑：

> 甲三、甲五等兄弟，总以习劳苦为第一要义。生当乱世，居家之道，不可有余财，多财则终为患害。又不可过于安逸偷惰，如由新宅至老宅，必宜常常走路，不可坐轿骑马。又常常登山，亦可以练习筋骸。仕宦之家，不蓄积银钱，使子弟自觉一无可恃，一日不勤，则将有饥寒之患，则子弟渐渐勤劳，知谋所以自立矣。[1]

在曾国藩看来，最好的精神药方就是牢记他们经历过的艰难。他在1867年写道：[2]

> 吾家现虽鼎盛，不可忘寒士家风味，子弟力戒傲惰。戒傲以不大声骂仆从为首，戒惰以不晏起为首。吾则不忘蒋市街卖菜篮情景，弟则不忘竹山坳拖碑车风景。昔日苦况，安知异日不再尝之？自知谨慎矣。

不过，曾国藩还有强烈的家族自豪感，同时希望家族成员们的言行永远维护其已有的尊严。这意味着他们应该远离低级官吏，以免其交往伤害在京城身处高位的长兄，也可避免他们滥用权力。当曾国荃考取秀才时，按照惯例，曾国藩理应写信给主考官表示感谢，但他在家书中说他不愿这么做，因为那个官员声名狼藉。他接着写道：“我家既为乡绅，万不可入署说公事，致为官长所鄙薄。即本家有事，情愿吃亏，万不可与人构讼，令官长疑为倚势凌人。”[3] 这种行为不但会伤害家族的声誉，还会导致京城的高官们因曾

[1] 《家书》，1855年10月7日。
[2] 《家书》，1867年2月8日。
[3] 《家书》，1845年7月3日。

国藩亲属在家乡的活动而给他记上污点。[1]

然而，这种家族自豪感绝不意味着要不理睬乡下那些低微的家庭。曾国藩总是热衷于了解地方上发生的事情，即熟人当中的生老病死与嫁娶。他一直希望在家的亲人们充分而谨慎地履行好邻居的所有义务。他在 1867 年给大儿子的一封信中写道：[2]

> 李申夫之母尝有二语云“有钱有酒款远亲，火烧盗抢喊四邻”，戒富贵之家不可敬远亲而慢近邻也。我家初移富圫，不可轻慢近邻，酒饭宜松，礼貌宜恭。建四爷如不在我家，或另请一人款待宾客亦可。除不管闲事、不帮官司外，有可行方便之处，亦无吝也。

在家族内部，曾国藩非常认真地履行作为长子应负的责任。他的家书中充满了对弟弟们的忠告，他清楚地表示不要弟弟们承担他应负的责任。有一次他以责怪的语气写道：[3]“家中之事，弟不必管。天破了自有女娲管，洪水大了自有禹王管，家事有堂上大人管，外事有我管，弟只安心自管功课而已，何必问其他哉？”稍后，也许是为了让在家的亲人们有更好的合作，他把家务管理交给曾国潢，告诉他长辈们建立了良好的家庭习惯，他必须让后代永世传承。[4]对于长兄控制权的字面上的假设，弟弟们是根本无法接受的。曾国藩和弟弟们之间经常发生误会，甚至发生争吵，在某种程度上是因为他直言不讳。就曾国荃而言，兄弟之间的这种紧张关系更常发生，令人怀疑他们从未彼此谅解。

1841 年曾国荃在其兄的北京寓所中念书时，兄弟间发生了争执，直到父亲写信给曾国荃叫他回守本分，此事才告平息。[5]第二年曾国荃坚持要返

[1] 《家书》，1846 年 1 月 29 日。

[2] 《家训》（给儿子们的信），1867 年 1 月 3 日（据岳麓书社《曾国藩全集》，此信写于 1867 年 1 月 1 日，即同治五年十一月二十六日。——译注）。

[3] 《家书》，1845 年 1 月 25 日。

[4] 《家书》，1847 年 8 月 28 日。

[5] 《家书》，1841 年 10 月 29 日与 12 月 1 日。

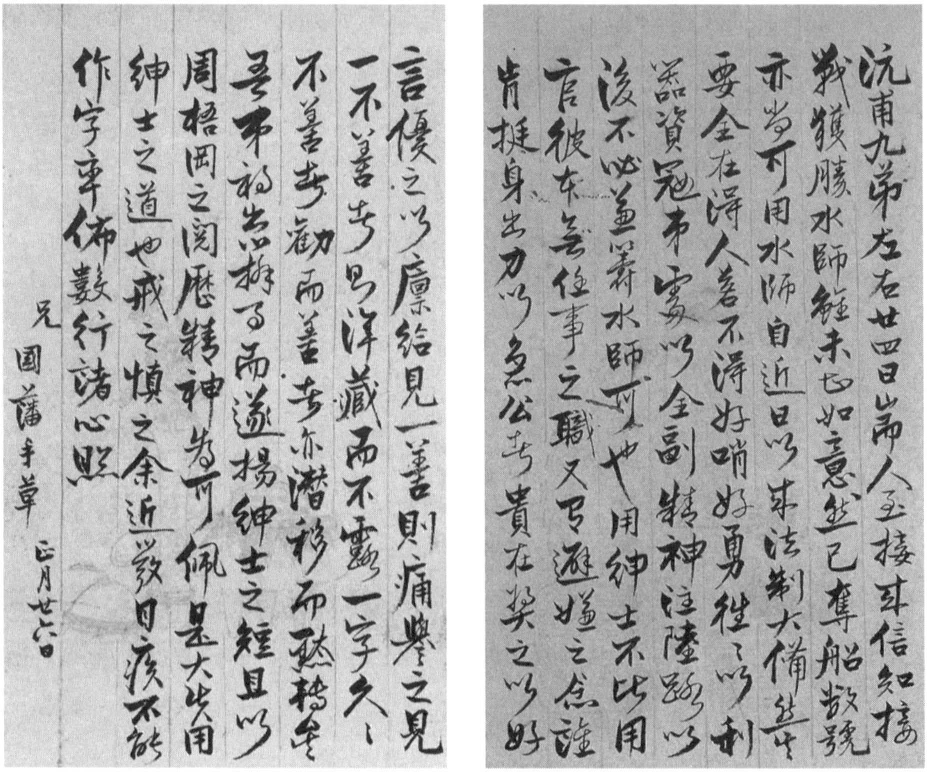

曾国藩手书家训

回湖南，回家后他写信给长兄抱怨他的严厉。曾国藩在回信中不厌其烦地指出作为长兄的责任，以及他为什么要对弟弟们严格要求。[1]1844 年曾国藩发牢骚，说他的指示和忠告会得到身边所有人的执行，唯独他的弟弟们不愿从中受益。[2]1854 年曾国藩在长沙的时候，与曾国潢发生了剧烈的冲突。后者来到大营，大大加重了曾国藩失意时遭受的不顺。此后曾国藩写信回家，叫所有的弟弟不许来营，而是待在家里各尽其职。[3] 或许就是这封信，令曾国荃觉得长兄阻塞了他的晋升之路。1856 年，当清廷一方的局势最为暗淡时，

[1] 《家书》，1842 年 9 月 1 日。

[2] 《家书》，1843 年 2 月 15 日。

[3] 《家书》，1854 年 5 月 12 日、5 月 16 日。

曾国藩被限制在江西一个狭小的地区，曾国荃在长沙坚持要招募勇丁。刚刚被任命为吉安知府的黄冕在那里“找到”了他。当时吉安在太平军手中，黄冕的任务是去打击太平军。他与曾国荃商量之后，发现对方非常精明。曾国荃对黄冕说：“方吾兄战利，事无所须于我，我亦从未至营相视。今坐困一隅，我义当往赴。然苦无资力募勇。君但能治饷，我当自立一军以赴国家之急。”[1]因此，通过这位知府，而非通过曾国藩本人，金陵的攻取者开始了他的军事生涯。

曾国藩的这位弟弟似乎一生中都执着于跟长兄作对。从外人的角度来看，曾国藩似乎做了一位兄长该做的一切，甚至冒着被指控任人唯亲的风险，继续来维护一种不满的情绪。他把攻打安庆的指挥权给了曾国荃，甚至在有可能威胁到清廷大局的时候，还容许这位弟弟继续担任攻打金陵的唯一指挥官。当上谕建议派曾国荃去杭州或上海时，他却宁愿留在这个能够获得更大荣耀的岗位上，曾国藩屈从于弟弟的心愿，将李鸿章派往江苏，将左宗棠派往浙江。[2]在极为危险的时候，曾国荃遭到忠王的可怕打击，曾国藩虽然很想把李鸿章招来救援，但他最终还是迁就这位弟弟的心愿，替他把事情掩饰过去。1864年，当上谕命令李鸿章前往金陵时，曾国藩不得不与弟弟争论，要求他欣然地接受现实，但若非李鸿章善体人意，此事很难摆平。[3]尽管曾国藩一直力挺这位弟弟，曾国荃却总是觉得长兄对自己有偏见，他真正关心的是国家与家族的声望。有一次，曾国荃在信中建议兄弟之间说话不要相互抵触，曾国藩在回信中写道：“此言精当之至，足抵万金。余生平在家在外，行事尚不十分悖谬，唯说些利害话，至今悔恨至极。”[4]

有关家庭的实务，祖父对曾国藩影响很大，曾国藩在1859年至1861年的许多信函中大多会谈论一两件这样的事情。祖父教他们从事以8个字概括的8项基本家务，即“书、蔬、鱼、猪、早、扫、考、宝”。“书者，所读

[1] 《大事记》：卷一，第12页上栏。

[2] 《大事记》：卷二，第7页下栏、第8页上栏。

[3] 《家书》：1864年5月21日。

[4] 《家书》，1859年1月16日（据岳麓书社《曾国藩全集》，此信写于1859年1月19日，即咸丰八年十二月十六日。——译注）。

之书也，学业不可荒废；蔬、鱼、猪者，皆农事也；早者，起早也；扫者，扫屋也；考者，祖先祭祀，敬奉显考、王考、曾祖考，言考而妣可该也；宝者，亲族邻里，时时周旋，贺喜吊丧，问疾济急，星冈公常曰人待人无价之宝也。”[1]

在另一封家书[2]中他展开了这种思考，认为他的兄弟子侄必须牢记“祖父星冈公之八个字，曰：‘考、宝、早、扫、书、蔬、鱼、猪。’又谨记祖父之三不信，曰：‘不信地仙，不信药医，不信僧巫。’余日记册中又有八本之说，曰：‘读书以训诂为本，作诗文以声调为本，事亲以得欢心为本，养生以戒恼怒为本，立身以不妄语为本（即不扯谎也），居家以不晏起为本，做官以不要钱[3]为本，行军以不扰民为本。’此八本者，皆余阅历而确有把握之论，弟亦当教诸子侄谨记之。无论世之治乱，家之贫富，但能守星冈公之八字与余之八本，总不失为上等人家。”此外还有“三致祥”的秘诀，即“孝致祥、勤致祥、恕致祥”，最后一项由孔夫子的金科玉律来定义，即“己所不欲，勿施于人”。[4]

迟至1867年，他在一封家书中又重复了上述有关财富及实践居家道德的理念，颇为有趣。[5]当时他写信告诉家人，他无法将大笔款子寄回家里。“自有两江总督以来，无待胞弟如此之薄者。然处兹乱世，钱愈多则患愈大，兄家与弟家总不宜多存现银。现钱每年足敷一年之用，便是天下之大富，人间之大福。家中要得兴旺，全靠出贤子弟。若子弟不贤不才，虽多积银积钱积谷积产积衣积书，总是枉然。子弟之贤否，六分本于天生，四分由于家教。吾家代代皆有世德明训，惟星冈公之教尤应谨守牢记。吾近将星冈公之家规编成八句，云：‘书、蔬、鱼、猪，考、早、扫、宝，常说常行，八者都好；

[1]　《家书》，1860年5月19日。有关其祖父生活方式的中文很难翻译，措辞很恭敬，但有完全不同于我们西方的形式。

[2]　《家书》，1861年4月4日。

[3]　在4月14日（应为4月13日。——译注）的信中，他用“爱”字取代了“要”字，将为官的基本原则定为不爱钱。

[4]　同上，1861年4月13日（应为4月3日。——译注）。

[5]　《家书》，1867年1月11日。

地、命、医理、僧巫、祈祷、留客久住，六者俱恼。’盖星冈公于地、命、医、僧、巫五项人，进门便恼，即亲友远客久住亦恼。此八好六恼者，我家世世守之，永为家训。子孙虽愚，亦必略有范围也。”

有些人认为曾国藩不过是往日观念的代表人物，这种看法是错误的。他们会发现，只要事关妇女在家庭生活中的地位，曾国藩就与传统主义决裂了。诚然，他也具有正统的观念，认为妇女应该从事纺织、缝纫、烹调等家务。他在京城时有一次写信给祖父，为自己的妻子住得太远、无法侍奉家中老人而抱歉。在另一封家书中，他指责已出阁的四妹没有早起侍奉婆婆，反而躺在床上等待别人侍候。[1]他在长子结婚时写信告诫，在新娘进入新家之后，要指导其勤于纺织与缝纫，下厨亲手做饭，因为这是已婚妇女的主要职责。[2]在另一封信中他又叫儿子不要认为媳妇来自有钱人家，就可以免做这些家务。[3]

这些保守的观念令我们想不到，曾国藩会极力反对中国人容许异姓近亲之间通婚同时又严格禁止相隔遥远的同姓男女通婚或者质疑实际存在的这种婚姻关系的传统。在对近亲结婚表示反对时，他说姐妹的孩子与兄弟的孩子一样是近亲，而中国坚持同姓不能通婚的原则，却不管其他真正亲戚之间通婚，是脱离实际的做法。[4]

在星冈开列的主要家庭职责中，对祖先的祭祀居于高位。在这一点上，我们找到了这对祖孙宗教信仰的关键，也是中国正统的信条之一。这是从最远古的时代传承下来的核心教义之一，不仅属于中国，也属于其他古代国家。在鬼魂们栖息的阴暗之处，唯有已故祖先的鬼魂令人最感兴趣，最为敬畏，或在需要时怀着最大的恐惧去安抚，因为他们具有强大的善恶之力。祭祀这些魂灵是家庭生活中最重要的事情。对于星冈而言，实际上这就是全部的宗教。[5]曾国藩在给长子的一封信中，以其祖父的观点讨论了这种祭祀：“昔

[1] 《家书》，1843 年 1 月 20 日。
[2] 《家书》，1856 年 3 月 14 日。
[3] 《家书》，1856 年 11 月 11 日。
[4] 《家书》，1845 年 4 月 11 日。
[5] 《大事记》：卷一，第 1 页。

吾祖星冈公最讲求治家之法，第一起早，第二打扫洁净，第三诚修祭祀，第四善待亲族邻里。凡亲族邻里来家，无不恭敬款接，有急必周济之，有讼必排解之，有喜必庆贺之，有疾必问，有丧必吊。此四事之外，于读书、种菜等事尤为刻刻留心，故余近写家信，常常提及书、蔬、鱼、猪四端者，盖祖父相传之家法也。尔现读书无暇，此八事纵不能一一亲自经理，而不可不识得此意，请朱运四先生细心经理，八者缺一不可。其诚修祭祀一端，则必须尔母随时留心。凡器皿第一等好者留作祭祀之用，饮食第一等好者亦备祭祀之需。凡人家不讲究祭祀，纵然兴旺，亦不久长。至要至要。”[1]

既然祭祀在曾国藩的眼中如此重要,那么墓址的选择也需要同等的重视。我们已从星冈的语录中看到，他表明自己不信堪舆之学，曾国藩也不信，并且叫弟弟们不要信。然而，他的书信表明他非常关心祖先的墓址是否合适。在其祖母去世和下葬时，他写信给祖父，因为得到葬礼圆满完成的好消息而表示祝贺，但又大胆地询问墓址是否选得恰当，是否有建牌坊、树铭碑的余地，以及墓地是否太靠近河边。他建议迁坟，不是为了获得财富、名声与好运，而是为了防蚁、防潮、防危险，并有一条宽敞的通道。[2] 于是他赞同这样的理论：祖坟墓址的好坏会影响家族的命运，不过他声称做这些事绝不是因为贪财。

不过，还有比堪舆更高的法则，因为堪舆只是有关土地的科学。曾家人心中铭记着天道，促使他们孝顺父母与祖父母的心愿。当曾国藩得知祖父反对将祖母之坟迁到更好的地方时，他叫弟弟们不要再费心去找好墓址，以免惹恼祖父，令其疾病加重，否则就是大逆天道，因而不论新的墓址风水多么好，都不会带来好运。[3] 就这件事而言，服从天道是一个明智的决定，因为他在 7 月份写道：“祖母大人葬后，家中诸事顺遂，祖父之病已好，予之癣疾亦愈，且骤升至二品，则风水之好可知，万万不可改葬。若再改葬，则谓

[1]　《家训》（给儿子们的信）。1860 年夏历闰三月初四的信。

[2]　《家书》，1847 年 3 月 3 日。

[3]　《家书》，1847 年 3 月 28 日。

之不祥，且大不孝矣。”[1] 然而从这个墓址滋生的好运还未完结。1849 年他记载了家族中新添 3 子，他自己升入了内阁，曾国荃通过了考试，这一切都促使他相信只要墓址选得好就会带来幸福，虽然他总体而言并不相信堪舆学。

许多年后，当他的弟弟在三河战役中阵亡时，他在信中以罗姓人家选了好墓址得到好运为例，急切地要求选择一个好墓址。[2] 同样，在其叔父喜得孙儿时，他在给叔父的信中说：“今叔父得抱长孙，我祖父母必含笑于地下，此实一门之庆。而叔父近年于吉公祠造屋办祭极勤极敬，今年又新造两头横屋，刚值落成之际，得此大喜，又足见我元吉太高祖庇佑后嗣，呼吸可通，洋洋如在也。”[3] 于是曾国藩完全接受了中国人的观念：要选择合适的墓址，要小心维护祠堂，还要按时祭祀先人。

在 1844 年和 1845 年，他家里病倒了几口人。于是曾国藩写信给弟弟们，要求他们修缮祖坟，因为一系列的疾病有可能是因为对祖坟照顾不周造成的。同时他警告弟弟们不要动土，以免惊扰先人的魂灵。[4] 从 1851 年起，一系列好事和坏事总是交替落在这家人头上，直到 1858 年末，这种运势的起伏以在三河发生的悲剧达到高潮，曾国藩及其弟弟们认为有必要为父母迁坟，曾家才会有更多的好运。[5] 我们可以收集到很多证据，表明曾国藩遵循中国人对祖先力量的古老信仰，认为先人的墓葬务必要选对，但上面那些节录将会表明，这些行动即便对曾国藩这么一个以谨慎的态度看待中国人生活中的迷信活动的人，也会大大影响到他的行为。活着的人不为已故的人提供祭祀，是不可以的。

曾国藩还有其他类型的迷信，不过在理论上而言，他对这些迷信是持怀疑态度的。在 1838 年，他在一条名叫樊城河的小河上旅行，突然一阵风暴使他身处险境。他在危急中许愿，请求观音菩萨救助。直到 1851 年，他对那天的可怕景象仍记忆犹新，他写信告诉家人，叫他们从此不要再走樊城河，

---

[1] 《家书》，1847 年 7 月 29 日。

[2] 《家书》，1859 年 3 月 17 日。

[3] 《家书》，1856 年 1 月 8 日。

[4] 《家书》，1845 年 12 月 18 日。

[5] 《家书》，1858 年夏历十二月十六日，以及 1859 年夏历一月初一日。

还要告诫子孙远离那条河水。[1] 在书信中他也表示相信显露天意的预兆与神迹。早在 1864 年，他就谈到金陵城上空极黑的灰状云雾，认为这可能是上天要让太平运动灭亡的征兆。[2]1858 年，他掌管了浙江和其他地区的军事作战，一道上谕委任其弟为浙江的地方官员，他写信回家说，他们已故的父亲去南岳进香时，曾经得到一句预言："二珠在手，辉耀杭州。"父亲曾告诉曾国藩，他将有两个儿子在浙江做官。他们此去将要完成半个世纪前就有预兆的事情。[3]

另有一次，曾国藩在悼念阵亡于三河的弟弟时写道："今年四月，刘昌储在我家请乩。乩初到，即判曰，'赋得偃武修文，得闲字（字谜败字）。'余方讶败字不知何指，乩判曰，'为九江言之也，不可喜也。'余又讶九江初克，气机正盛，不知何所为而云。然乩又判曰，'为天下，即为曾宅言之。'由今观之，三河之挫，六弟之变，正与'不可喜也'四字相应，岂非数皆前定耶？然祸福由天主之，善恶由人主之。由天主者，无可如何，只得听之；由人主者，尽得一分算一分，撑得一日算一日。"

读者应该已经看到，除了家族祭祀以及偶尔向本地的神灵祈祷以外，曾国藩对于有组织的宗教并无兴趣。他与基督教的接触，是通过质疑太平天国的教义，后来则是因为代表官方处理因教案导致破坏而产生的诉求。有一段有关其宗教哲学的文章 [4] 值得一读，其中谈到了他对佛教与基督教的态度。他认为，天主教信仰起初只是帮助人们致富与赢利的工具。如今大多数外国僧侣都很穷。虽然他们声称教会富有，但不会给予他们财富，但他们的话是不可信的。秦汉以来，周公与孔子式微，而佛教有了进步。虽然佛教信仰起源于印度，但现代印度主要信奉伊斯兰教。天主教信仰起源于西土，但现代西方国家建立了另一种宗教即新教，与天主教信仰强烈对立。因此我们看到虚伪的教义时衰时盛，但周公与孔子的教义永不改变，指引中国人建立政府，

---

[1] 《家书》，1851 年 8 月 4 日。（根据岳麓书社《曾国藩全集》，此信写于 8 月 10 日，即七月初八。——译注）

[2] 《家书》，1864 年 1 月 9 日。

[3] 但他的弟弟们当时并没有去那里。

[4] 川崎三郎：《东方的伟人》，第 126 页。

规范中国人的习俗，令其礼仪与教育享有盛名。尽管有人千方百计要让中国人抛弃这些教义，但那些办法毫不可信。

曾国藩在这里说出了他忠诚拥护的明确信仰，毫不含糊地把自己定位在孔子及其思想先驱们的这一边。这种信仰附带着对于普通人相信鬼神所持的不可知论的态度，只有对于家庭及已故先人的信仰除外。但是，对于上天及其意旨，他却没有采取不可知论。何况我们时常发现，他对某些最流行的神灵也未显露出不可知论的态度，例如他曾向慈悲女神许愿。他并非看不到一个事实：有许多神秘的事件是他的哲学无法穷究根源的，除非承认天意在主宰人的命运。因此，他在记载一个从各方面看来都应该长寿幸福的熟人早逝的事件时，指出生死难测，而好人未得好报是无法解释的事情。[1] 当其弟围攻安庆以及后来围攻金陵时，曾国藩告诫他要克制焦躁的情绪，告诉他谋事在人而成事在天。他写道：[2]

> 以余阅历多年，见事之成功与否，人之得名与否，盖有命焉，不尽关人事也。

在另一封信中，他详细叙述了同样的想法：

> 凡办大事，以识为主，以才为辅；凡成大事，人谋居半，天意居半。往年攻安庆时，余告弟不必代天作主张。墙濠之坚，军心之固，严断接济，痛剿援贼，此可以人谋主张者也。克城之迟速，杀贼之多寡，我军士卒之病否，良将之有无损折，或添他军来助围师，或减围师分援他处，或功隳于垂成，或无心而奏捷，此皆由天意主张者也。
>
> 譬之场屋考试，文有理法才气，诗不错平仄抬头，此人谋主张者也。主司之取舍，科名之迟早，此天意主张者也。若恐天意难凭，

[1] 《家书》，1851 年夏历九月初五。

[2] 《家书》，1861 年 2 月 10 日。

而必广许神愿，行贿请枪；若恐人谋未臧，而更多方设法，或作板绫衣以抄夹带，或蒸高丽参以磨墨。合是皆无识者之所为。弟现急求克城，颇有代天主张之意。若令丁道在营铸炮，则尤近于无识矣。愿弟常存畏天之念，而慎静以缓图之，则善耳。[1]

尽管曾国藩不相信普通百姓的一般宗教习俗，但他作为一名官员，在困难时刻被迫要参加由习惯规定的祭祀活动。所以，当1867年5月和6月发生干旱时，他几次前往水神庙求雨，并在去另一座神庙求雨时将圣水洒在地上。第二天大雨倾盆，曾国藩捐给庙宇4000两银子以示感恩。[2] 第二年4月，又必须以相同的方式祈祷停雨。[3] 我们无法肯定凡此种种未见记载的祭祀活动在多大程度上仅仅是为了顺应流行的信仰，但可以获得一种印象，即曾国藩对自己怀疑民间信条的看法经常有所动摇，而宁愿在流行信仰可能有真实成分的时候，去顺应这种习俗。不过，他显然总是反对遵循外国的信仰。

曾国藩与他同时代的同胞们共有一种典型的迷信，即相信“八字”会深刻影响个人的命运。这8个字分别代表一个人出生的年、月、日、时。一般认为，个人的天性取决于不同元素[4] 在八字中所占的比率。事关婚嫁的时候，必须咨询熟悉这种学问的先生，以确定这门亲事中新郎与新娘的八字在气质与性格上是相合还是相悖。曾国藩通常会嘲笑这种学问，但是在1871年的几封书信中，在谈及长子的一个儿子出生时，他写道：“纪泽生一子，小大平安，深以为慰。纪泽今年三十三岁，正在望子极其殷之际，如愿得之，满门欣喜。唯八字于五行缺水、缺火，不知易于养成否。”[5] 他的怀疑得到了证实，在同一年的9月份，这个孩子得病早夭，曾国藩写道：“此儿初生时，

[1] 《家书》，1863年9月3日。“天”字用在此处，其意思为某个具体的神，而不是盲目非特指的事物。耶稣会会员愿意用它来意指上帝，表明他们认为这个词暗示了个性与智慧。

[2] 《年谱》：卷十一，第18页下栏。

[3] 《年谱》：卷十一，第22页下栏。

[4] 五行为火、水、木、金、土，它们分别用于许多用来标识时间的意符中。

[5] 《家书》，1871年3月15日。

余观八字于五行中缺水缺火，与甲一儿之缺水缺木者相同，即已虑其难于长成，不料其如是之速。纪泽夫妇年逾三十，难免忧伤。然此等全凭天事，非人力所能主持，只得安命静听。”[1]

在西方人看来，中国官员生活中最大的弱点就是充斥着腐败，处处“勒索”，靠庇护与贿赂升官。有趣的是，曾国藩完全置身于其外，他是少数完全靠劳绩上升的官员之一。他苦口婆心地劝诫几位弟弟和其他家庭成员，不要打算靠与他的关系来获取个人利益。他同样竭力使自己不要依靠别人的庇荫。他不轻易接受好处，也不愿逢迎要人，他甚至小心地避免让人们对自己怀有感激之情，也不鼓励他们求助于自己。这种恩惠一旦接受，就会成为钓饵，引诱人来求助。如果他升了官，他身上就背上了重担，即便对受过的恩惠给予 10 倍的回报，也卸不下这个负担。[2]

此外，他背离了将官位作为聚敛私财的普遍做法。他在 1849 年写道：“予自三十岁以来，即以做官发财为可耻，以官囊积金遗子孙为可羞可恨，故私心立誓，总不靠做官发财以遗后人。”[3] 几年后，他得到了一个官位，可以通过大家认可的腐败手段获得大把的银子，而其弟曾国潢向他要 200 两银子，他写信规劝道：“余往年在京曾寄银回家，每年或百金或二百金不等。一以奉堂上之甘旨，一以济族戚之穷乏。自行军以来，仅甲寅冬寄百五十金。今年三月，澄弟在省城李家兑用二百金，此际实不能再寄。盖凡带勇之人，皆不免稍肥私橐。余不能禁人之不苟取，但求我身不苟取。以此风示僚属，即以此仰答圣主。”[4] 他对此非常认真，将之囊括于做人的 8 条基本原则：“居官以不要钱为本。”[5] 这不是空洞的陈词滥调。曾国藩在国内以财政事务上格外清廉而著称，他还谨慎地避免家人接受小恩小惠。有一次，其二子从长沙前往父亲在安庆的衙门（1863 年），曾国藩写信警告他不要打总司令的旗号，不要烦累沿途的官员，否则他们会被迫花费时间与金钱来招待他。曾

[1] 《家书》，1871 年 9 月 10 日。
[2] 《家书》，1847 年 8 月 7 日。
[3] 《家书》，1849 年 4 月 13 日。
[4] 《家书》，1856 年 12 月 26 日。
[5] 《家书》，1861 年 4 月 4 日（应为 4 月 3 日，即二月二十四日。——译注）。

曾国藩书法

国藩不愿因家人在非公事旅行时受到款待而欠别人一份情，也不容许家人利用自己的高位去捞好处。[1]

这种独立而诚实的品质，以另一种方式表现于他的家书和给其他官员的书信中。在一个讲话委婉的国度里，曾国藩的书信往往直言不讳，只是措辞总是比较谨慎。他在奏疏与写给京城高官的信中，也许遣词更为优雅，但很少使用"虚笔"。例如，朝廷就使用外国军人一事征求他与李鸿章、左宗棠的意见时，3 人的奏复形成鲜明的对照。他的两位同事给人的印象是尽可能不要过于得罪双方，曾国藩则坦陈自己的看法。[2] 他非常蔑视许多官员虚报胜仗、隐瞒败绩的陋习，例如王鑫与左宗棠于 1854 年向北京虚报胜仗的行为。[3]

曾国藩做人的理想遵循四书五经的标准。他叫弟弟和子侄们遵行孝悌仁义的德行。在人格的发展中又追求勤、俭、刚（意志坚定）、明、忠、恕（己

[1]　《家训》，1863 年 9 月 24 日。
[2]　见上面第十二章的奏疏。
[3]　《家书》，1854 年 5 月 16 日。

所不欲，勿施于人）、谦、浑八德。[1] 他在动身前往天津处理教案的前夕写给儿子们的永别训诫中，讲解了 4 条主要的追求：

慎独则心安。

主敬则身强。

求仁则人悦。

习劳则神钦。[2]

曾国藩坚信书本具有巨大的价值，总是耐心地劝诫他的弟弟们要刻苦学习，而他自己的人生正是以此为特征。即便是在艰苦的战场，或在文官事务繁杂的岗位上，他很少有一天不读经典著作、历史或诗歌，不抽暇写作散文或其他文章。他坚持写日记，可惜的是，对于我们的研究最有价值的一些记载，在九江城下随着文件一起丢失了。他力图让后辈们养成同样的勤劳习惯，把学习摆在居家必做的第一位，经常要求他们写文章，留心为他们挑选合适的教师，并时时勉励他们。如果他们做得好，他会给予夸奖，否则便加以斥责，并指出有些人的子弟条件不如他们优越，却能发奋向上，以此令他们感到羞愧。

在 1843 年年初的一封信中，他谈到了进步所必不可少的 3 个条件：有志、有识、有恒。“有志则断不甘为下流；有识则知学问无尽，不敢以一得自足，如河伯之观海，如井蛙之窥天，皆无识者也；有恒则断无不成之事。此三者缺一不可。”

有关他所做的功课，我们可以找到一些记载。在 1844 年的后 4 个月，他仔细阅读并批注了《王荆公文集》百卷，《归震川文集》40 卷，《诗经大全》

---

[1] 《家训》1866 年 4 月 28 日。他在一首诗中说“恕”是最好的东西（《家书》夏历五月初五）。

[2] 《家训》，1870 年 7 月 6 日（应为 7 月 2 日，即六月初四日。此处内容可见于该信后附刻的日课四条，小标题为“同治十年金陵节署中日记”，可见是于此信写成的下一年所撰。——译注）。

20卷，《后汉书》百卷。[1]在他开始军事生涯以后那些忙碌的岁月里，他无法完成如此繁重的功课，但他规定自己每天都要定量学习，为了自己不受诱惑放弃学习，他制定了具体的学习计划。他在一封家书中把学习比作烹调，炖肉时如果用持续不断的大火，就很容易炖好，但若所用的火忽大忽小，有时熄灭，肉就永远炖不好。[2]在另一封书信中他告诉我们，哲学家朱熹[3]将为学比作炖肉。“先须用猛火煮，然后用漫火温。予生平工夫全未用猛火煮过，虽略有见识，乃是从悟境得来。偶用功，亦不过优游玩索已耳。如未沸之汤，遽用漫火温之，将愈煮愈不熟矣。”[4]

一个人无论在哪里，都是学习的好环境。问题不在于地方，而在于内心的目标。你是否真有学习的迫切愿望？其弟曾国潢想当教师，以便获得学习的时间与动机，曾国藩在写给他的信中说：“且苟能发奋自立，则家塾可读书，即旷野之地、热闹之场亦可读书，负薪牧豕，皆可读书；苟不能发奋自立，则家塾不宜读书，即清净之乡、神仙之境皆不能读书。何必择地？何必择时？但自问立志之真不真耳！”[5]

在他去世前不久，他给后人写下了4条指导原则，因为他希望曾氏家族的新一代人应该自力更生，发奋学习。“一曰看生书宜求速，不多阅则太陋；一曰温旧书宜求熟，不背诵则易忘；一曰习字宜有恒，不善写则如身之无衣，山之无木；一曰作文宜苦思，不善作则如人之哑不能言，马之跛不能行。”[6]

曾国藩的身体从来就不健壮，他曾对弟弟们说，他们都从母亲那里继承了虚弱的体质。他不得不非常关注自己的健康。他在北京度过的那些岁月里从未十分健康过，1842年他咨询过的人当中有个人告诉他，要治好他的病，静养比药物更重要。[7]看过许多大夫之后，他于1857年左右彻底放弃了他们

[1]　《家书》，1844年12月30日。

[2]　《家书》，1856年12月2日及12月26日。

[3]　宋朝的哲学家与儒家经典的正统注释者。

[4]　《家书》，1842年12月21日。

[5]　《家书》，1842年夏历十月二十六日。

[6]　《家书》，1871年12月5日。

[7]　《家书》，1842年夏历九月十八日。

的治疗，因为其中大多数人都无本领，给他的是七分伤害，三分好处。[1] 他在 32 岁时戒了烟，弟弟们在到了差不多的年龄时也戒烟。但他并不认为有必要戒掉适量地饮酒。[2] 他认为早起十分重要，不仅是为了提升事业，也是为了健康。[3]

在曾国藩有关养生方法的讨论中，写于 1866 年 7 月 16 日的一封信中的内容也许是最全面的原则：

> 余老境日逼，勉强支持一年半载，实不能久当大任矣。因思吾兄弟体气皆不甚健，后辈子侄尤多虚弱，宜于平日讲求养生之法，不可于临时乱投药剂。
>
> 养生之法约有五事：一曰眠食有恒，二曰惩忿，三曰节欲，四曰每夜临睡洗脚，五曰每日两饭后各行三千步。惩忿，即余匾中所谓养生以少恼怒为本也。眠食有恒及洗脚二事，星冈公行之四十年，余亦学行七年矣。饭后三千步今日试行，自矢永不间断。

他从现代的观点出发，强调阳光与新鲜空气的价值。“若湿气太重，人或受之则易伤脾。凡屋高而天井小者，风难入，日亦难入，必须设法祛散湿气，乃不生病。”[4]

在同一封信中，他针对儿子们的学习给他们教授了他制定的 6 条养生之道，以使他们不会由于健康状况不佳而失败：第一，饭后走千步；第二，睡前泡脚；[5] 第三，避免生气；第四，定时静养；第五，定期练习射箭（他认为这是锻炼肌肉的最佳办法）；第六，黎明时食用简单的早餐，只吃一碗米饭，不要菜。

在他生命的最后两年里，他的眼疾复发了。在天津教案发生时，他的一

---

[1] 《家训》，1860 年夏历十一月初四。

[2] 《家书》，1852 年 2 月 28 日。

[3] 《家书》，1860 年 4 月 24 日。

[4] 《家书》，1860 年 2 月 29 日。

[5] 即保证血液的自由循环。

著名画家黄天虎所作《曾府三杰图》。从左至右：曾国荃、曾国藩、曾纪泽

只眼睛已经失去作用，阵发的晕眩也时时困扰着他。他在去世前的几天里发作了一次严重的眩晕，令他的朋友们大为警惕。当时他坐在轿子里，被人抬着去河边会见一位客人，他突然晕倒了。这种病状使他更加热心地保留身上残留的力量，并强调他的后人应该学会养生之道，锻炼他们的体魄。

中国人对痛苦的耐受力在太平天国运动中充分地体现出来，这使我们回想起他们保留了中世纪的精神框架。战场上的现代护理发端于克里米亚战争和美国的南北战争，其操作已经考虑到了人类的痛苦，但是太平天国的战争对交战双方都是残酷的。曾国藩对于将俘虏的太平军斩首没有任何良心的不安。1861 年，他的两个弟弟考虑到人命损耗太大，写信给长兄诉说他们的看法。曾国藩在回信中向他们保证：造反者杀得越多越好，因为这样才能将毒素排除；天父与天兄的宗教应该与天燕与天豫之官一起捣毁。[1]“虽使周

[1]　《家书》，1861 年 7 月 19 日。

曾纪泽。中国清末著名外交家，字劼刚，曾国藩之子

孔生今，断无不力谋诛灭之理。既谋诛灭，断无以多杀为悔之理。”在攻占安庆时，湘军屠杀了两万名太平军。[1]有记载的证据表明，在金陵周边的作战中，在三河口血战之后，湘军杀掉了同样人数的太平军。在攻入金陵城之后，湘军把城门关闭，在街巷里追杀太平军，屠杀了将近 10 万人。[2]这件事发生之后不久，鲍超将军在抚州冷血地处决了 4 万人。[3]这些屠杀似乎都未曾令当时的人们感到困扰。在苏州将投降的八王斩首也未令人感到不妥，虽然

[1] 《大事记》：卷二，第 6 页下栏

[2] 《大事记》：卷三，第 10 页下栏。

[3] 《大事记》：卷三，第 14 页上栏。

这件事激怒了戈登，致使他打算射杀李鸿章。但如上所见，曾国藩的评价不只是容许而已。“阅本日文件，见李少荃杀苏州降王八人一信稿一片稿，殊为眼明手辣。”[1]我们已在看到，这种对痛苦的麻木不仁，这种对屠杀的认可，可见于我们摘录出来的记载中（还有许多记载可以列举），但我相信，这并非由于曾国藩格外残忍。将其视为与异端审判中的西班牙人、与圣巴托罗缪日的法国人、与塞伦烧死女巫对等的事物，或许更为恰当。这些造反派比敌人更加可恶，他们不仅反叛朝廷，还亵渎古代的神圣经典，玷污父辈们的正统信仰；他们超出了人类的界限，他们是大清帝国必须铲除的毒瘤。

有关曾国藩在对外关系方面的态度，我们在前面的章节多次述及。他在北京做官的岁月里，跟外国人没有任何接触，也不了解外国人，但他觉得如果能把外国人拒之于国门之外，对国家便是一桩好事。[2]1849 年，当清廷需要考虑是否让外国人进入广州城的问题时，曾国藩在家书中写道：“英夷在广东，今年复请入城。徐总督办理有方，外夷折服，竟不入城。从此永无夷祸，圣心嘉悦之至。”[3]在他开始领兵打仗之后，我们已经知道他对大炮是多么热心，意识到没有大炮将一事无成。我们注意到，后来他又感到了需要汽船和汽艇来扩大他的作战，当容闳建议在上海开设铁厂时，他表示欢迎，并给予热情的支持。他对来复枪的使用起初反对，后来才勉强同意，他对于将外国军队用于防御以外目的的态度，我们都已知晓。但我们也知道，他的想法在逐渐进化，使他在去世时想照外国的模式重建中国，成为中国最有远见、最大胆的政治家之一。

在行使对外政策方面，他早年对西方人的敌意随着事情不可避免的逻辑发展而改变了。他对西方人的力量与执着有所了解。1862 年在给李鸿章的一封复信中，他就外交策略写道：“夷务本难措置，然根本不外孔子忠、信、笃、敬四字。[4]笃者，厚也。敬者，慎也。信，只不说假话耳，然却极难，

---

[1]　《日记类钞》：卷二，第 38 页。

[2]　《家书》各处。

[3]　《家书》：1849 年 5 月 8 日。

[4]　在此处译为“原则”的那个字，其字面意义为“字”。

吾辈当从此一字下手。今日说定之话，明日勿因小利害而变。”[1]不久之后，他在另一书信中就同一看法稍稍展开议论，涉及使用外国军队的问题：

与洋人交际，其要有四语：曰言忠信，曰行笃敬，曰会防不会剿，曰先疏后亲。忠者，无欺诈之心；信者，无欺诈之言；笃者，质厚；敬者，谦谨。此二语者，无论彼之或顺或逆，我当常常守此而勿失。

由于他已在别处讨论过第三语，他在此不再重复，接着讨论第四语：

先疏后亲一语，则务求我之兵力足以自立，先独剿一二处，果其严肃奋勇，不为洋人所笑，然后与洋人相亲，尚不为晚。本此数语以行，目下虽若龃龉不合，久之必可相合相安。[2]

显然曾国藩不愿将外国人当作劣等人对待。相反，从其与之交往的过程可以看出，由于中外两个人种之间存在差异，从长远来看，唯有儒家的仁恕之道，才能维护二者友好的关系。他反对通过欺诈来寻求眼前的利益，因为这种短视策略的自然结果是最终破坏中国的大业。

对于打开国门任由外国商人开发的问题，他是绝对不赞同的。如果建立铁厂与兵工厂一样，他意识到外国的援助是必需的，但他不愿让外国人参与进来，夺走中国工人的职位，或拿走中国商人的利润。在建立一支商船队的时候，他要求首先让中国人担任低级职务，直到他们可以管理商船时，便接管所有的职位。他不大喜欢那些开始在全国泛滥的新生事物，宁愿继续采用良好的老办法，让所有的职业与产品一仍其旧。他针对外贸写道（但我无法确定这是写于其早年还是晚年）：一般而言，西洋人在过去几百年来彼此之间一直弱肉强食。他们争斗的办法就是夺取别国商人的所得，此后该国就能

[1] 《书札》：卷十八，第 17 页。

[2] 《书札》：卷十八，第 29 页下栏、第 30 页上栏。

达到它的目的。他们来到中国到处建厂，交易各种商品，其动机就是想实现他们心怀的鬼胎，损害我国百姓的生计。自从开战以来，中国人民遭受极度的痛苦，犹如水深火热。洋人在三五个口岸开通了一般贸易和长江贸易，他们的生意日益兴旺，而我们的下层百姓却身处困境，无处获得补偿，如同倒悬。如果现在答应洋人卖盐的要求，就会削减有照商人的生计。如果同意他们建设仓房，那么货栈与收货店铺的生计就会衰减。如果允许汽艇行驶在小河上，就会吞食大小船只水手与桨手的生计。如果批准他们架设电报、修筑铁路，就会抢走车夫、旅店和搬运夫的饭碗。对于他们寻求的凡此种种，我们应该抱定一个念头，就是使用外国的工具来挖煤，以保住中国长久的利益。[1]

这段话清楚地告诉我们，不论他能召集什么样的力量，他都会抵制后来的妥协，即将中国的主要资源交给外国人控制，或者用大部分财政收入担保来支付借款利息。

曾国藩作为一名行政官员，一名军队的指挥员，不论他取得了什么成就，他总是觉得自己灵魂的归宿应该是在祖国的文学与哲学之中。他的书信呈现出一种风格的魅力，使之成为文章的典范，这里的译文未能充分反映原作的风格。他还是一位功力不俗的散文家，他还编辑了中国 18 位大诗人的作品选集。有人将他誉为清代首屈一指的大作家和大学者，尽管这种评价未能得到一致的赞同。

[1] 川崎三郎：《东方的伟人》，第 124 页。

第十七章

结语

在 19 世纪中叶，太平天国运动吸引了全世界的眼球。这场运动几乎摧毁了中国的中部各省。如此巨大的一场运动，竟然起源于从一个人脑子里冒出来的想法，此人坐在金陵的宫殿里，表现出能力不足，明显地处于东王和他自己那些无能亲属们的操控之中，简直令人不可思议。综合考虑了所有的因素，研究了手头上所有的资料，我认为这场运动真正的发起人是朱九涛，清政府一方的资料声称他是洪秀全与冯云山的老师，他在运动的早期被人们称为天德王，一开始就被拥戴为恢复明朝的皇帝。最近出版的《太平天国野史》也说冯云山与洪秀全追随过这位朱九涛，并声称在他死后洪秀全才继任这场运动的领袖。[1] 我认为，到太平军从永安突围、天德王被清军俘获为止，朱九涛尚未去世。他化名洪大全，他亲口承认这是一个假姓名。他的口供跟计划完全一致，完全揭示了这次起义的有效动机，使我很难怀疑他与冯云山以洪秀全所谓的上帝启示为基础同心协力组织和计划了这次革命，只是由于他的被捕以及不久之后冯云山的去世，使这场运动为狂热分子所掌控，而那些人在统治方面的无能，以及对其狂热宗教观点的强调，最终导致了运动的失败。于是，原本是一场国民性的运动，成了一场宗派运动，与社会的中坚分子格格不入，促使他们去支持大清王朝，而不愿加入太平天国分裂者这样怪异的集团。这也解释了三合会为什么会背离太平天国运动，他们起初支持

[1] 《太平天国野史》：卷十二，第 13 页。

太平军，但在太平军从广西的群山间突围而出一路杀向金陵的时刻，他们撤出了这场运动。这种阵线的变化，只能用我们在这里提出的推理才能解释。

西方国家受到了吸引，他们听说一个基督教国家建立起来了，太平军接受了跨海而来的教义，甚至接受了传教士们的指导，并邀请他们前往金陵。在太平军攻占金陵不久，3 个强国的代表从上海前去研究他们的政策和宗教观念。他们发现，太平天国人士在政治上无能，得知他们的宗教表面上以《圣经》为基础，实际上是用儒学和佛教的观念来阐释基督教的经文。何况他们用一种几乎是反叛性的人神同形同性论，称洪秀全为神，说他是上帝的次子，而东王杨秀清则自称为圣灵与赎病主。他们具有破除偶像的强烈精神，非常重视十诫的教义与信仰的外形，却不限制抢掠的机会，以保持军队的充实。然而，领导层不断衰败，内部的争吵使他们最优秀的首领们离开了太平天国事业。1858 年涌现出一些具有真才实学的新将领，其中忠王与英王最为著名，太平天国运动在他们领导下获得了新生。

如果清政府强大而统一，太平军一方在政治、宗教与智力方面的欠缺早就将他们引向了穷途末路。然而清朝的早期统治者们将民政与军事权力分割为若干板块，以阻挠康熙竭力镇压的著名的吴三桂那种反对朝廷的武装叛乱，这样就使清政府不可能形成统一的指挥权。地方自治得到了促进，行政体制大大扩大了地方主义，使政府无法动员大批的军队。此外，中央政府除各省的进贡以外并无稳定的财政收入，而各省也未提供足够的军饷来支撑国军。所以，巡抚们不愿为朝廷提供装备与维持强大军队所需的开支。这些障碍差一点使曾国藩根本就无法组建军队，因为他除了高调的官衔以外一无所有，而他的官衔无法调动所需的资金。湖南巡抚，以及稍后的湖北巡抚与总督，给了他一定程度的支持，但是直到太平天国运动的晚期，他当上了两江总督以后，有李鸿章与左宗棠两个门生作为他手下的巡抚，他才有了所需的银子去增招足以将太平军消灭的兵员。当曾国荃推进到金陵开始围攻该城时，他只有两万兵力，但是到了 1864 年中期，当湘军攻占了金陵时，他的旗下已经有了 5 万人。他从各省得到的协饷，以及他从总督辖地所得的财政收入，当然还有出售荣衔与官衔所得的银子，他在直到攻占金陵为止的 11 年里所用的全部开销，只有将近 2130 万两银子！从这里我们可以看出，为什么彻底镇压这场运动，需要花费如此长的时间！

如果我们认为曾国藩的工作太拖拉，例如他在需要冲撞与活力的时候表现得十分谨慎小心，那么我们不应该忽略上述的窘迫。我们也不能无视一个明显的事实：正规军在这次战争中表现出完全的无能，如果没有民兵，清廷根本无法将太平军镇压下去。如果曾国藩只能率领每股几千人的民兵投入战斗，那是因为他没有资金去招收几万人。此外，我们不会忘记，太平军轻易就能招收几十万热衷于抢掠的乌合之众，所以我们无权将清军的缺陷算在曾国藩头上。这是清政府的缺陷，是陷入这种体制中的任何人都无法弥补的。曾国藩担负着费力不讨好的任务，既要为军队寻找资金，又要赢取胜利，而这些资金的获得，往往违背了官员们的意志，他们认为同一笔资金有更好的用处。他要对付的困难，除了嫉妒他的同僚，还有官场习气和官僚阶层的既得利益，直到他最终达到目的。

曾国藩必须面对、克服的其他困难还有：第一，他自己缺乏军事训练。他是一名文官，一位有成就的学者，从未当过军队首领。第二，缺乏鼓励，更有甚者，有时候实际上是遭到各省官绅们的反对，因为他的大部分生涯都越过了正统行政的界线。第三，摩擦，有时发生在他与正规军官兵之间，他们天生妒忌这支非正规的武装。第四，他如果不向官员们乞讨，就无法获得资金，直到他出任总督为止。第五，必须忍受清政府由于太平军的胜利或清军的失败而发生的恐慌，这种恐慌会促使朝廷命令他放弃战略要点，去追逐某个神出鬼没的太平天国王爷。第六，太平军指挥员胜他一筹的谋略，目的在于将他和他的部队调离合适的目标。第七，他有时遇到大险，有时“丢脸”（这几乎跟遇险一样重要）。他在面对所有这些困难时表现得耐心、坚忍而勇敢。

我们必须注意，不要对他要求太高。他坚定不移执行的计划，有时候是起源于别人，特别是天才的江忠源和无能的赛尚阿，前者坚决主张建立水师，后者提出了“新式”军队的观念。但是，他在自己身边团结了一大批忠诚而能干的官员，则要归功于他自己的本领。这些官员中有许多人在太平天国运动期间及以后升居高位，他们有胡林翼、鲍超、杨载福、彭玉麟、李鸿章、左宗棠、李瀚章，还有他的弟弟曾国荃，当然还有大批官阶较低的人，以及几个若非葬身于这场战争也会同样出名的人物。在这些可靠人物的支持下，曾国藩不仅彻底镇压了太平天国运动（即便没有外国的援助肯定也能办到），还给中国提供了一批更高级的新型政府官员，如果没有他的努力，清政府就无法得到这些人才。

战争结束时，他成了中国最有势力的官员。他开创了一个先例，在他手下服务的若干人升到了省级最高官位而未曾实任低级的官职。这大大地脱出了常轨，这导致李翁兵在其史书中大发感慨。曾国藩本人在镇压捻军时一度大权在握，不仅指挥汉人军队，还能指挥北方的满族人旗营。他把在先前那场战争中支持过他的同一批人召回身边，取得了镇压捻军的胜利，不过李鸿章收获了由曾国藩铺好道路的荣光。曾国藩直接的贡献，以及通过支持者们所取得的胜利，都足以驳斥莫尔斯[1]在谈到李鸿章与曾国藩时发出的嘲笑。他说："在这两人当中，曾国藩很少与外国人接触，如果他缺乏幽默感，他会为自己在没有外国人援助的情况下镇压了那场运动而感到自豪。"这也为我们评判罗伯特·哈特爵士的看法提供了依据，他针对曾国藩处理1870年的天津教案评论道："他总体上的无作为，他对人民的恐惧，以及他的优柔寡断，致使人们非常想不通他是如何赢得了从前的那些桂冠，认为对他的评价过高了，其实他才具平平（对此我完全赞同）。"[2]根据曾国藩在1853年至1864年那些可怕岁月中的作为来看，如果综合考虑所有的情况，这样一种评价是没有道理的。罗伯特·哈特爵士可能没有充分了解曾国藩必须克服的障碍，而在处理天津教案时产生的文献在我看来也没有支持他的非难。

至于对外关系，曾国藩确实与欧洲人接触不多。不过，他早年敌视欧洲人的态度随着时间流逝而有所改变。他反对在中国军队中使用洋人，并不是因为他排外，而是因为他不想让中国由于雇用洋人而陷入危险的困境。他有时的确反对外国贸易与交通手段的过分扩张，但他注重建造汽船，而在他的

[1] 莫尔斯：《中华帝国的国际关系》，第2卷，第207页。
[2] 1870年9月28日致E.B.德鲁的信，摘录于上书第2卷第208页。

晚年，他主张向海外派送留学生。他的一些书信与奏章表明他比绝大多数中国官员都更近地接触了外国的政治。

这里还要补充谈一下本书正文中没有讨论的问题。大清王朝是否值得拯救？在今天，曾国藩没有得到社会曾经给予他的关注。在长沙为他修建的富丽堂皇的祠堂，遭到了民国军队的破坏，他们从1911年起就占据了这座城市。不过，花园的一部分交给了曾氏家族开办一家高等女子学校，由曾国藩的重孙女担任校长。在有些人看来，他的名字和大清王朝联系在一起，而后者是遭到诅咒的。但是汉人爱国者的记忆和全世界同类人的记忆一样短视。他们忘记了一个令人不快却又无法否认的事实：只是在19世纪末，改革者与革命者的声音才在中国有了影响，而曾国藩及其湘军代表了国民奋起反抗太平军的真实愿望，后者摧毁了百姓生活中的许多社会习俗与道德习惯。

还要指出一个事实：如果太平天国运动成功了，也许中国就会分裂为两个国家，或者带来更多的战争，因为北方绝不会像南方一样集合在太平天国的旗帜之下。尽管1911年的革命胜利了，这个国家如今似乎还是毫无希望地四分五裂，主要是由地理的界线来划分。这种分裂是一个灾难，当时要守住一个亚洲帝国领土完整的想法甚至不被容许宣扬。曾国藩保卫了国家的完整，哪怕是在大清统治之下，曾国藩给了它苟延残喘的力量，直到帝国的建造者们失去了民心，甚至垮台。当一个较为幸福的中国意识到了这些因素，也许她会再次把荣誉给予军人曾国藩和政治家曾国藩，并承认他是忠诚于服务对象的仆人曾国藩，实践孔子理想的巨人曾国藩。

参考书目

在本书所考察的那个历史时期中，中国人针对太平天国运动及那场运动中的主要人物后来的生涯，产生了大量的文献。就曾国藩而言，我们不但持有其卷帙浩繁的选集，还有其日记的影印本。还有一套关于湘军的著作，全面地讲述了他们针对太平军与回民军的作战。

我们找到了两三部有关太平天国运动的中文历史著作，还找到一个日文本，另有一本优秀的日文本曾国藩传记，这些著作我已全部使用。另一方面，英文著作都不令人满意。有一些关于江苏作战的记述非常出色，一些外国志愿兵在华尔与戈登的指挥下参与了那里的战斗，还有根据洪秀全一位亲戚的口述记载下来的有关运动起始过程记述的译文也很不错。但是，所有的英语文献都未能充分介绍运动的中期，以及最终打垮太平军的军力是如何集结起来的，而李翁兵的著作几乎是唯一的尝试。有关现代中国的一般历史著作在讲述太平天国运动的起始及其直到 1853 年或 1854 年为止的发展过程时，显然都是依据由 W.H. 麦都思博士非常审慎的著作，他搜集了由太平天国出版发行的一些小册子，将之译为英文，在《京报》上发表论文，使他们能够讲述直到太平军在天津附近被击退为止的故事。从这时开始，直到 1858 年或 1860 年，他们讲述的故事中通常会出现一段空隙，而忠王的《自述》以及有关戈登与法国人战绩的详尽记载，使他们能将叙事的线头连接起来。

这些历史著作中很少使用中文资料，对于曾国藩的重要工作往往是一笔带过，不加任何评论。当我们意识到这一点时，不由得感到震惊。就连李翁兵也没有充分利用他能获得的中文资料，而他本来是应该做到的。

在下列参考书目中，我并不打算将中文著作尽数列出，而只列出那些有关曾国藩本人或综述太平天国运动的资料。对于那些非中文资料的文献，我开列得比较详细，以便囊括所有有助于了解那个时期或那次战争参与者的著作。不难发现，实际上书目中没有任何有关曾国藩的欧洲文本，有关左宗棠的也是凤毛麟角，也没有关于李鸿章的特别可靠的著作。

第一部分　参考书目

Cordier,H.*Bibliotheca Sinica*.2d ed.,4vols.Paris,1906—1907.

H. 科迪埃，《中国文库》：第 2 版，4 卷本，巴黎，1906—1907。

对于查找文献是不可缺少的。

第二部分　资料来源

一、有关曾国藩与太平天国运动的资料来源

1.《曾文正公文集》。156 部。有多种版本。我所持有的一套发行于 1876 年。我们的研究使用最多的部分是：

〔1〕《奏议》30 卷。

〔2〕《年谱》12 卷。

〔3〕《书札》（写给官员）33 卷。

〔4〕《日记类钞》2 卷。这是从日记全集中选编的一个小集子，按主题编排，主要由关于文学、哲学和管理的思想构成，多为沉思默想，而较少生平记载。

2.《曾文正公家书》。10 卷本。有多种版本，读者广泛。本书还包括两册附卷，题为《曾文正公家训》，2 卷本，其中的书信都是写给其子的，向其提供他有关各种事物的见解。对于那些希望了解由一位孔夫子的忠实信徒提出的中国式理想的人们来说，此书具有重要的意义。另一附卷收录了曾国藩去世后其家人收到的祭文、诗歌与对联。

3.《曾文正公生平大事记》，由王定安在李鸿章与曾国荃的赞助下编纂。也有许多版本。这是一份传略，收录了许多有趣的资料。

4.《曾国藩日记》。40卷本。非公开发行的手稿影印本。不幸的是有严重的缺失，因为曾国藩的文件于1855年年初在九江其旗舰被缴获时丢失了。

二、太平天国方面的资料来源

1.*The Visions of Hung-Siu-tshuen and Origin of the Kwang-si Rebellion*,by Rev.Theodore Hamberg.Hongkong,1854.

《洪秀全的异梦及广西造反的起源》(又译作《太平天国起义记》。——译注)，韩山文著，香港，1854。

本书是根据后来的干王洪仁达(应为洪仁玕。——译注)(洪金)提供的素材撰写的，这是我们了解这场运动中洪秀全事迹的主要资料来源。

2.*Books of the T' Hae-ping-wang Dynasty and Trip of the Herms to Nanking*, 以及 *Visit of Dr.Charles Taylor to Chin-kiang*.Shanghai,1853.

《太平王朝书籍与“汉密斯”号的南京之旅》，以及《查尔斯·泰勒博士的镇江之行》。上海，1853。

内容如下：

〔1〕天条书

〔2〕三字经

〔3〕幼学诗

〔4〕天命诏旨书

〔5〕天父下凡诏书

〔6〕太平天国诏书

〔7〕颁行诏书

〔8〕太平天国军目

〔9〕太平天国条规

〔10〕颁行历书

〔11〕太平天国礼制

〔12〕天理要论，第1章至第18章(只有注解，没有正文)，

该书有两个有价值的附录，还有对上述第6种文件的评论：

〔1〕《广西造反史》,《京报》文章的汇编。官方文告和其他政府文献。

〔2〕《外国传教士与广西造反之间的关系》。

以上书籍极具价值,使我们能够了解太平天国人士对其事业的解释。其中一些内容在《平定粤匪纪略》的附录中有所概述。有些内容在布莱恩、呤唎、卡勒里和伊万等人的著作中可以见到复制品。它们最先由《北华捷报》出版,经由 W.H. 麦都思博士翻译,他是“汉密斯”号访问金陵时的中文秘书。

3.*The Autobiography of the Chungwang*.Translation from the Chinese by Walter T.Lay.Shanghai,1865.

《忠王自述》,由沃尔特·T. 雷根据中文译出。上海,1865。

一个中文本以单卷本出版,题为《中国秘史》,显然是于 1904 年出版于日本。这位首领在金陵被处死前书写的原始供词长得多,但曾国藩对之进行了编辑。据说原文收藏在曾家。我们从中可以读到该运动后期的详尽记述,但其叙事跌宕无序,忽前忽后,有些混乱。S.W. 威廉斯在《中央王国》中叙述为安庆解围的一次作战,是使用这份材料的最佳范例。

4.《太平天国野史》,上海,1923。

这部由一位匿名者撰写的著作,蕴藏着关于太平天国运动的丰富信息。作者也许是金陵的一位秘书,能够接触到官方的记载、书籍和小册子。第 2 条中提到的许多书籍都可在此书中读到原文。此外,其中还有文武官员的名单,使我们对其政府有更好的了解。书中还有太平天国首脑们的传略。这是到目前为止可见的对于理解太平天国一方最有用的书籍。

5.*The Kan Wang's Sketch of the Rebellion,together with sundry other statements*.Translated from the Chinese by Walter T.Lay.Shanghai,1865(reprinted from *the North China Herald*,July 15–August 19,1865).

《干王自述》,附有其他各种陈述。由沃尔特·T. 雷根据中文译出。上海,1865(根据《北华捷报》1865 年 7 月 15 日至 8 月 19 日号重印)。

这份有关太平天国运动的概述,是由为韩山文提供该运动早期历史记述的同一个人撰写的,但他讲述的当然是后期的历史。这本小册子里包含的其他陈述由第二任天王洪福瑱与其他两名较小的人物撰写。其中有值得注意的证据，说明干王与忠王之间存在龃龉。

6、“*The Confession of Hung Ta-chuan*”,copied from *the China Mail by Brine in The Tae-ping Rebellion*,p.131.

《洪大全自述》，由布莱恩根据《中国邮报》复制到《太平天国运动》的第 131 页及以下。书中复制的是全文。尽管有些人不愿承认这份文件，但我倾向于接受其基本的真实性，尽管有一些明显的作假之处。它为我们了解该组织的起源提供了大量信息。

三、外国资料来源

之一：

1. 归档的 1851 年之后的《北华捷报》(*North China Herald*)。

有关太平天国的许多重要消息都会刊载在这份期刊上。其出版地点上海使它大大地胜过了在香港出版的对手《中国邮报》（*China Mail*）。它刊印了许多由《京报》（*Peking Gazettes*）记载的上谕的译文。科迪埃在其著作中开列了一份最重要文章的名单。

2. 归档的《中国邮报》（*China Mail*），香港，1851—1865。

3. 美国公使、传教士与领事们的《报告》（*Reports*）：

第 32 届国会第 2 次会议参院特别会议文件，第 22 页、第 64 页。(32d Congress,2d session,Senate Ex.Document,22,64)

第 33 届国会第 1 次会议众院特别会议文件，第 123 页。(33d Congress,1st session,House Ex.Document,123)

第 35 届国会第 2 次会议参院特别会议文件，第 22 页。(35d Congress,2d session,Senate Ex.Document,22)

第 36 届国会第 1 次会议参院特别会议文件，第 39 页。(36d Congress,1st session,Senate Ex.Document,39)

第 37 届国会第 3 次会议参院特别会议文件，第 34 页。(37d Congress,3d session,Senate Ex.Document,34)

4. 国会文件：

〔1〕有关中国内战的文件。1853年。（Papers respecting the Civil War in China 1853.）

〔2〕有关对上海外国殖民区攻击的通讯。1854年。（Correspondence respecting the Attack on Foreign Settlement at Shanghai,1854.）

〔3〕有关1842年、1856年在华鸦片贸易的文件。（Papers relating to the Opium Trade in China,1842,1856.）其中很少或完全没有涉及太平天国运动。

〔4〕有关1857年在华受侮事件的通讯。（Correspondence respection Insults in China,1857.）

〔5〕有关英国皇家海军在广州进程的报告。（Papers Relating to the Proceedings of Her Majesty’s Naval Forces at Canton.）有附录。1857年。主要是关于进入广州的问题。

〔6〕有关埃尔金爵士赴中国与日本的特殊使命的文件。（Papers respecting Lord Elgin’s Special Mission to China and Japan.）有地图。1859年。非常重要，因为埃尔金到了长江，进入了太平天国的心脏。

〔7〕1858—1860有关中国事件的通讯。5部分。1860年。（Correspondence,1858—1860,respecting Affairs in China.5 parts.1860.）

〔8〕关于长江通商与中国造反运动的文件。7部分。有地图。1861—1863。（Papers respecting the opening of the Yangtze-Kiang to Trade;and on the Rebellion in China.7 parts.Maps.1861—1863.）

〔9〕关于中国事务的文件。6部分。1864年。（Papers on Affairs of China.6 parts.1864.）英中舰队及撤销W.T.Lay在海关的职务，长江通商，条约权利，等等。

5.英国领事报告。1854年至1861年英国驻华领事们的《报告》(*Reports*)。8部分。1855—1863。1962—1885年的报告有62部分。

6.《英国与外国文件》（*British and Foreign State Papers*），第44卷，1853—1854。包括乔治·文咸爵士(Sir George Bonham)1853年乘坐英国军舰“汉密斯”号（Hermes）前往金陵的一份报告。

7.皇家亚洲学会北华分会《学报》（*Journal*）。每一期都包含一份《事件报道》（*Journal of Occurrences*），是有价值而又可靠的信息来源，特别是针对外国人感兴趣的事情而言。见 1858 年 6 月第 1 期第 353—368 页；1859 年 5 月第 2 期第 248—256 页；1859 年 12 月第 3 期第 353—368 页；1860 年第 1 期第 2 卷第 105—128 页；以及新序列 1864 年 12 月第一期第 109—132 页。

8.《中国文库》（*The Chinese Repository*）,20 卷，1832—1851。后两卷收有关于广西动乱的信息。其中有对中国军队的有价值的记述，我在第一章里大量引用了其中刊载于第 20 卷的材料。T.F. 威德的这篇文章是以中文资料为依据的。

之二：所有记述者当时都在中国，并与太平军有私人的接触。

1. 费希本（Fishbourne），舰长，“汉密斯”号（Hermes）上次访问南京时的指挥官。《中国印象与当前的革命：其进程与前景》（*Impressions of China,and the Present Revolution:Its Progress and its Prospects.*）。伦敦，1855。

2. 托马斯·泰勒·密迪乐(Meadows,Thomas Taylor)《中国人及其反叛》(*The Chinese and their Rebellion.*)，伦敦，1856。密迪乐先生是英国领事馆的一位工作人员，作为翻译陪同乔治·文咸爵士（Sir George Bonham）。由于有了这个身份，他看到了太平天国的一些情况，而该书的第 15 章至第 17 章都是有关这段战争时期的可靠资料来源。

3.R.P. 米歇尔 (Mercier,R.P.),《卡西尼号在中国海上的作战》，1851—1854，根据普拉斯司令官等人的报告、信函与笔记。（*Campagne les rapports,lettres et notes du Commamdant de Plas,etc.*）巴黎，1889。

4. 斯坦利·雷恩－普尔（Lane-Poole,Stanly），《哈利·帕克斯爵士的一生》（传主曾为女王陛下的公使，曾访问中国与日本）。（*The Life of Sir Harry Parkes,sometime Her Majesty' s Minister to China and Japan.*）伦敦与纽约，1894。分为两卷：第一卷，驻中国领事，S. 雷恩－普尔 (S.Lane-Poole)；第二卷，全权大使，日本，F.V. 狄更斯(F.V.Dickens)，中国，S. 雷恩－普尔 (S.Lane-Poole)。

哈利·帕克斯爵士（Sir Harry Parkes）在 1860 年的条约签订之后，陪同公使前往杭州，协助谈判开放长江上的门户口岸。他在此次旅行之前还是领事，他写给妻子的信是一份很有价值的记载，从一个外国观察家的角度记述了那个时期。

5. 劳伦斯·奥利芬特（Oliphant,Laurence）。《埃尔金伯爵 1858、1859 年前往中国与日本公干的故事》(*Narrative of the Earl of Elgin's Mission to China and Japan in the years 1858,1859*), 纽约，1860。

6.T.W. 布拉基斯顿（Blakiston,T.W.）。《长江五月》（*Five Months on the Yang-tsze*），讲述了在长江上游的探查，注意到了当时中国正在进行的造反运动。伦敦，1862。尽管作者溯长江而上，但他对太平天国国都生活的描述中最精彩的部分，却是根据 R.J. 佛瑞斯特（R.J.Forrrest）较早的记述。此书具有可读性，但见解并不深刻。

7.J.F. 戴维斯爵士、巴特（Davis,Sir J.F.,Bart）。《太平军占领前后的长江大河谷考察》（*View of the Great Valley of the Yangtse-Keang before and since its occupation by the Rebels*）。载皇家地理学会《记录汇编》（*Proceedings*），1859。第 164 页及以下。

8. 格里菲斯·约翰（John,Rev.Griffith）。《格里菲斯与太平军的遭遇》（*Grifith John's Experience of the Insurgents*），广州，1861。

这是一本小册子，其中他的部分信函刊载于《中国之友》（*Friend of China*）。有些记事再现于 W.H. 希克斯（Sykes,W.H.）的《中国的太平天国反叛》（*The Taeping Rebellion in China*）.

9. 格里菲斯·约翰（*John Rev.Griffith*）的传记：

〔1〕《在华 50 年故事》（*The Story of Fifty Years in China*），R. 沃德罗·汤普森（R.Wardlaw Thompson.），伦敦，1906。普及版，1908。第 5 章第 114—156 页，谈及太平天国运动。

〔2〕《格里菲斯·约翰：汉口传教团的创立者》（*Griffith John: Founder of the Hankow Mission*），威廉·罗伯森（William Robson），纽约与芝加哥。第 3 章第 37~52 页，谈及太平天国运动。

〔3〕《华中传教先驱者格里菲斯·约翰的故事》（*The Story of Griffith John,the Apostle of Central China*），尼尔森·比顿（Nelson Bitton），第 4 章，

第 48—56 页，谈到太平天国。

10.《太平天国真相》（*The Taipings as They Are*）。作者为“其中一分子”（One of Them）. 由传教士 J.W. 兴顿（Rev. J.W.Worthinbgton）作序 , 伦敦，1864。

11.“呤唎”（Lin Li）[A · F · 林德利 (Lindley,A.F.)]。《太平天国》；太平天国革命的故事，包括作者的亲历记。（*Ti-ping Tien-kwoh*;the History of the Ti-ping Revolution including a Narrative of the Author' s Personal Adventures.），两卷本。伦敦，1866。

作者同情太平天国，他曾服务于这场运动。他收集了所有能够找到的对该运动有利的意见。许多这样的评论原本散见于不可能找到的杂志上，都能在本书中见到。有些证据不可信，全书显然到处都有亲太平天国的偏见。如果他就是捕获了《萤火虫》的那个人，那么他在当时的行为就使他成了一个问题人物。使用他的著作时要小心谨慎，但是其陈述在能通过检验时还是有价值的。

12. 海伦 · 伊迪斯 · 列吉（Legge,Helen Edith）。《詹姆斯 · 列吉》，传教士与学者（*James Legge,* Missionary and Scholar）, 伦敦，1905。第 8 章谈到干王洪仁达（应为洪仁玕。——译注）（洪金）。

这位杰出的学者强烈反对与清军一起对太平军作战的决定。

13. 牟尔，尊者副主教（Moule The Venerable Archdeacon）。《1861—1863 太平天国造反运动个人回忆录》（*Personal Recollections of the T' aiping Rebellion,1861—1863*）。上海，1898。

作者声称他从中文资料中得知战败的太平军残部在西南各省停留下来，最终被清军从那里赶过了边境，成为“黑旗军”，信奉同样的宗教。

14. 牟尔，尊者副主教（Moule The Venerable Archdeacon）。《太平军占领下的宁波，1861—1863》（*Ningpo Under the Taipings,1861—1863*）。载于《东亚》（*The East of Asia*）第 1 号与第 2 号第 5 卷。

15. 容闳（Yung Wing）。《我在中国与美国的生活》（*My Life in China and America*）。纽约，1909。

第9章至第13章谈到他在内地旅行时，在安庆见过干王，也见过曾国藩。前者强迫他为太平天国服务，但他怀疑那些人能否成功，宁愿到曾国藩手下求职，因为他感知到其人格的伟大。

16. 信仰传播协会年鉴，主教与两个世界传教会传教士的通信期刊汇编，以及与传教会及信仰传播协会有关的所有文献（Annales de l' Association de la Propagation de la Foi,Recueil petiodique des lettres des eveques,et des missionairs des missions des Deux Mondes,et de tous les documents relatifs aux missions et a l' Association de la Propagation de la Foi）。里昂，每年出版。第23卷至第37卷应该有这方面的的内容。

17.J.D. 约翰逊 (John,J.D.), 美国海军。《中国与日本》，讲述蒸汽快舰“波瓦坦”号巡航的故事。（*China and Japan*,being a narrative of the Cruise of the steam frigate Powhatan）。费城，1861。

其所谈的主题不明确，只有对当时中国的总体印象。

18. 玛奎斯·德·莫吉斯（de Moges,Marquis）。《格罗斯男爵于1857—1858出使中国与日本》（*Baron Gros' s Embassy to China and Japan in 1857—1858*）。伦敦与格拉斯哥，1860。

19. 罗契爵士（Loch,Lord）。《个人记述埃尔金爵士于1860年第2次出使中国期间的往事》（*Personal Narrative of Occurrences during Lord Elgin' s Sencond Embassy to China in 1860*）。伦敦，1861。

20.T. 沃尔龙德（Walrond,T.）。《埃尔金爵士书信与日记》（*Letters and Journals of Elgin*）。伦敦，1872。

21.J.L. 涅维尔斯（Nevius,J.L.）。《中国与中国人》（*China and the Chinese*）。纽约，1869。

本书包括对太平天国运动的记述（第16章“太平天国运动”，第417—427页），却是差强人意。

22.A.B. 米特福德（Mitford,A.B.）《驻北京使馆的随员》（*Attache at Peking*）。伦敦，1900。

只是各处散布着一些可供参考的资料。

23.D.F. 瑞尼医学博士（Rennie,D.F.M.D.）。《英国在北京设立使馆第一年时的北京与北京人》（*Peking and the Pekingese during the First Year of the British Embassy at Peking*）。2 卷本。伦敦，1865。

关于太平天国运动的参考资料散见于书中。

24. 约翰·斯卡史（Scarth,John）。《在华 12 年：百姓、反叛者与官员》（*Twelve Years in China.The People,the Rebels and the Mandarins*）。爱丁堡与伦敦，1860。

书中对太平天国运动做了简述。斯卡史（Scarth）提出了天德王的问题，但没有给予答案。

25.L.S. 佛斯特教士（Foster,Rev.L.S.）。《在华 50 年：塔尔顿·佩里·克劳佛德神学博士大事记》（*Fifty Years in China.An Eventful Memoir of Tarleton Perry Crawford,D.D.*）。纳什维尔，1909。

第 11 章简述了在去武昌途中访问苏州、金陵等太平军占领区的情况。

26. 简 .R. 爱德金斯（Edkins,Jane R.）。《中国场景及人物》，附录从中国各地发出的一系列书信中有关基督教传教会及传教生活的记录。讲述其夫约瑟夫·爱德金斯文学士访问南京的故事。（*Chinese Scenes and People,* with notes of Christian Missions and Missionary Life in a series of letters from various parts of China.With a narrative of a visit to Nanking by her husband,the Rev.Joseph Edkins B.A.）伦敦，1863。

本书后面部分（第 241~307 页）特别有趣，因为它是采取干涉政策前夜那位传教士亲身遭遇的第一手记载。

27. 约瑟夫·爱德金斯（Edkins,Joseph）。《中国的宗教》（*Religion in China*）。第 2 版。伦敦，1878 年。

有关太平运动的记述是有价值的，因为爱德金斯（Edkins）是从太平军那里得到的解释。

28. 乔治·温格洛夫·库克（Cook,George Wingrove）。《中国在 1857—1858》（*China in 1857—1858*）。根据其写给《泰晤士报》（*Times*）的书信。

大多数书信都谈到了太平天国运动以外的事情。

29. 爱德华·佛瑞斯特（Forrester,Edward）（即法尔思德。——译注）。《太平天国运动的个人回忆录》（*Personal Recollections of the Taiping Rebellion*），载《世界见闻》（*Cosmopolitan*）第 21 期第 625 页及以下，第 22 期第 34 页及以下，第 209 页及以下。1896。

由于佛瑞斯特在“常胜军”组建时期是华尔麾下的第二号人物，这些回忆是很重要的，提供了许多细节。他还着重谈到英国人对“常胜军”的强烈敌意，以至于不允许他们将伤员送到上海，还派兵出去抓捕逃兵，等等。

30.W.H. 詹姆斯（James,W.H.）。《回忆 1860 年的中国战争》（*Recollections of Chinese War of 1860*），载《麦克米兰杂志》（*Macmillan's Magazine*）第 71 卷，第 241 页及以下。

31.《传教士捷报》（*The Missionary*）1860 年第 56 卷，第 369~372 页；同上，第 57 卷，第 88~91 页及第 118 页。

布里吉曼博士（Dr.Bridgman）的书信记述了他及其他人前往苏州或南京的旅行，以及他在太平天国运动向海滨扩张时对其形成的看法。他们描述的干王是愿意与西方国家友好并缔结关系，并将现代文明引入中国的。其中包括福尔摩斯（Holmes）、克劳佛德（Crawford）与哈特维尔（Hartwell）的报告，他们去过苏州；还有缪尔赫德（Muirhead）、爱德金斯（Edkins）、约翰·麦克戈文（John Macgowen）与伦敦传教士协会的荷尔（Hall）及教堂传教士协会的伯顿（Burden）等人的报告，他们显然到过南京。

第三部分　二手材料

一 . 关于太平运动、中国人与日本人

1.《平定粤匪纪略》。在李鸿章的指导下编纂。共 18 部，装订为 7 卷，附录卷包含 4 个部分。这是太平天国运动的正史，似乎准确而可信。附录卷中包含有关太平天国体制、该运动中的迷信以及超自然事件等方面的重要材料。1871。

2.《粤匪纪略》。13 部，装订成 7 卷。1869。

同上书一样准确，但特别关注军事细节，有阵亡者名单，还指出了他们的官阶。一般罗列参加作战的单位。其编排与其他书籍不一样，是按地理顺序，而非按照编年方式。时间延伸到1860年。

3. 曾根俊虎。《发贼乱志》，1879。随一套由早稻田大学编辑的题为《通俗二十一史》的中国历史丛书出版，为第7卷。

作者声称在中国住过一段时间，使用了《平定粤匪纪略》，还使用了《平捻记》《平浙记》（似应为《平浙纪略》。——译注）、《吴中寇平记》(似应为《吴中平寇记》。——译注)，还参考了欧洲作者的著作，以及莫斯曼（Mossman）与其他作者的著作，其姓名我无法根据汉字辨认。不过，从其记述来看，他的翻译与讲解主要是基于上述第一部著作。他经常收录未见于正史的细节，阅读时必须慎重。但一般而言，对其记述进行验证，结论总是精确的。有关与西方国家的关系，他的资料来源很少，又误解了就一两个问题发表的声明，但对这本书的价值而言是瑕不掩瑜。

4.《湘军记》。20部，11卷。由王定安编纂，1889。

前13部讲述太平天国时期，后面各部讲述捻军与回民军时期。本书总体上囊括了各次作战，非常准确，其依据是原始文献。

5.《湘军志》。4卷16部。其中13部记述太平天国时期，1部记述捻军时期，另两部记述关于湘军组织结构与供给的细节。

包含许多生动的情节，其中许多未见于其他书籍。我查不到作者是谁，也查不到出版的确切年代，因此很少或没有使用它，担心其收入的大多数故事纯粹是虚构的，是完全建立在闲谈之上的流言。

6.《豫军纪略》。4卷12部。第1卷记述太平时期，其余各卷记述与各种造反军与匪帮的作战。由一个委员会编纂，包括两名主编和3名助手。1877。

7. 钱勖。《吴中平寇记》。2卷8部，1875。

8.《平浙纪略》。4卷16部。在浙江巡抚杨昌濬的指导下出版。1875。

以上两书记述了1860年之后在这两个省份的作战。

9.《洪秀全演义》。只能部分地将其划归历史类。作者的观点是：太平天国运动是一次遭到镇压的爱国运动。1914。

10.《东征纪略》。1899。

11.《两王入粤大杀汉人记》。记述溃散的太平军进入广东遭到清军追杀的一些情形。出版年月不详。

二、有关太平天国运动或其某个阶段

1. 记述该运动特别是运动早期的书籍。

〔1〕亨利·维泽特里（Vizetelly,Henry）。《中国革命：起因—迅速发展与预期的结果》；包含太平军所有已知出版物的摘录。全书取材于本地文告与其他文献，传教士的讲述，官方通讯，以及欧洲居民的信函。（*The Chinese Revolution:The causes which led to it–its rapid progress and anticipated result*;with abstracts of all the known publications emanating from the insurgents. The whole derived from native proclamations and other documents,missionary narratives,official communications,and the letters of European residents.）伦敦，1853。

〔2〕卡勒里与伊万。

①《从发源直到占领南京的中国造反运动》（*L' Insurrection en Chine depuis son origin jusqu' a la prise de Nankin*）等，巴黎，1853。

②《中国造反运动史》；包含卡勒里与伊万对造反者的基督教、信条与文告的评论，根据法文翻译，附录1章，由约翰·奥克森佛德讲述最近的事件。（*History of the Insurrection in China;*with notices of the Christianity,Creed,and Proclamations of the Insurgents by MM.Carllery and Yvan,Translated from the French,with a supplementary chapter,narrating the most events,by John Oxenford）。有一幅复制的中国地图，一幅造反派领袖天德的像。第2版，伦敦，1853。

③同上，翻译为葡萄牙文。

④同上，翻译为德文，1854。

2. 查尔斯·麦克法兰（Mcfarlane,Charles）。《中国革命》，包含中国与中国人习惯、方式与习俗的细节（*The Chinese Revolution*,with Details of the

Habits,Manners and Customs of China and the Chinese）。伦敦，1853。

3. 韩山文（Hamberg,Rev.Theodore）。《中国造反首领洪秀全；中国太平天国运动的起源》（*The Chinese Rebel Chief,Hung-siu-tsuen;and the Origin of the Insurrection in China*）。由中国福音传播协会的外国秘书乔治·皮尔斯（George Pearse，Hon.）撰写前言。伦敦，1855。

4. 同上。由阿尔方斯·维约里特（Alphonse Viollet）翻译。（Histoire du Chef de l' Insurrection Chnoise,Hung-siu-tsuen et origine de cette insurrection,par le Reverend Theodore Hamberg,Missionnair de la Societe evangelique de Bale）。

我未能得到以上两书，但其可能与上面作为资料来源开列的那本书是同一回事。

5.K.L. 拜耳纳茨基（Biornatzki,K.L.）。《中国当代政治宗教运动》（*Die gegenwartige politisch-religiose Bewegung in China*）。柏林，1854。

6.J. 纽马克（Neumark J.）。《中国革命及其兴起》，记述其政治与宗教的意义及其历程，并记述其以基督教为基础的宗教体系。根据密迪乐的《中国人及其反叛》（*Die Revolution in China in ihrer Entstehung*,ihrer politischen und religiosen Bedeutung und ihrem bisherigen Verlauf,nebst Darstellung des auf christlische Grundlage beruhenden Religionssystems der Insurgenten.Nach Meadows' :*The Chinese and Their Rebellions*）。柏林，1857。

7. 奥古斯特·费兹迈尔（Pfizmaier,August）。《中国伪王的诗歌》(*Ein Gedicht des chinesischen Gegenkaisers*.) 维也纳，1859。

8.R. 克罗恩（Krone,R.）。《中国革命的现状》（*Gegenwartiger Stand der Revolution in China*）。载皮特曼的《备忘录》（*Petermann's Mittheilungen*）,1856, 第 462~465 页。

9.A. 豪斯曼（Haussmann,A.），前法国驻华公使馆秘书。《中国》。即中国造反运动简史，以及从鸦片战争开始到 1857 年各地发生的事件；由查尔斯·梅泰斯插图，附有新的中国地图，由 A.H. 杜佛尔绘制。（La Chine.Resume historique de l' insurrection et des evenement qui ont eu lieu dans ce pays depuis le commencement de la guerre de l' opium jusqu' en 1857;illustre par

Charles Mettais,accompagne d'une nouvelle carte de la Chine,par A.H.Dufour）。巴黎，1858。

10.J.M. 麦基（Mackie,J.M.）《中国造反首领太平王的一生》（*Life of Taiping-wang,Chief of the Chinese Insurrection*）。纽约。哈珀斯公司（Harpers）,1857。

包含许多太平天国的文献。

11. 林德赛·布莱恩（Brine Lindesay）。《中国的太平天国叛乱》；讲述其兴起及发展，依据从中国获得的原始文献与信息》。伦敦，1862。

附录收录了几份太平军的文献，正文中引用了许多。我认为本书是记述太平天国运动的最好的著作。

12. 罗伯特·詹姆斯·佛瑞斯特 (Forrest,Robert James,Esq.)。《洪秀全的基督教信仰：太平著作评述》，载皇家亚洲学会北华分会《学报》（*Journal North China Branch of the Royal Asiatic Society*）1867 年 12 月号，第 187 页及以下。

13. 阿芒德·特鲁尔（The-Rule,Armand）。《太平天国》。鲁昂，1869。

14. 威廉·欧赫勒（Oehler,Wilhelm）。《太平天国运动；中国基督教信仰史》（*Die Taiping-Bewegung.Geschichte eines chinesisch-christlichen Gottereichs*）。居特斯洛，1923。

最近出版的书，几乎完全依据该主题学生已经非常熟悉的欧文资料。其主要价值是指出中国的宗教观念与习俗在这场运动宗教层面所起的作用。作者在华南当过几年传教士。其同情主要寄托于洪秀全。

三、一般史书、专著或更具一般性的作品

1. 德米垂斯 .C. 波尔格（Boulger,Demetrius C.）。《中国史》（*The History of China*）。2 卷本。伦敦，1890。

波尔格承认曾国藩镇压太平军，但认为那是在太平军第一次通过湖南的时候。接着他让曾国藩立刻追逐太平军，并将江西作战提前了两年。他在故事的后面部分犯了很多错误，但其讲述的江苏作战非常可靠。可读性很强。

2. 布林克雷上尉 (Brinkley,Capt.F.)。《中国的历史、艺术与文学》(*China,Its History,Arts and Literature*)。1902。收入《东方丛书》(*the Oriental Series*)。

对这一时期无用。

3. 亨利·科迪埃(Cordier,Henry)。《中国全史》(*Histoire generale de la Chine*)。4 卷。巴黎，1922。

4. 亨利·科迪埃(Cordier,Henry)。《1860—1890 中国与西方列强关系史》(*Histoire des relations de la Chine avec les puissances occidentals.1860—1890*)。3 卷。巴黎，1901—1902。

本书很少涉及太平天国运动的早期，但简述了其后期遭到的镇压。

5. 约翰·W. 佛斯特(Foster,John W.)。《美国在东方的外交》(*American Diplomacy in the Orient*)。纽约，1903。

6.R.K. 道格拉斯(Douglas,R.K.)。《中国》(*China*)。收入《各国故事》(*The Stories of Nations*)。纽约，1899。

很受欢迎。作者完全误会了曾国藩的性格，他认为曾国藩是一个训练有素的军事指挥官。

7.J. 麦克戈文(Rev.J.Macgowan)。《中华帝国史》。第 2 版。上海，1906。

一部被认为是依据中文资料的著作,但其有关太平天国的部分显然例外，并很少涉及。

8.F.L. 霍克斯·坡特(Pott,F.L.Hawks)。《中国史概要》(*A Sketch of Chinese History*)。上海，1903。

实际上忽略了 1854—1860 这个关键的时期，并有各种错误，不过作者在某种程度上承认曾国藩是主角。

9. 李翁兵。《中国史纲》(*Outlines of Chinese History*)。上海，1914。

对太平天国时期的记述简短而中肯。虽然有错，但它是唯一将曾国藩摆在恰当地位记述的全史。

10. 恩尼斯特·撒透爵士(Satow,Sir Ernest)。《远东》(*The Fast East*),《剑桥现代史》(*The Cambridge Modern History*)第 11 卷中的第 28 章第 821 页

及以下。

对这场大运动居然只用了两段文字！

11.S. 威尔斯·威廉斯（Williams,S.Wells）。《中央王国》（*The Middle Kingdom*）（修订版），2卷本。纽约，1883。

第2卷第14章第575~624页及以下记述太平天国运动。除了从《忠王自述》中搜集的材料以外，没有1854—1860年的记述。写得很好。

12.S. 威尔斯·威廉斯（Williams,S.Wells）。《中国史》，选自《中央王国》的历史篇章（*A History of China,being the Historical Chapters from The Middle Kingdom*）。F.W. 威廉斯（F.W.Williams）编辑，另有1章增补最新的资料。纽约，1897。

13.W.C. 霍瓦德（Howard,W.C.）。《1848—1860 太平天国运动简史》（*A Short Sketch of the Taeping Rebellion,1848—1860*）。上海，1901。

此书跟其他一些著作有相同的毛病，把重点放在运动最初与最后的阶段，对于中期一无所述。

14.C. 斯皮尔曼博士（Spielmann,Dr.C.）。《中国的太平天国革命（1850至 1864）》【*Die Taiping-Revolution in China(1850 bis 1864)*】。哈雷，1900。

15.M.T. 叶茨医学博士（Yates,Rev.M.T.D.D.）。《太平造反运动》（*The T'ai Ping Rebellion*）。在上海戒酒会馆为上海戒酒协会发表的演讲。上海，1876。

16. 埃斯凯拉克·德·劳突尔（Escayrac de Lauture,Cte.d'.）。《对中国过去与未来的考察》，埃斯凯拉克·德·劳突尔对当前造反运动的研究。1862年6月21日科学院道德与政治会议备忘录（*Considerations sur le passe et l'avenir de la Chine.Examen de la Rebellion actuelle par le Cte.*d'Escayrac de Lauture.Memoire Vlu a l'Academic des Sciences Morales et Politiques dans le seance du 21 juin 1862）。

17.H.B. 莫尔斯(Morse,H.B.)。《中华帝国的国际关系》（*The International Relations of the Chinese Empire*）。3卷本，第1卷，1910；第2

卷与第 3 卷，1918。

有关太平军相当不错的记述，特别是“常胜军”及其作战。未依据中文资料。

18.H.B. 莫尔斯 (Morse,H.B.)。《中国的贸易与行政》。第 2 版。伦敦，1912。

包含对于太平天国的记述，但不如其后来的著作那么好。

19.G. 尼耶 (Nye,G.)。《中国问题的基本原理》，包括帝国暴政的探索，考察英法美 3 条约列强对它的义务，回顾与中国的第 1 次和第 2 次战争，顺带记述太平军。（*The Rationale of the China Question*，comprising an Inquiry into the Repressive Policy of the Imperial Government,with Considerations of the Duties of the 3 Treaty Powers,England,France,and America,in regard to it and a glance at the Origin of the 1st and 2nd Wars with China,with Incidental Notices of the Rebellion）。这是一位美国人的著作。澳门，1857。

有关太平军的资料很少。

20.J.O.P. 布兰德与 E. 白克豪斯（Bland,J.O.P.,and Backhouse,E.）。《皇太后治下的中国》（*China under the Empress Dowager*）。伦敦，1910。

第 5 章第 64~80 页包含曾国藩长篇捷报的译文，以及皇太后一次召对的记述。

21.《已故两广总督、京城大学士官文传略及太平军的敌对行动》（*Kuan Wen,late Viceroy of Hupeh and Hunan,subsequently First Minister at Peking. Biographical Sketches and Incidents of the Taiping Rebellion*）。摘自有关官文的中文资料。上海，1871。

22.W.A.P. 马丁（Martin,W.A.P.）。《中国的觉醒》（*The Awakening of China*）。纽约，1907。

157~162 页包含对太平军的简述。

23.W.A.P. 马丁（Martin,W.A.P.）。《循环中国》（*A Cycle of Cathay*）。纽约，1900。

马丁在 101 页表示了他对干涉政策采用的悔恨。他把采纳这种政策归咎于法国人的影响，因为罗马天主教传教士憎恨太平天国宗教遵循新教教义。

24.W.H. 希克斯上校，英国皇家学会会员，下院议员（Sykes,Col.W.H.,F.R.S.,M.P.）。《中国的太平天国运动：起源、进展与现状》（*The Taeping Rebellion in China,its Origin,Progress and Present Condition*），是一系列写给《阿伯丁自由报》（*the Aberdeen Free Press*）与《伦敦每日新闻》（*London Daily News*）的信函。

反对政府的干涉政策。

25.W.H. 支那·希克斯（Sykes,Col.W.H.China）。《下院议员 W.H. 希克斯上校 1861 年 3 月 12 日星期二在下议员的讲话》(*Speech of Col. W.H.Sykes,M.P.,in the House of Commons,on Tuesday,March 12,1861*)。摘自《英国国会议事录》（Hansard）的《国会辩论》(*Parliamentary Debates)* 第 161 卷（1861）第 1841 页。

26. 下议院的辩论。同上，第 172 卷（1863）第 270—330 页。

27.S. 冯·弗里斯（Fries,S.von）。《中国发展史概论》，根据中文资料翻译与阐释》（Abriss der Geschichte China’s seit seinem Entstehung.Nach chinesischen Quellen uebersetzt und bearbeitet.）维也纳，1882。

28. 瑞尼·噶斯顿·乔治·马斯佩罗（Maspero,Rene Gaston George）。《中国》（*La Chine*）。巴黎，1918。

关于太平天国运动的记述没有新意。

29.J.P.G. 鲍狄埃（Pauthier,J.P.G.）。《现代中国》（*Chine Moderne*）。1853。

对于太平天国运动而言，此书出版太早，但也有用，其中写出了对于当时中国的印象。

30.J.J.M. 德·格鲁特（De Groot,J.J.M.）。《中国的宗派主义与宗教迫害》（*Sectarianism and Religious Persecution in China*）。2 卷本。阿姆斯特丹，1904。

德·格鲁特（De Groot）提出一个理论：太平军的兴起是因为政府对异教的迫害，致使绝望的民众反抗。他将该运动追溯至 1836 年及下一年在湖南发生的具有宗派性质的迫害。各个遭受迫害的团体在其后的联合导致了太平天国运动。他反对韩山文（Hamberg）有关洪秀全幻觉的记述，他认为那是韩山文的幻觉。事实上关于幻觉的记述我们并非从韩山文一人所得，在太平天国人士的著作中也可看到，而太平天国教义中不恰当但很明确的基督教元素处于支配地位，不能支持作者的理论。何况，即便承认他提出的迫害一事，我们还有一个众所周知的事实，即中国的所有革命运动事实上都以兄弟会或宗教结社萌芽。按照洪大全的讲法，洪秀全运用他的权力召集了不少的基督教徒而非革命者，而所有可信的记述都证实了这一点。在大多数的迫害活动中，宗教本身遭到的反对，不如利用宗教外衣掩盖的革命阴谋。

31. 海因里希·赫尔曼（Hermann,Heinrich）。《中国史》（*Chinesische Geschichte*）。斯图亚特，1912。

赫尔曼在其参考文献中表明，他全部依据第二手资料。

32. 约翰·弗兰西斯·戴维斯爵士（Davis,Sir John Francis）。《中国：帝国及其居民总述》（*China:A General Description of that Empire and its Inhabitants*）(修订版)。伦敦，1857。

33.H.H. 戈文 (Gowen,H.H.)。《中国史纲》（*An Outline History of China*）。波士顿，1913。

34.R.S. 甘德利（Gundry,R.S.）。《中国今昔》（*China Present and Past*）。伦敦，1895。

35.K.S. 拉透瑞特 (Latourette,K.S.)。《中国的发展》（*The Development of China*）。纽约，1917。

36. 菲利普·W·塞金特（Sergent,Philip W.）。《中国的皇太后》（*The Great Empress Dowager of China*）。伦敦，1900。

关于中国历史的以上 6 部著作包含一些对太平天国运动的记述，但只有戴维斯写了一些新内容，他的记述只有战争的第 1 阶段可用。

37.B. 沃尔佛斯坦，耶稣会成员（Wolferstan,Rev.B.,S.J.）。《中国的天主教会》（*The Catholic Church in China*）。爱丁堡与圣路易斯，1909。

38. 泰勒·丹尼特（Dennett,Tyler）。《东亚的美国人》（*Americans in Eastern Asia*）。纽约，1922。

四、全部或部分记述运动末期的著作，特别是记述江浙作战与外国干预。

1. 上海

〔1〕《上海周边各地对太平天国运动的镇压》（*Suppression of the Taiping Rebellion in the Departments around Shanghai*）。上海，1871。

〔2〕蒙塔尔多·德·耶稣（de Jesus,Montaldo）。《历史上的上海》（*Historic Shanghai*）。上海，1871。

方圆百里作战的最佳记述之一。

〔3〕J.W. 麦克勒兰（McClelan,J.W.）。《上海故事》（*The Story of Shanghai*）。上海，1889。

一本优秀的小书。

〔4〕A. 米奇（Michie,A.）。《维多利亚时代在华的英国人》，路德佛德·艾尔科克爵士的生平。（*The Englishman in China during the Victorian Rra,as illustrated in the career of Sir Rutherford Alcock*）.2 卷本。爱丁堡与伦敦。1900。

本书不仅写到上海，还写了一位外交人员的生涯，他与该口岸城市有密切的联系。

2. “常胜军”

〔1〕罗伯特·S. 兰透尔（Rantoul,Robert S.）。《弗雷德里克·汤森·华尔》（*Frederick Townsend Ward*）。麻萨诸塞州塞勒姆，1908。

〔2〕D.J. 麦克戈文博士（Macgowan,Dr.D.J.）。《回忆华尔、白齐文两将军及其常胜军团》（*Memoirs of Generals Ward,Burgevine,and of the Ever Conquering Legion*），载于《远东》（*The Far East*）,1877。

〔3〕A. 威尔逊（Wilson,A.）。《“常胜军”，在戈登上校指挥下镇压太平天国运动的中国作战史》（*The “Ever Vivtorious Army”.A History of the Chinese Campaign under Lt.Col.C.G.Gordon,C.B.R.E.and of the Suppression of the Taiping Rebellion*）。爱丁堡与伦敦，1868。

〔4〕D.C. 波尔格 (Boulger,D.C.)。《圣·迈克尔与圣·乔治指挥官勋章

获得者哈利戴·马卡特尼爵士的一生》。伦敦与纽约，1908。

此书有助于纠正将戈登理想化的倾向。马卡特尼博士在外交上的娴熟技巧似乎能够阻止脾气火爆的戈登在非理性的道路上走得更远。

3. 戈登将军

〔1〕阿农（Anon）。《戈登将军传》，由《我们的女王》《新世界英雄》等书的作者撰写。（*Life of General Gordon.By the Author of Our Queen,New World Heroes,etc.*）。伦敦，1887。稍后的增补版，1887 与 1900。

〔2〕瑞吉纳尔德·H·巴尼斯，西维特利的教区牧师，以及查尔斯·E.布朗，皇家炮兵少校（Barnes,Reginald H.,Vicar of Heavitree,and Brown,Charles E.,Major,R.A.）。《查尔斯·乔治·戈登传略》（*Charles George Gordon,A Sketch*）。伦敦，1885。

〔3〕D.C. 波尔格 (Boulger,D.C.)。《戈登的一生》（*Life of Gordon*）。2 卷本。伦敦，1896。

〔4〕阿奇尔·拜尔维斯（Bioves,Achille）。《19 世纪的大冒险家——戈登帕夏》（*Un Grand Aventurier du XIX Siecle——Gordon Pacha*）。

〔5〕威廉·F. 巴特勒爵士，上校。（Butler,Col.Sir William F.）。《查尔斯·乔治·戈登》。英国硬汉系列（English Men of Action Series）第 1 卷。伦敦，1889。

〔6〕查尔斯·孔瓦利斯·切斯尼上校（Chesney,Col.Charles Cornwallis）。《现代军事传记散文》（*Essays in Modern Military Biography*），第 6 部第 163~203 页，《中国人戈登及太平天国运动》（*Chinese Gordon and the Tai Ping Rebellion*）。伦敦，1874。

〔7〕阿齐波尔德·佛比斯（Forbes,Archibald）。《中国人戈登简传》（*Chinese Gordon，A Succinct Record of his Life*）。第 12 版。伦敦，1886。

〔8〕亨利·威廉·戈登（Gordon,Henry William）。《查尔斯·乔治·戈登一生大事总览》（*Events in the Life of Charles George Gordon from Its Beginning to its End*）。伦敦，1886。

〔9〕A. 艾格蒙特·黑克（Hake,A.Egmont）。《中国人戈登的故事》（*The*

Story of Chinese Gordon），第 7 版。2 卷本。1884,1885。

〔10〕A. 艾格蒙特·黑克（Hake,A.Egmont）。《太平天国运动大事记》；复印戈登将军复制的手稿，有其专题论文、导言与注解的手迹（*Events in the Taeping Rebellion.* Being Reprints of Manuscripts copied by General Gordon,C.B.,in his own handwriting with Monograph,Introduction and Notes）。伦敦，1891。

〔11〕阿伯拉罕·金顿（Kingdom,Abraham）。《基督徒英雄戈登》；年轻人必读。（*Gordon the Christian Hero*。A Book for the Young）。伦敦，1885。

〔12〕W.E. 李雷（W.E.Lilley）。《戈登将军在格雷夫森德的生活与工作》（*The Life and Work of General Gordon at Gravesend*）。伦敦，1885。

〔13〕托马斯·李斯特（Lyster,Thomas）。《与戈登一起在中国》；皇家工程兵托马斯·李斯特少尉的书信。（*With Gordon in China.Letters from Thomas Lyster,Lieutenant,Royal Engineers.*）伦敦，1891。

〔14〕马考雷博士（Dr.Macaulay）。《戈登轶事》；生平概述，性格描述。（*Gordon Anecdotes.* A Sketch of the Career,with illustrations of the Character of Chas.G.Gordon,R.E.）。伦敦，1885。

〔15〕A. 墨菲助理军医（Moffitt,Assistant Surgeon）。《戈登的英中部队于 1863 与 1864 年在江苏打击太平军作战的医疗报告》*(A Medical Report of the Campaign Carried on by Gordon's Anglo-Chinese Contingent against the Taepings,in the province of Keang-soo,in 1863 and 1864*)。1865。

〔16〕萨缪尔·莫斯曼（Mossman,Samuel）。《戈登将军有关在中国建功的私人日记》；由萨缪尔·莫斯曼讲解，此人为戈登镇压太平军时期的《北华捷报》编辑。（*General Gordon's Private Dairy of his Exploits in China;* amplified by Samuel Mossman,editor of the North China Herald during Gordon's Suppression of the Taiping Rebellion）。伦敦，1885。

〔17〕李顿·斯特拉齐（Strachey,Lytton）。《维多利亚时代的名人》（*Eminent Victorians*）。纽约，1917。

尽管斯特拉齐（Strachey）主要记述戈登在非洲的事业，但其概述表明，戈登在江苏的若干作战行动中存在不合理性。

〔18〕S.A. 斯万（Rev.S.A.Swaine）。《世界工作者——戈登将军》（*The World' s Worker–General Gordon*）。伦敦，1885。

〔19〕R.H. 威奇上校（Vetch,Col.R.H.,C.B.）。《戈登在中国的作战》；本人讲述，导言与太平天国运动简述。（*Gordon' s Campaign in China*.By Himself.With an Introduction and a short account of the Tai–Ping Rebellion）。伦敦，1900。

此文首次出现于1900年9月与10月的《双周报》（*Fortnightly Review*）。威奇（Vetch）坚持说莫斯曼（Mossman）的著作是纯粹的编纂，而威尔逊（Wilson）的《常胜军》（*The "Ever Victorious Army"*）尽管满书的跑题，却是有关戈登作战的最佳著作。

4. 法国人的作战

〔1〕P. 吉科尔（Giquel,P.）发表在1864年6月15日《双月报》（*Revue des Mondes*）上的文章。

科迪埃（Cordier）在其著作中到处引用。

〔2〕塔帝夫·德·马德雷（de Moidrey,Tardiff）。《在华作战与军事行动概述》（*Notice sur les campagnes et operationes militaires faites en Chine*）。梅斯，1854。

〔3〕阿农（Anon）。《法国人在浙江》；由法国人撰写。（*La France au Tche–Kiang,par un Francais*）。上海，1901。收入《东方丛书》（*Serir d' Orient*），第5本。

科迪埃（Cordier）声称作者是雷诺得（Mgr.Reynaud）。

5. 李鸿章

〔1〕J.O.P. 布兰德（Bland,J.O.P.）。《李鸿章》（*Li Hung–chang*）。伦敦，1917。

此书开始于李鸿章出任巡抚以后，简短的导言非常简略地介绍了其早年生活。参考文献表明其主要依据为外文资料。

〔2〕R.K. 道格拉斯（R.K.Douglas）。《李鸿章》（*Li Hung–chang*）。

伦敦，1895。

〔3〕阿奇波尔德·里特尔太太（Little,Mrs.Archibald）。《李鸿章，其生平与时代》（*Li Hung—chang.His Life and Times*）。伦敦，1903。

此书主要依据外文资料。

〔4〕W.F. 曼尼克斯（Mannix,W.F.）。《回忆李鸿章》（*Memoirs of Li Hung-chang*）。伦敦，1903。由约翰·W. 佛斯特（John W.Foster）作序。

不可信。

〔5〕有关李鸿章的期刊文章。

①阿农（Anon）。《李鸿章大人》（*His Excenllency,Li Hung—chang*）。载《远东》（*The Far East*）第 1 卷，1876 年第 3 与第 4 期。

② A. 米奇（Michie,A.）。《李鸿章》（*Li Hung-chang*）。载《19 世纪》（*Nineteenth Century*）第 40 卷，1896 年 8 月，第 226~239 页。

③同上。《李鸿章》（*Li Hung-chang*）。载《布莱克伍德杂志》（*Blackwood's Magazine*）第 170 卷，1901 年 12 月号，第 836—851 页。

④吉尔伯特·雷德（Reid,Gilbert）。《李鸿章；性格速写》（*Li Hung-chang;a Character Sketch*）。载《论坛》（*The Forum*）1902 年 2 月号，第 723—729 页。

五、关于曾国藩的二手著作或西文的杂志文章

1. 书籍：我至今没有发现。

2.E.H. 帕克（Parker,E.H.）。《曾侯爵已出版的书信》（*The Published Letters of the Senior Marquis Tseng*）。《中国评论》（*China Review*），第 18 卷，1890。第 347—365 页。

3.C.I. 华特（H[uart],C.C.I.）。《曾国藩的诞生》（*The Birth of Tseng Kuo-fan*）。皇家亚洲学会北华分会《学报》（*Journal North China Branch of the Royal Asiatic Society*）第 20 卷，1885 年。第 184 页。

4.L.M. 菲小姐（Fay,Miss L.M.）。《曾国藩最后的日子》（*The Last Days of Tseng Kuo-fan*）。根据《京报》（*Peking Gazette*）翻译。《凤凰》（*The*

Phoenix）1872 年 11 月 29 日号。

5.H.A. 吉尔斯（Giles,H.A.）。《中国传记辞典》（*A Chinese Biographical Dictionary*）。伦敦与上海，1898。

此书用了 3 页记述曾国藩的事业，这是我们可以找到的最佳英语记述，而且是准确的。这一时期其他几位领导人的材料也可使用。

6. 萨缪尔·寇令（Couling,Samuel）。《中国百科全书》（*The Encyclopaedia Sinica*）。上海，1917。

只有 6 行记述曾国藩；左宗棠有 8 行；戈登有 43 行，与他相对照的是李鸿章的 25 行。

7.C. 维尔弗瑞德·艾伦（Allan,C.Wilfred）。《中国的制造者》（*Makers of Cathay*）。上海，1909。

关于曾国藩的论文（第 216~228 页）承认他所做的重要工作，但包含许多错误，因为在大部分内容中作者很可能仅仅使用了英语资料。在关于李鸿章的论文中，艾伦（Allan）把华尔部队的组建归功于李鸿章，忘记了有关的日期。

8. 川崎三郎（Kawasaki,Saburo）。《东方的伟人》（*To–ho no I–jin*）。

日文的优秀传记。东京，1890。（东京文求堂书店，1903。——译注。）

六、载于期刊或知识社会年鉴的所有记述这场运动的其他文章，请见科迪埃（Cordier）的《中国文献》（*Bibliotheca Sinica*）与普尔（Poole）的《索引》（*Index*）。